中國浦東幹部學院

CHINA EXECUTIVE LEADERSHIP ACADEMY.PUDONG

中国浦东干部学院（CELAP）是一所国家级干部教育院校。学院以提高执政能力、保持和发展党的先进性为培训目的，以改革开放走中国特色社会主义道路的时代精神为教学主线，以国际性、时代性、开放性为办学特色，以提升全面建成小康社会的领导能力和执政能力为培训重点。

新世纪
学术文库

李亚娟 著

晚清小说与政治之关系研究（1902—1911）

中国法制出版社
CHINA LEGAL PUBLISHING HOUSE

总　序

中国浦东干部学院（CHINA EXECUTIVE LEADERSHIP ACADEMY. PUDONG，CELAP）是一所国家级干部教育院校。习近平同志要求中国浦东干部学院"要按照国际性、时代性和开放性要求，在帮助学员树立国际视野、提高执政能力方面更有特色"，使学院努力成为"具有国际性、时代性、开放性特点的新型干部教育培训基地和开展国际培训交流合作的窗口"。学院积极探索、大胆创新，富有特色地开展干部培训，初步形成了以提高执政能力、保持和发展党的先进性为培训目的，以改革开放走中国特色社会主义道路的时代精神为教学主线，以国际性、时代性、开放性为办学特色，以提升全面建成小康社会的领导能力和执政能力为培训重点，围绕中国特色新型工业化、信息化、城镇化和农业现代化讲新理论、新知识、新实践的干部教育的"浦东模式"。创办十多年以来，学院为国内培训了近十万名各级各类干部，为世界上一百二十多个国家培训过党派领袖、政府官员和企业高管，从而在国家级干部教育培训格局中发挥着不可替代的独特作用，得到广大干部的好评和世界各国的广泛认可。

学院吸引和汇聚了一批优秀的教师，他们当中既有海外学成归来的学子，也有来自国内著名高校、科研机构的青年才俊。

几年来，他们秉持服务于中华民族伟大复兴事业的使命感和责任感，凭着火热的创业激情和渊博的学识，以及对干部教育培训事业的执着和热爱，默默耕耘和奉献，在高质量完成了教学任务的同时，笔耕不辍，在自己所属的学科领域精心耕耘，取得了累累硕果。他们近年来的学术研究通过对中国乃至世界范围内现实问题的追踪，深入探讨理论前沿问题，及时总结实践领域有益的经验，为中国干部教育培训提供了许多鲜活的教材，并为探索中国未来发展之路提供了有益的借鉴和启示。

学院组编出版过“中浦院书系”（四十余本）、“博士文库”（十余本），还有众多案例集和个人专著。此次编辑出版的“新世纪学术文库”是中国浦东干部学院教师近年来学术成果的又一次集体展示，是体现学院办学特色的学术成果集结。文库围绕改革开放进程中的重大理论与现实问题，集中反映了中国经济和社会发展的新理论、新知识和新实践。文库涉及中国特色社会主义理论、政府职能转型与社会发展、经济全球化与对外开放、领导力提升与建设、公共突发事件案例研究等理论前沿与社会热点问题。这些成果为探讨中国社会在新的历史时期政治、经济、社会、文化等诸多领域所呈现的新景象、新问题、新态势提供了崭新的视角，同时也为学院创新干部教育理论、丰富干部教育培训内容开辟了广阔的发展空间。

值此文库付梓之际，我们衷心希望，此文库不仅可以为领导干部讨论现实问题和探索未来发展之路提供鲜活的思想源泉，而且对那些热衷于思考当代全球化及高速转型中的中国社会热点问题的研究者与学习者有启发作用。我们也认识到，当今世界正处于大变革大调整时期，中国社会的变化也是日新月异，我院教师的研究因此也需要与时俱进，不断深化。希望我们的老师再接再厉，力争产生更多更好的学术成果，为把中国建设成为更具活力、更具发展潜力、更具国际竞争力的现代化国家提供有效的智力支持。

全国政协委员
中国浦东干部学院常务副院长、教授 冯 俊

序

四年前，李亚娟完成了博士论文《从介入到关怀：晚清小说政治功用性的演变（1902—1911）》的写作，通过了答辩，获得了博士学位。毕业后，她经过几年的努力，将博士论文修改为书稿《晚清小说与政治之关系研究（1902—1911）》。现在，她的书稿即将出版，这是很令人高兴的事。

晚清小说与政治之关系，这是近代小说研究中的重大课题。中国自有小说以来，各个时期的小说，都没有像晚清小说那样与政治有着如此密切的联系。这不仅与近代这一历史阶段的特殊性有关，同时也由近代小说的独特性所决定。从鸦片战争开始到清王朝灭亡，近代总共只有七十二年，可是就在这短短的时间里，小说的形态却已由古代转换为现代。其实，更准确地说，直到同治末年，小说格局中才出现了新的因素，即该转换是在不到四十年的时间里完成的。这种转换呈加速度发展态势，在近代的最后十年里变化尤为显著，也尤为关键，这就是我们通常所说的晚清小说。

于是，一个问题油然而生：这种转换为何会在近代发生，而且发展势头又如此之迅猛？论及晚清小说时，易见的是小说作品内容与形式的变化，而这种带有普遍性的变化，是由整个小说发展系统的转换所导致。小说是具有相对独立性的发展实体，其形态、规模与行进轨迹同时受到了来自作者、小说理论、读者、出版与国家文化政策的合力的制约。从明末万历年间直至清同治年间，它们所构成的小说发展系统基本上处于稳定状态，而清王朝灭亡以后，已转换为现代小说的新系统也逐渐走向稳定。原有系统的动荡始于同治末年，西方先进印刷设备与技术传入后，经过二十余年的竞争，终于取代了小说出版中长期以来普遍使用的雕版印刷。虽然此时新技术与设备主要用于传统小说的再版，但却因其价廉物美而使原有的读者群开始扩大，更重要的是，“出版”这个要素已在物质层面上为后阶段小说突飞猛进式的发展做好了准备。随后，翻译小说作为一个连续性的运动开始形成，它为小说发展系统增添了新的要素。这些都使原有的系统发生了某种程度的变化，但毕竟还不能从根本上撼动它。打破原有系统的平衡需要极大的能量，在当时，这种能量来自政治。光绪二十年（1894）中日甲午战争爆发，中国战败后签订了《马关条约》，随后则是戊戌变法的失败，庚子国变的发生与《辛丑条约》的签订，在不到十年的时间里，中国已沉沦到亡国的边缘。时局激烈动荡，政治格局猛烈剧变，这种狂风暴雨式变化之力，或直接、或通过若干中间环节撼动了小说发展系统的平衡，于是在这特定的历史阶段，小说与政治这两个不同领域的变化，在逻辑上呈现出一定的因果关系，在时间上则显示出前后的顺序。由以上的介绍可以知道，“晚清小说与政治之关系”，实为近代小说研究中十分重要的课题。

李亚娟这本专著的价值正在于此。为了这个课题的研究，她搜寻了大量的资料，其中相当大一部分载于近代报刊的文献，鲜见于先前以往同类课题的研究。其时倡导政治小说最力者如梁启超诸人多集中于日本，故而他们在日本主办的报刊又尤为受到关注。李亚娟又甚注意在华传教士所办刊物上的小说资料，虽然关于在华传教士与小说的关系已有一些学者做了不少研究，但将它纳入近代小说与政治关系的视野中进行考察与论述，却是较新鲜的尝试，她认为传教士小说参与了中国近代小说的进程，但它在导致近代小说变革诸多要素中却较次要，这结论较为妥帖，因为拔高或抹杀都不符合实情。

通过对大量原始资料的梳理，李亚娟着重考察了近代最后十年的小说与政治的关系，根据其实际的变化情况，确定了该期间的几个关键时间点，如光绪二十八年（1902），梁启超发表《论小说与群治之关系》，倡导“小说界革命”；光绪三十一年（1905），晚清小说的创作与翻译开始出现“娱乐压倒启蒙”的态势，而由此直至宣统三年（1911）清王朝灭亡，两者相互并存。作者创作（或翻译）观念的改变，以及阅读市场的约束等因素，使那种最初仅着眼于政治宣传的大声喧哗，逐渐转向创作中思想性和艺术性的结合，“小说从作为政治功用性的直接介入发展为潜在的关怀，具有现代意义上的小说现实主义品格开始显现”。自20世纪90年代以来，一些学者为追溯“五四”新文化运动的历史渊源，将自己的研究前推至晚清，梁启超的“小说界革命”作为标志性事件特别为他们所关注。然而，那些著述论及该时期小说发展时多为粗线条的勾勒，李亚娟书中指出的近代小说发展并未完全按照“小说界革命”所预导的路径前行的事实，常为人们所忽略。“小说界革命”在提高小说地位，使人们开始重视小说这一文学体裁方面起了巨大的，甚至是决定性的作用，但这场“革命”持续的时间并不长。梁启超在编辑了三期《新小说》之后便远游美洲，这份中国文学史上第一家小说专刊随后便严重愆期，[①] 而其第八号由吴趼人、周桂笙接手主办后，编辑方针已显然转向。自光绪二十九年（1903）开始，从《绣像小说》、《新新小说》到《月月小说》，这些小说刊物渐渐地离开了强调政治的宗旨，越来越注重读者的阅读趣味，到了《小说林》创办时，它更明确提出小说应该脱离政治轨道，回归本体。黄人尖锐地批评道：“有一弊焉，则以昔之视小说也太轻，今之视小说又太重也。”[②] 稍后周作人更是直接批评梁启超：“今言小说者，莫不多立名色，强比附于正大之名，谓足以益世道人心，为治化之助。说始于《论小说与群治之关系》一篇。”[③] 待到宣统朝《小说时报》与《小说月报》创刊时，它们都不再像以往的小说专刊那般，发表“发刊词”或“缘起”之类的文字，慷慨激昂地宣称该刊将担负起何种历史使命，只是刊载简短的“通告”或“编辑大意”，强调的是“怡情悦性”[④] 与“材料丰富，趣味浓深”[⑤] 而已。总之，

---

① 《新小说》前三号按时出版，第三号后停顿了 5 个月才出版第四号，第六号与第七号之间相隔 6 个月，第七号与第八号之间又相隔 5 个月。

② 黄人：《小说林发刊词》，光绪三十三年（1907）正月《小说林》第一期。

③ 独应（周作人）：《论文章之意义暨其使命因及中国近时论文之失》，光绪三十四年五月初七（1908 年 6 月 5 日）《河南》第五期。

④ “新出《小说月报》”，宣统二年九月初八（1910 年 10 月 10 日）《时报》。

⑤ “编辑大意”，宣统二年七月二十五日（1910 年 8 月 29 日）《小说月报》第一期。

它们就是实实在在的小说刊物。梁启超倡导的“小说界革命”在红火了两三年后，已被人渐渐淡忘了。

这其实是小说发展的必然趋势。在清王朝行将灭亡之际，政治与小说曾有过十分积极的互动作用。梁启超着眼于政治而倡导“小说界革命”，使小说地位提升到从未有过的高度，随之而来的是小说的迅猛发展；反过来，众多的小说作品揭露了清政府的腐败，描绘了国家已沉沦到亡国边缘的图景，这些都刺激了广大读者关注乃至参与国家大事的热情，《新小说》出版后遭到清廷的禁毁，也从一个侧面显示了政治与小说的关系。然而，政治与小说毕竟是两个不同的领域，只是在特定的历史条件下两者的行进轨迹出现了交点。小说具有既是精神产品又是文化商品的双重品格，它的发展同时受约束于文学创作规律与商品交换法则。政治小说初行世之际，其形式新颖，内容则贴近现实的政治矛盾与社会矛盾，作（译）者又直截了当地畅发大胆的议论，故而立即受到广大读者的欢迎，作品销量颇为可观。不过小说就是小说，它不可能长期地肩负政治重任蹒跚前行。当相仿于政治策论，且“开口见喉咙”① 式的作品接二连三地问世，读者对它也就逐渐厌倦了，出版界的兴趣便随之转向，利润的多寡使他们毫不犹豫地倾向于读者的娱乐需求，而这现象的实质，则是小说向本体回归的要求。此时，即使梁启超的声望再高，他也无法违拗文学创作规律与商品交换法则的制约。

---

① 中原浪子：《〈京华艳史〉序例》，光绪三十一年正月初一（1905 年 2 月 4 日）《新新小说》第五期。

即使如此，梁启超在近代小说史上的地位仍应得到充分的肯定。他倡导的“小说界革命”虽有只重视政治小说的偏颇，但其巨大的冲击力使人们开始重新审视小说这一文学体裁，重新估量其地位、作用与影响。受到启发的爱国志士发现了新的可宣传其政治主张，以及开启民智、普及教育的利器，爱好文艺的人们寻得了展现其艺术才华的途径，小说翻译开始成为通晓外语者适合自身发展且又颇受欢迎的选项，而读者对“新小说”的热烈欢迎，则使媒体与书局看到了新生长的商机。“小说界革命”的巨大震撼力，使此后小说创作在总体上都变了样，几百年来的写作模式被改变了，视野已被开阔的读者也不允许创作再走回头路，而他们的欣赏口味又不希望作品如此地政治化，这是小说本体要求的一种表现，它有自己的特点与发展规律，决不会成为政治的附庸。于是在此后的光绪三十年（1904）至三十四年（1908）的五年里，创作出现了自小说有史以来的空前繁盛。作品的数量急剧地上升，创作题材前所未有地扩展，翻译小说如雨后春笋般地涌现，而小说读者则迅猛地扩展为庞大的社会群体，为小说能较顺利地前行提供了坚实的基础保证。若无“小说界革命”打开步入快速道的大门，近代小说的发展绝不可能出现如此繁盛的局面，而正是这种繁盛的局面，改变了“小说界革命”所预想的小说行进路线。

其兴也勃，其衰也速，在特定历史条件下出现的“小说界革命”必然地带有浓重的政治色彩，不如此就无法撼动原有的小说发展体系，使其获得迅猛发展的契机；然而也正因为如此，它与小说本体发展的要求还有相当的距离，甚至有相悖之处，这就决定了它不可能较长久地持续，李亚娟的书稿正是从这一视角展现了那几年内近代小说的行进历程。正如充分肯定“小说界革命”的历史功绩时不可忽略其强烈的政治功利主义一样，在考察“小说界革命”的影响迅速消退时，也不可因此抹杀其对近代小说发展的巨大推动。而且，还应该认识到，“小说界革命”是顺应时代潮流而出现，这并非是梁启超一人之功。梁启超给《新小说》定下的宗旨是“发起国民政治思想，激厉其爱国精神”①，可是在《新小说》创办的一年半前，光绪二十七（1901）年五月创刊的《杭州白话报》已本此宗旨刊载小说，其风格贯穿始终，而且它有意突出了“通文字于语言，与小说和而为一”② 的特色。其时，除《杭州白话报》持续地刊载自著小说以开启民智、唤醒国人的爱国心外，还有些人则是通过翻译小说以达此目的。光绪二十七年（1901）四月，“忧亚子”的译作《累卵东洋》在东京出版，译者在自序中说，日本明治维新成功得力于“政治小说之功”：“邦之先觉，谋有以布化之者，乃相率而纂译政治小说。不敷载而民智大辟，骤进文明国之权力，骎骎乎与欧罗巴诸大邦相拮抗。”翌年七月，“杞人”为“热诚爱国人（冯自由）”的译作《女子救国美谈》作序时，指出要开启民智，拯救国家危亡，“舍小说无由也”，“盖先导之术，至浅显而至切要也。”郑贯公的译作《瑞士建国记》赫

① 《中国唯一之文学报〈新小说〉》，光绪二十八年七月十五日（1902 年 8 月 18 日）《新民丛报》第十四号。

② 《〈杭州白话报〉书后》，光绪二十七年六月初三（1902 年 7 月 18 日）《时报》。

然标为“政治小说”，赵必振所作序中先引西方哲学家之言：“入其国，问其小说何种盛行，即可以觇其国之人心风俗、政治思想”，又指出英、美、德、法、日等国倚赖小说而振兴，“小说之功，亦诚伟矣”。这些都是在“小说界革命”之前就提倡政治小说的例子。在相关理论方面，严复、夏曾佑的《国闻报附印说部缘起》在光绪二十三年（1897）十月即已问世，这篇长篇论文中“天下之人心风俗，遂不免为说部之所持”的观点，是后来梁启超的“小说界革命”重要立论基础之一。[①] 从目前已知的资料来看，首先猛烈且系统地批判传统小说之弊的，应是北京的一个文学团体“小说改良会”，因囿于资料，该团体的具体情况目前尚不清楚，但它留存的那篇《小说改良会叙》[②]，其立论与论述方式都和后来梁启超的《论小说与群治之关系》基本一致。在光绪二十八年十月《新小说》创刊之前的几年里，改良小说的实践与理论探索在各地都已开始出现，并渐成声势，这其中也包括梁启超本人的贡献。梁启超的《论小说与群治之关系》自有其独到的思想在，但纵观前此诸相关史实，在某种意义上可以说，“小说界革命”所倡导的思想，实际上是将当时有关改良小说的各种见解作综合性的有机组合。由于先前发表这些意见的人一般都缺乏社会号召力，有些在今日

① 梁启超在《新小说》第七号刊载的《小说丛话》中写道，严复、夏曾佑之文连载时他已读到，“余当时狂爱之”。当他筹办《新小说》与撰写《论小说与群治之关系》时，还在光绪二十八年（1902）八月《新民丛报》第十五号刊载“新小说报社广告”征集此文，以便写作时参考。

② 《小说改良会叙》，光绪二十八年五月二十九日（1902 年 6 月 4 日）《经济丛编》第八册。

甚至已无法考证其真名实姓，而同样的意思出自久负盛名的梁启超之口，却立时可激起巨大的社会反响。由此可见，政治与小说在晚清特殊的条件下行进轨迹渐行渐近并最终出现交叉点乃具有历史的必然性，而由梁启超这样的政治家担当“小说界革命”的倡导者，则更突显了其时改良小说的政治性需求。

政治与小说的相互关系，是近代小说研究中重要关节点之一，若无系统的清晰梳理，那么至少近代最后十年的小说态势、走向以及其间的各种曲折变化就无法解释清楚。李亚娟在这方面作了可喜的尝试，作为初入学术界的青年学者，其书稿难免还有可商榷之处，但她毕竟通过自己艰苦的努力，得以较系统地发表关于近代政治与小说关系的论述。在这个领域里，需要发掘的资料或研究的问题还有很多，我希望李亚娟在已有的基础上作更深入的探索，为近代小说研究作出更多的贡献，我同样也寄希望于在这方面辛勤耕耘的学界同仁们。

陈大康

前　言

本书以光绪三十一年（1905）为转捩点，以晚清最后十年间大量报刊刊载的小说为研究对象，以小说政治功用性的演变为线索，讨论在梁启超提倡的“小说界革命”之后，晚清小说的变化和特征，并探寻引起这种变化的原因。

本书主要分为五章。第一章为“导论”，主要介绍问题的缘起及对中国近代小说史研究的回顾，审视已有的研究成果，提出新的研究视角；此外还对相关概念、史料情况、研究方法及论文写作思路等作了解释；本章最后对“小说界革命”前中国古典小说及近代传教士小说的功用性内涵作了简明探讨。

第二章至第五章为文章的主体部分。第二章题为“发现小说：晚清小说政治功用性的赋予”。中国近代小说的质变待到“小说界革命”赋予小说以政治功用性后才得以发生。在这一过程中，梁启超是一位枢纽性的人物。他不仅在思想上为晚清时期最有影响力的知识分子之一，而且在中国小说发展史上也发挥了举足轻重的作用。晚清小说的变化虽是各种因素交互着力的结果，小说的繁盛也并非梁启超一手独立造成，但其开创之功，其影响之深且广，则是不争之事实。本章从近代文学观念的形成、梁启超文学功用观的提出，梁启超的新小说理论以及新小说内质的变化等几个方面，对晚清小说政治功用性的赋予进行了深入考察。

第三章题为“八股世界忽为小说世界：晚清小说政治功用性的扩展”。本章着重分析“新小说理论”在小说理论界和实际创作中的泛化。小说界革命之后，小说的政治功用性在最大范围内得到扩展，无论是理论界还是创作界无不对其纷纷响应。这一局面的形成，一方面来自于文学观念转变所释放出的巨大能量，另一方面依靠的正是报纸、期刊、书局的鼎力合作。离开任何一方，晚清小说都很难在短期内获得如此繁盛之势。随着晚清小说的兴盛，晚清小说的分类也日趋纷繁。小说分类的势旺，又影响了各门类小说的写作，促进了晚清小说的发达。

第四章题为“娱乐压倒启蒙：晚清小说政治功用性的潮落”。光绪三十一年（1905）起，晚清小说格局开始发生变化，新小说在实际创作上与“小说界革命”理论主张渐行渐远，政治小说潮落，娱乐压倒启蒙，小说创作在娱乐性和政治功用性之间求新求变。此一小说格局的形成是小说政治功用性的缺陷、近代小说本身的完善以及小说作为文化消费品的特性，这三者交互着力的结果。

第五章题为“从介入到关怀：晚清小说政治功用性的新变”。光绪三十一年（1905）后，晚清小说呈现出新的格局，开口见喉咙的政治小说逐渐淡出，更具通俗娱乐性的小说逐渐兴起，表现为“娱乐压倒启蒙”；但小说的政治功用性，“小说救国论”并未因此消失，而是与小说的娱乐性一直处于博弈状态，最终形成了“立意高尚之书”与“消闲娱乐之书”既对立又互融的并存局面。在此期间，小说的创作观念发生转化，经历了从“功利小说观”（强调小说作为政治变革的工具），到为“膏粱谋”和“反映社会人生”的发展历程。用小说为政治变革之工具的观念逐渐得以修正和完善，小说从作为政治功用性的直接介入，发展为潜在的社会关怀，具有现代意义上的小说现实主义之品格开始显现。

结语部分对晚清最后十年间小说的基本面貌进行评价。晚清最后十年间的小说纷杂繁呈，其间不乏怪诞支离之著作，诘屈聱牙之译本，娱乐启蒙相互角力博弈，令人眼花缭乱。但其发展并非没有一条主要的线索，并非没有某种明确的目标与趋向，从介入到关怀，一切虽然尚处在探寻与摸索当中，但晚清小说潜在的现实主义品格却在其发展的多元性、过渡性及其内在冲突与张力中不断彰显。

目　录

Contents

第一章

导论

第一节　问题的缘起及学术史回顾

一、问题的缘起

光绪二十八年（1902），梁启超在《论小说与群治之关系》中激情澎湃地谈到：

“欲新一国之民，不可不先新一国之小说。故欲新道德，必新小说；欲新宗教，必新小说；欲新政治，必新小说；欲新风俗，必新小说；欲新学艺，必新小说；乃至欲新人心、欲新人格，必新小说。何一故？小说有不可思议之力支配人道故。”①

时移事易，时隔十几年之后，小说早已“跻诸子文学之林”，小说之势力，“视十年前增加倍蓰什百”：

“质言之，则十年前之旧社会，大半由旧小说之势力所铸成也。

① 梁启超：《论小说与群治之关系》，《新小说》创刊号，光绪二十八年（1902）十月十五日。

忧世之士，睹其险状，乃思执柯伐柯为补救之计，于是提倡小说之译著以跻诸子文学之林，岂不曰移风易俗之手段莫捷于是耶？今也其效不虚。所谓小说文学者，亦既蔚为大国，自余凡百述作之业，殆为所侵蚀以尽。试一流览书肆，其出版物，除教科书外，什九皆小说也。手报纸而读之，除芜杂猥屑之记事外，皆小说及游戏文也。举国士大夫不悦学之结果，《三传》束阁，《论语》当薪，欧美新学，仅浅尝焉为口耳之具，其偶有执卷，舍小说外殆无良伴。故今日小说之势力，视十年前增加倍徙什百，此事实之无能为讳者也。然则今后社会之命脉，操于小说家之手者泰半，抑章章明甚也。”①

自梁启超提倡“小说界革命”后，小说的地位虽得以提升，小说的创作也得以繁盛，但小说所担负的社会文化角色及自身发展的路径却远非任公之期望。梁启超发现，部分小说作品已不再肩负改良群治、救国新民的重任，而变成了“诲淫与诲盗”、“尖酸轻薄毫无取义之游戏文”,②他极其失望，痛心道：

“观今之所谓小说文学者何如？呜呼！吾安忍言！吾安忍言！其什九则诲盗与诲淫而已，或则尖酸轻薄毫无取义之游戏文也，于以煽诱举国青年子弟，使其桀黠者濡染于险诐钩距作奸犯科，而摹拟某种侦探小说中之节目。其柔靡者浸淫于目成魂与窬墙钻穴，而自比于某种艳情小说之主人者。于是其思想习于污残龌龊，其行谊习

① 梁启超：《告小说家》，《中华小说界》2卷1期，1915。载陈平原、夏晓虹编：《二十世纪中国小说理论资料》（第一卷），北京：北京大学出版社，1989年版，第483－485页。

② 梁启超：《告小说家》，《中华小说界》2卷1期，1915。载陈平原、夏晓虹编：《二十世纪中国小说理论资料》（第一卷），北京：北京大学出版社，1989年版，第483－485页。

于邪曲放荡，其言论习于诡随尖刻。近十年来，社会风习，一落千丈，何一非所谓新小说者阶之厉？循此横流，更阅数年，中国殆不陆沉历不止也。”①

而早在梁启超捶胸顿足、义愤填膺之前的光绪三十四年(1908)，徐念慈就在《余之小说观》中就概观了当时小说发展的状况：

“小说之趋向亦人心趋向之南针也。我国民之程度，文野之别，不容讳言矣。而默观年来，更有痛心者，则小说销数之类别是也。他肆我不知，即“小说林”之书计之，记侦探者最佳，约十之七八；记艳情者次之，约十之五六；记社会态度，记滑稽事实者又次之，约十之三四；而专写军事、冒险、科学、立志诸书为最下，十仅得一二也。夫侦探诸书，恒于法律有密切关系，我国民公民之资格未完备，法律之思想未普及，其乐于观侦探各书也，巧诈机械，浸淫心目间，余知其欲得善果，是必不能。艳情诸书，又于道德相维系，不执于正，则狭斜结契，有借自由为借口者矣，荡检冶闲，丧廉失耻，穷其弊，非至婚姻礼废、夫妇道苦不止。而尽国民之天职，穷水陆之险要，阐学术之精蕴，有裨于立身处世诸小说，而反忽焉。是观于此，不得不为社会之前途危矣。”②

于文中可知，晚清小说创作的局面貌似门类繁盛，实则杂乱不堪。那么，从光绪二十八年（1902）梁启超提倡“小说界革命”开

---

① 梁启超：《告小说家》，《中华小说界》2卷1期，1915。载陈平原、夏晓虹编：《二十世纪中国小说理论资料》（第一卷），北京：北京大学出版社，1989年版，第483–485页。

② 觉我：《余之小说观》，《小说林》第九期，光绪三十四年（1908）正月。

始，至宣统三年（1911）清朝灭亡为止，晚清小说的发展到底经过了怎样的历程？在分类杂陈，刊载混乱，数量繁多的晚清小说中，有没有一条较为清晰的发展线索呢？晚清小说对于之后的小说发展又产生了怎样的影响呢？这些就是本书所要探讨的主要问题。

二、学术史回顾

晚清小说上承古代传统小说之余绪，下启现代小说之开端，是中国小说发展演变过程中的一个转折点。与前代相比，晚清小说的创作呈现出数量多、品类杂、资料多且散等特点。据目前所知，在从道光二十年（1840）至宣统三年（1911）的七十二年间，小说创作可考察的数量有 2682 部之多。其中最后十七年的创作数量有 2532 部，占了总数量的约 94.4%，形成了曾被研究者称为“晚清小说繁荣”的局面。这最后十七年的前八年，小说创作数量达 155 部，相当于此前 55 年间小说创作数量的总和。而在后九年中，小说创作更是达到了“繁荣”，创作数量高达 2377 部，是前六十三年创作数量总和的近八倍。①

虽然中国近代小说的创作非常繁盛，但中国近代小说史的研究，却曾经是中国文学研究领域中相对寂寥的园地。近几年来，随着思想的开放与学术的繁荣，学术界对其关注程度渐趋增高，并取得了颇为可观的研究成果。对于中国近代小说的研究和探讨，学术界大

① 数据来源于以下诸书。[日] 樽本照熊：《（新编增补）清末民初小说目录》，济南：齐鲁书社，2003 年版。日本清末小说研究会 1988 年出版《新编清末民初小说目录》，1997 年 10 月 10 日出版增订本《新编清末民初小说目录》。樽本照雄《中国近代小说发表数量一览表》，《中国出版史料・近代部分》（第二卷），武汉：湖北教育出版社、济南：山东教育出版社，2004 年版。陈大康：《中国近代小说编年》，上海：华东师范大学出版社，2002 年版。欧阳健：《晚清小说史》，杭州：浙江古籍出版社，1997 年版。

体沿着三条路径展开：（1）建立中国近代小说研究的文献基础，这一研究路径主要表现在近代小说目录整理及小说文本、研究资料汇编等方面；（2）专题研究，这一研究路径主要表现在对晚清重要小说家和作品的具体分析与解读上。（3）宏观研究，这一研究路径主要表现在宏观上对中国近代小说史的建构与论述、对近代小说的特性概述等。此外在对中国近代小说期刊、小说报纸、各地区出版业、重要的出版机构及著名出版者等方面，也均有不同的研究成果出现。

1. **建立近代小说文献的基础**

基于这一路径的研究主要表现在近代小说目录整理及小说文本、研究资料汇编等方面。近代小说目录方面，迄今为止，最早从事此项考察工作的是生活在晚清小说处于顶峰时期的徐念慈，他辑录了《丁未年小说界发行书目调查表》（1908）①，著录了1907年发行的创作小说约120种，翻译小说近400种。之后，又有孙楷第的《中国通俗小说书目》（1933）②，著录晚清小说30多种。阿英辑录的《晚清戏曲小说目》（1954）中收录1107种③。直至90年代，晚清小说的考察工作才取得突破性进展，其标志是江苏社科院明清小说研究中心编的《中国通俗小说总目提要》④ 和日本学者樽本照熊的《新编清末民初小说目录》⑤。前者著录晚清小说529种；后者覆盖面

① 《小说林》第九期，光绪三十四年（1908）正月。

② 孙楷第：《中国通俗小说书目》，北平：北平图书馆，1933年版。

③ 阿英编：《晚清戏曲小说目》，上海：上海文艺联合出版社，1954年版。

④ 江苏社科院明清小说研究中心、江苏省社会科学院文学研究所编：《中国通俗小说总目提要》，北京：中国文联出版公司，1990年版。

⑤ ［日］樽本照熊：《（新编增补）清末民初小说目录》，济南：齐鲁书社，2002年版。日本清末小说研究会1988年出版《新编清末民初小说目录》，1997年10月10日出版增订本《新编清末民初小说目录》。

最大，收目最全，著录晚清著译小说约2500种。此后陈大康的《中国近代小说编年》[①] 又对晚清小说进一步整理，著录问世于近代的小说2755种。

小说文本汇编方面，目前主要有两套，一为“晚清小说大系”[②]，凡37册78种；一为“中国近代小说大系”[③]，凡80卷405部，收近代小说达405种（长中篇和短篇约各占一半），囊括了近代所有较重要的小说作品，并附有《中国近代小说目录》，是迄今为止最完备的一套近代小说总集。

在研究资料方面，主要有阿英编《晚清文学丛钞・小说戏曲研究卷》（1960）[④]，魏绍昌编《老残游记资料》（1962）[⑤]、《李伯元研究资料》（1980）[⑥]、《吴趼人研究资料》（1980）[⑦]、《孽海花资料》（1982）[⑧]、《鸳鸯蝴蝶派研究资料》（1984）[⑨]、《中国近代文学大系・史料索引集》（两卷）[⑩]，陈平原等编《二十世纪中国小说理论资料》（1989）等[⑪]。

---

① 陈大康：《中国近代小说编年》，上海：华东师范大学出版社，2002年版。

② 王孝廉：《晚清小说大系》，台北：广雅出版有限公司，1984年版。

③ 王继权等编：《中国近代小说大系》（80卷），南昌：江西人民出版社、百花洲文艺出版社，1988—1999年版。

④ 阿英编：《晚清文学丛钞・小说戏曲研究卷》，北京：中华书局，1982年版。

⑤ 魏绍昌编：《老残游记资料》，北京：中华书局，1962年版。

⑥ 魏绍昌编：《李伯元研究资料》，上海：上海古籍出版社，1980年版。

⑦ 魏绍昌编：《吴趼人研究资料》，上海：上海古籍出版社，1980年版。

⑧ 魏绍昌编：《孽海花资料》，上海：上海古籍出版社，1982年版。

⑨ 魏绍昌编：《鸳鸯蝴蝶派研究资料》，上海：上海文艺出版社，1984年版。

⑩ 魏绍昌总主编：《中国近代文学大系・史料索引集》（两卷），上海：上海书店出版社，1996年版。

⑪ 载陈平原、夏晓虹编：《二十世纪中国小说理论资料》，北京：北京大学出版社，1989年版。

基于这一研究路径的成果，为研究者提供了大量第一手数据资料，嘉惠学林良多。但随着近代小说宝库的不断挖掘，现有文献资料急需补录，基础资料的搜集汇编工程仍旧浩大；留日学生报刊、基督教报刊及散见于各地的小报中的所载小说均应被列入研究视野之中。

2. **专题研究**

基于这一路径的研究主要表现在对晚清重要小说家和作品的具体分析与解读上。中国近代小说的专题研究方面，首推作家作品研究。这方面的代表论著有：时萌的《曾朴研究》（1982）①、魏绍昌的《晚清四大小说家》（1993）②、刘德隆的《刘鹗散论》（1998）③、刘瑜的《刘鹗及〈老残游记〉研究》（1995）④、我国台湾地区李瑞腾先生的《老残梦与爱——〈老残游记〉意象研究》（2001）⑤、王祖献的《孽海花论稿》（1990）⑥、颜廷亮的《黄世仲与近代中国文学》（2000）⑦、田若虹的《陆士谔小说考论》（2005）⑧ 等。除此，专题研究还包括对近代小说期刊报纸的考察，如李楠对晚清民国时期上海小报的研究（2005）⑨。此外对中国近代翻译小说的研究也在不断深入，譬如日本的樽本照雄教授、山东大学的郭延礼教授、哈

① 时萌：《曾朴研究》，上海：上海古籍出版社，1982 年版。

② 魏绍昌：《晚清四大小说家》，台北：台湾商务印书馆，1993 年版。

③ 刘德隆：《刘鹗散论》，昆明：云南人民出版社，1998 年版。

④ 刘瑜：《刘鹗及〈老残游记〉研究》，北京：民族出版社，1995 年版。

⑤ 李瑞腾：《老残梦与爱——〈老残游记〉意象研究》，台北：九歌出版社，2001 年版。

⑥ 王祖献：《孽海花论稿》，合肥：黄山书社，1990 年版。

⑦ 颜廷亮：《黄世仲与近代中国文学》，兰州：甘肃人民出版社，2000 年版。

⑧ 田若虹：《陆士谔小说考论》，上海：上海三联书店，2005 年版。

⑨ 李楠：《晚清、民国时期上海小报研究》，北京：人民文学出版社，2005 年版。

佛大学韩南教授等均曾对此领域进行过较深入的专题研究。

基于这一研究路径的成果，推动了晚清小说研究的深度。但专题研究多集中于某些点，单篇赏析占了相当部分，有些论述还存在重复现象，对晚清小说与政治之关系的专题研究还较为缺乏。

3. **宏观研究**

基于这一路径的研究主要表现在宏观上对中国近代小说史的建构与论述、对近代小说的特性概述等。

中国近代小说史研究方面，鲁迅的《中国小说史略》① 是第一部中国小说史专著，其最后 3 篇，《清之狭邪小说》、《清之侠义小说及公案》、《清末之谴责小说》，实际上概论了近代主要的小说流派和作家、作品，也可视为第一部中国近代小说史专著。阿英的《晚清小说史》（1937）② 第一次对晚清小说作专门、系统的考察和分析，开中国断代小说史之先河，该著对《中国小说史略》扬长避短、拾遗补缺，提及作品达 200 种以上，加以论述的作品 50 多种，纳近代小说入文学史和小说史视野，极大地提高和确立了近代小说的地位，对中国近代小说的研究产生了深远的影响。

新时期以来，尤其是最近二十年来的近代小说史研究，值得注意的论著有陈平原的《20 世纪中国小说史》（第一卷）（1989）③、《中国小说叙事模式的转变》（2003）④、欧阳健的《晚清小说史》（1997）⑤、袁进的《中国小说的近代变革》（1992）⑥ 等。这些以近

---

① 鲁迅：《中国小说史略》，上海：上海古籍出版社，1998 年版。

② 阿英：《晚清小说史》，北京：东方出版社，1996 年版。

③ 陈平原：《中国现代小说的起点》，北京：北京大学出版社，2005 年版。

④ 陈平原：《中国小说叙事模式的转变》，北京：北京大学出版社，2003 年版。

⑤ 欧阳健：《晚清小说史》，杭州：浙江古籍出版社，1997 年版。

⑥ 袁进：《中国小说的近代变革》，北京：中国社会科学出版社，1992 年版。

代小说为独立研究对象的小说史著，展开了对中国近代小说本体性的探讨。

陈平原的《20世纪中国小说史》（第一卷）独辟蹊径，摒弃传统社会学视角，独辟蹊径，着重围绕小说艺术形式各个层面：文体、结构、风格、视角等演变，开展对中国近代小说之论述。两著交相呼应，开创了从小说内部艺术结构的演变考察近代小说进程的新途径，在理论方法上具有典范意义。《中国小说叙事模式的转变》则以中国文学传统和晚清、五四的小说状况为根基，沟通文学的内部研究与外部研究，借鉴托多洛夫的叙事理论，从叙事时间、叙事角度、叙事结构三个方面，把纯形式的叙事学研究与注意文化背景的小说社会学研究结合起来，描述了1898—1927年间中国小说由传统向现代转化的过程，开拓了小说史研究的新视野。

欧阳健之《晚清小说史》从时代潮流发展演变的角度切入分析，抓住晚清小说反映时代潮流这一特点和内在精神，勾勒了1902—1911年间“新小说”的发展演变历程。作者将晚清新小说的发展划分为发轫（1902—1903）、第一个高峰（1903—1905）、第二个高峰（1906—1909）、余波（1910—1911）四个阶段，剖析了每一阶段各代表作品所蕴含的思想、艺术方面的“近代精神”。该著“体例严谨、资料详备、论述周详，不乏具有新意的学术创见”①。

袁进的《中国小说的近代变革》则立足小说本体观来研究近代小说，上探近代小说变革的初源，下究其余波。袁进认为，近代小说在变革过程中吸收传统旧文学观念，与政治同轨，从而提高了小说的地位又延缓了小说的成熟，这是近代小说变革的一系列特殊矛

① 董乃斌、陈伯海、刘扬忠主编：《中国文学史学史》，石家庄：河北人民出版社，2003年版，第232页。

盾中的基本矛盾。其论著开始突破一国地域内研究的框架，将中国近代小说与外国近代小说变革进行比较，凸现出我国近代小说变革的特殊性。全书脉络清晰，研究渐转渐深，步步推进，是一本出色的论著。①

基于这一研究路径的成果，将晚清小说的发展沿革置于中国近代化进程中进行综合分析，为我们提供了用新的办法利用和处理资料的潜在可能性，具有重要的学术价值。但其研究材料多集中在四大小说杂志和报刊，细致研究的空间仍待拓深；有些论著明显表现出与研究现代小说相同的格局，虽不乏精辟见解，但毕竟着力在寻觅对现代小说做更全面有力的诠释，对晚清小说自身演变历程以及所呈现出的过渡转换作用考察不够。

当前，中国近代小说史的研究要求研究者在尽可能掌握文献资料的基础上，从新的视角着眼梳理晚清小说的发展线索，开拓出晚清小说研究的新局面。本课题将在已有研究成果的基础上，从政治、文学层面切入，综合小说“内史”与“外史”的研究，以晚清小说政治功用性的演变为线索，考察晚清最后十年间小说的发展沿革，探讨近代小说作为历史转型期中国政治社会文化的综合载体所蕴含的矛盾与蜕变。

正是基于上述问题意识及对学术史的考察，本书拟以晚清小说政治功用性的演变为线索，选取“小说界革命”这一重要事件为研究的起点，以“小说界革命”和光绪三十一年（1905）为关注重点，考察晚清最后十年间小说的发展状况及其形成的不同小说格局，展现晚清小说在中国近代文学史乃至整个中国文学史上的意义。

---

① 本段参考王宜瑗：《独辟蹊径 成一家言——读袁进的〈中国小说的近代变革〉》，《社会科学》，1996 年第 10 期。

第二节 概念、研究方法与论著框架

本节将对本书所涉及的一些主要概念，所采用的基本史料，所使用的研究方法以及研究的内容和主要观点略作阐述。

一、相关概念阐释及史料说明

在本书标题中，笔者采用了小说的“政治功用性”作为本书研究的切入点，以从“介入”到“关怀”作为贯穿全书的主要线索，以光绪二十八年（1902）至宣统三年（1911）划定本书的研究时限。

1. 对“政治功用性”的解释

小说的政治功用性是指，小说与时事政治紧密地结合起来，小说被作为政治变革的工具、被作为“救国”的工具、被作为舆论监督和宣传的工具；亦即梁启超在“小说界革命”中所提倡的小说的社会功能、社会价值，认为小说可以反映现实，表达政治主张，是开启民智、振兴国家的利器。本书之所以选择小说的“政治功用性”作为研究的切入点，主要是基于以下几点考虑。

首先，中国近代小说的崛起并非小说内部发展的结果，而是由民族危难引发。“小说”从一开始就承担起建立现代民族国家的沉重道义责任。正是小说的政治功用性为小说争得了“文学最上乘”之地位。它从根本上批判和否定了轻视小说的传统思想和习惯势力，促进了小说观念的变革，越来越多的人在观念的改变下投身小说创作。它以磅礴之势扫除了新小说发展的障碍，直接促使了创作热潮的出现。

其次，小说的政治功用性赋予晚清小说新的价值内涵。实际上，因强调小说的政治功用性而引发的关于小说理论探讨的“小说界革命”，“以其广阔厚实的内容、新颖独到的见解、较完整的体系和鲜明的时代特色，形成了中国古代小说理论的最高峰”①。此外，对小说政治功用性的强调，促进了小说创作逐渐用“介入社会国家民族”这一新的文学观来代替“载道言志”的传统文学观。它虽然忽视了小说的内在性本质，但却推动了中国小说创作真正走向深入。

最后，小说的政治功用性考虑的是如何利用小说谋取直接的政治功利，小说只是实现目的的工具，并非小说发展过程中的内在要求，故而它只能是短暂的存在。在小说自身内在本质的巨大惯性推动下，光绪三十一年后，小说创作的娱乐化倾向渐次抬头，呈现出娱乐压倒启蒙之势。小说文坛呈现出浮躁、焦灼与进步、成就、贡献扭结纠缠的特征。但因小说的政治功用性所引发的对社会、国家、民族关注的理念已经深入人心，晚清小说“关怀社会”的现实主义品格不断彰显。

以上几方面表明，把小说的政治功用性作为研究视角，能够为我们提供一个了解晚清小说发展轨迹的切入点。

2. 何谓“介入”与“关怀”

“介入”和“关怀”是一组相对概念。“介入”即指在对小说本体与功能的认识上，受晚清特殊的政治文化条件的制约，出于国家政治的需要，小说被视为思想观念的最佳传播工具而在政治、历史、道德等方面被赋予了种种政治性内涵，小说的自主创作被干涉。小说创作带有强烈的政治功用性，小说的艺术特征被忽视，小说人物

---

① 常征：《晚清小说理论外部规律学说初探》，《南京师大学报》，1982 年第 1 期。

的塑造、情节的安排均为鼓吹政治理念而设。“文字收功日，全球革命潮”[①] 成为嘹亮的时代号角。此类小说读来虽激情澎湃，却因开口便见喉咙而索然寡味。小说的艺术感染力处于被压抑状态。

“关怀”则顾及了小说的艺术特性，在释放小说文学特性，考虑读者趣味的同时，充分反映时代社会，抱着批判现实、关怀社会的思想，近距离地采摘社会弊端，揭出病苦，引起疗救的注意。“关怀”既不同于直接表达作者政治理想的“介入”，更不同于旨在“忠孝节义”根本看不到对时政直露批判的传统小说。“关怀”已经开始彰显出广义上的现实主义品格，一种文学艺术对现实的忠诚和责任，一种素朴的人间情怀和人道精神。这种“关怀”虽然在参差不齐、良莠混杂的晚清小说中步履缓慢，但却昭示了小说所应发展的主流方向之一。

3. 对研究时限的解释

本书选择光绪二十八年（1902）至宣统三年（1911）为研究时限，主要基于以下考虑：

首先，在晚清小说的整个进程中，光绪二十八年（1902）至宣统三年（1911）这十年是其中最重要的发展阶段。1840 年鸦片战争爆发以来，随着西学的输入，中国的思想界和学术界开始发生变化，传统的散文诗歌创作，也有不同程度的变革。但在中国小说创作领域里，在相当长的时间内却闻不到一点新鲜的气息。据《中国通俗小说总目提要》的著录，从道光二十年（1840）至光绪二十六年（1900）的六十年间，一共出版小说 133 部，平均每年 2.2 部；而从光绪二十七年（1901）至宣统三年（1911）的十年中，却产生了通

---

① 蒋智由：《卢骚》。转引自钱理群、袁本良注评：《二十世纪诗词注评》，桂林：广西师范大学出版社，2005 年版，第 39 页。

俗白话小说 529 部，平均每年 48 部。再从思想内容和艺术形式上看，前六十年的作品依然是传统型的，如人情小说《儿女英雄传》、《绣球缘》，神怪小说《升仙传》、《鬼神传》，历史小说《群英杰》、《铁冠图》，公案小说《小五义》、《彭公案》之类，与古代的小说没有本质的区别。惟此之故，有的文学史家甚至把这一时期的小说说成是"趋向衰落以至倒退的状态"。由此可见，在光绪二十八年（1902）之前产生出来的小说，并不具备"近代"的"精神"[①]。而"新"的、"近代"性质的因素终于发展成为我国小说的主旋律，从而改变了我国小说的文学性质，是在光绪二十八年（1902）和宣统三年（1903）间。正如梁启超所谓，"十九世纪与二十世纪交点之一刹那顷，实中国两异性之大动力相搏相射，短兵紧接，而新陈嬗代之时也。"[②] 光绪二十八年（1902）后，小说观念、小说的精神意向等方面，都显示出性质的变化，中国小说的主旋律表现出明显的"近代"性质。

其次，作为文学运动的"小说界革命"和体现这一运动实绩的"新小说"都于光绪二十八年（1902）发生。光绪二十八年（1902）揭开了中国小说史上新的一页，它以强烈的变革愿望带动了晚清小说的繁荣。光绪二十八年（1902）至宣统三年（1911）间的小说创作既有满怀亢奋和激情的政治宣传品，也有对充满未来美好想象的拟旧新作；既有辞气浮露嬉笑怒骂的酣畅之作，也有率尔操觚粗制滥造的拜金之作。特别值得引起注意的是其中的一个重要年份，即光绪三十一年（1905），这一年前后，晚清小说的发展态势发生了转

---

① 欧阳建：《晚清小说史》，杭州：浙江古籍出版社，1997 年版，第 2 页。

② 梁启超：《本报第一百册祝辞并论报馆之责任及本馆之经历》，《清议报》，第 100 期，光绪二十七年（1902）十一月十一日。

向。之前，充斥着政治功用性的政治小说膨胀，起教育、提高认识的作用，压抑了小说的审美作用和娱悦作用；在光绪三十一年（1905）后，由于各种原因，娱乐消闲之作渐次抬头，逐渐呈现出娱乐压倒启蒙之势。光绪二十八年（1902）至宣统三年（1911），小说调整着自身的功能，其发展有曲折，有反复，又经历了光绪三十一年（1905）这个转捩点。历经了前瞻后顾的探索和徘徊歧路的艰难之后，晚清小说开始明晰其主要发展趋向，即小说作品中现实主义品格的逐渐显现。光绪二十八年（1902）至宣统三年（1911）是一个纷繁杂陈、继往开来、衔接古今的重要年段。若要探讨中国现代小说与古代小说的联系与区别、研究域外小说对中国小说的影响以及中国小说嬗变的内部机制，都很难绕开这一阶段。

4. 史料说明

本书的研究对象主要为晚清报纸和期刊所刊载之小说。以地区分类而言，除了上海地区的报刊外，还涵盖了东北地区、京津地区、江浙地区、湖北地区、四川地区、福建地区、粤港澳地区，以及在日本创办的报刊。以性质而言，除了诸如《申报》、《新闻报》、《时报》、《神州日报》和《新小说》、《绣像小说》、《月月小说》、《小说林》当时的四大报纸四大期刊外，还涉及了像《采风报》、《笑林报》、《世界繁华报》等诸多的小报。此外，因为研究需要，本书还对《万国公报》、《中西教会报》、《华美教保》等近代基督教报刊做了进一步考察。

二、研究方法与论著框架

1. 研究方法

任何文学，包括小说创作都因时代的不同而产生不同的倾向、目的，彰显一个时代的特色。当对光绪二十八年（1902）至宣统三年（1911）间的小说进行研究时，我们不仅应揭示其成就、有哪种缺憾，增加了何种新质素，忽视了什么洞悉；更要去揭示形成这一时期诸种特征的深层因素。基于此，传统的以史为经，以作家为纬的研究构架必须改变。

本项研究试图整合现有学术界已有研究范式的长处，借鉴相关学科的理论知识，以充分占有和认真解读资料为前提，综合考察晚清最后十年间小说演变的过程和与之变革相牵连的方面。具体研究方法如下：

（1）实证的史学方法。文献研究的实质性进展除在吸收既有成果外，很大程度上依赖于史料的发现与发掘。本研究充分利用大量未发掘资料，通过实证、统计、比勘印证等方法，爬梳整理晚清最后十年间的近代小说，发现文学现象，把握表象掩盖下的规律。

（2）静态研究与动态研究相结合。晚清最后十年间的小说大量刊载于报纸期刊，报刊与单纯文本研究的显著不同就在于报刊的生成过程，从编辑、创作到发行传播都更为复杂，更趋集体化、社会化。一方面，不同的报刊、不同区域的报刊各有特点，各有自己的文本环境；另一方面，报刊与报刊之间也存在互动。所以，只有对晚清小说的载体——报刊，采取静态与动态相结合的方法，才能更接近文化现场，准确地把握其中隐含的历史线索。

（3）"社会—文化"的研究方法。晚清小说与社会、政治、文化、市场发育存在着复杂的关系。本书置晚清最后十年间小说于社会政治文化大背景下进行考察，从而把握其与清末社会整体变动的关系，认识其在中国小说变革与发展中的角色及作用。

2. 论著框架

本书以光绪三十一年（1905）为转捩点，以晚清最后十年间

（1902—1911）大量报刊刊载之小说为研究对象，以小说政治功用性的演变为线索，分析“小说界革命”后晚清小说的变化和特征，寻找引起这种变化的原因，探讨近代小说的过渡转换作用及中国小说现实主义品格之形成。论文主要分为五章：

第一章“导论”，介绍问题的缘起，审视已有研究成果，提出新的研究视角，阐述相关概念。对“小说界革命”前中国古典小说及近代传教士小说的功用性内涵作了简单探讨。

第二章至第五章为主体部分。第二章“发现小说：晚清小说政治功用性的赋予”。中国近代小说的质变待到“小说界革命”赋予小说以政治功用性后才得以发生，本章就近代文学功用观的提出，对晚清小说政治功用性的赋予进行深入考察。

第三章“八股世界忽为小说世界：晚清小说政治功用性的扩展”。本章着重分析“新小说理论”在晚清小说理论界和实际创作中的泛化。小说界革命之后，小说的政治功用性在最大范围内得到扩展，理论界创作界纷纷响应。这一局面的形成，一方面来自于文学观念转变所释放的巨大能量，另一方面依靠的正是各报纸、期刊、书局的鼎力合作，离开任何一方，晚清小说很难在短期内获得如此繁荣之势。晚清小说的兴盛促进了晚清小说分类的发展，小说分类的势旺又推进了各门类小说的写作，二者共同促成了晚清小说的发达。

第四章“娱乐压倒启蒙：晚清小说政治功用性的潮落”。光绪三十一年（1905）起，晚清小说格局发生新变。新小说在实际创作中与新小说理论主张渐行渐远，与前期相比，政治小说潮落，娱乐压倒启蒙。这种小说格局的形成是小说政治功用性的缺陷、近代小说本身的完善以及小说作为文化消费品的特性，三者交互着力的结果。

第五章“从介入到关怀：晚清小说政治功用性的新变”。光绪三十一年（1905）后，晚清小说虽呈现出与此前不同的新格局，“娱乐压倒启蒙”，但小说的政治功用性，“小说救国论”并未因此消失，而是与小说的娱乐性一直处于博弈状态，形成一种“立意高尚之书”与“消闲娱乐之书”既对立又互融的局面。这一时期晚清小说最为重要的转变是，小说的创作观念发生转化，从初期仅着眼于政治宣传的大声喧哗逐渐转向寻求创作中思想与艺术的融合，小说从作为政治功用工具的直接介入发展为潜在的社会关怀，具有现代意义上的小说的现实主义品格开始显现。

结语部分对晚清最后十年间小说的基本面貌进行评价。近代小说的发展并未完全按照“小说界革命”倡导的路径前行，而是在光绪三十一年后出现娱乐压倒启蒙的倾向，但同时，晚清小说也在曲折演进，从政治介入到社会关怀的发展轨迹，彰显了小说内在本质和自身发展规律的驱动和需求。

第三节　“小说界革命”前小说功用性的内涵

“小说界革命”后，晚清小说发展的一个最显著的特征就是被作为新民、救国的利器，即政治功用性的被赋予。梁启超发动之“小说界革命”固然是其产生的主要触动力，但回顾中西古今之文学环境，可发现利用小说为工具性的观念有着颇深的文学渊源，其在“小说界革命”之前就已滥觞。那么“小说界革命”对于小说政治功用性的强调，是中国古典小说“载道”观念的深化？还是西方小说观念传入的结果？中国古典小说观与近代传教士小说的功用性内涵，与晚清小说的政治功用性到底有着怎样的关联？本小节将尝试对上述问题作出回答，以此作为探讨晚清小说政治功用性的基础。

一、资治·劝善：文以载道与中国古典小说

对于晚清小说地位的跃升，研究者多从晚清兴起的经世致用思潮加以解释。所谓经世致用，就是要求文学关心现实问题，忌空谈，戒虚饰，于国计民生切实有益。这其实是中国文学一以贯之的传统，它源于一种对文学治国、文学救国根深蒂固的信仰，简言之，即“以文载道”。

在中国历代文学批评家的言论中，任何对“文”的强调都服从于对“道”的认同，即使是主张文学独立最力的六朝，即使是当时主张文学最力的批评家也要借助于“道”来凸现“文”的地位。“文”是“道”的显现，成为中国传统文学观念的核心。那么“道”是什么，各家各派自有不同的看法。虽然先秦的百家争鸣是中国思想史上最活跃的时期，但诸子之言总是离不开对当时社会体制和道德理想的解释。道家言“道”，儒家弘“道”，道之名虽同，但含义却大相径庭。经过列国纷争，秦朝立而复亡的社会检验，儒家的天人合一的哲学观和仁政王道的社会理想，君臣父子的伦理观念，以及与此相应的“经夫妇、成孝敬、厚人伦、美教化”的文艺（主要是指诗歌）社会功利思想等等，较之道家文化结构中的“道”的哲学观，无为而治的社会理想，以及崇尚自然的文艺观更加符合封建统治阶级的利益，更加有利于国家统一，更加有利于封建中央集权的政治需求，因而被置于文化体系的独尊地位。

中国自先秦以来，致力于求“道”的一直是“士”。孔子说：“士志于道”①，“士不可以不弘毅，任重而道远。仁以为己任，不亦

---

① 《论语·里仁》，杨伯峻译注：《论语译注》，北京：中华书局，1980年版，第37页。

重乎？死而后已，不亦远乎？”① 阐明的就是“士”的责任。“士”在商都时代主要泛指各部门掌事的下层官吏，后来成为“士、农、工、商”的“四民之首”，已经不完全是在官位的现任官员，而更多的是掌握文化，随时准备成为官员的“民”。从政始终是“士”的主要出路，“学而优则仕”②。“士”既然有志于行“道”，那么推行“道”最简便的方法便是获得权柄，谋求官职。君主用“士”，甚至尊“士”为师友，也是因为“士”崇“道”，推崇“治国平天下”之儒家之“道”。

理清了“文”、“道”、“士”三者的关系，我们才能理解为什么中国古代产生了大量的文学作品。“文”是“道”的外化，“道”是形而上的，要靠“文”来显现，所以弘道之“士”后来又被称为“文人”。“文人”的不朽之事便是，“太上有立德，其次有立功，其次有立言。虽久不废，此之谓不朽”③。“立德”是为后世作伦理道德的楷模，立功是为帝王治国平天下，立言就要作文传“道”。“文以载道”与“以文治国”结合起来，成为中国古代社会的特点。虽然“文治”的“文”不止包含着“文学”，但是“文学”在其中起着积极的作用。所以，身为帝王的曹丕才会这样谈论“文学”，“文章，经国之大业，不朽之盛事。年寿有时而尽，荣乐止乎其身，二者必至之长期，未若文章之无穷。”④

---

① 《论语·泰伯》，杨伯峻译注：《论语译注》，北京：中华书局，1980 年版，第 80 页。

② 《论语·子张》，杨伯峻译注：《论语译注》，北京：中华书局，1980 年版，第 202 页。

③ 《左传·襄公二十四年》，《春秋三传》，上海：上海古籍出版社，1987 年影印本，第 380 页。

④ 曹丕：《典论·论文》，转引自李景华：《建安文学述评》，北京：首都师范大学出版社，1994 年版，第 135 – 136 页。

因此至少在观念上，“文”是一种崇高的理想境界，在中国占有特殊的重要地位。偃武修文，四方来朝，以文治国，一直是中国人的理想境界和追求目标。统治者和文人士大夫们均相信，朝代的盛衰与国祚的变更，往往与“文”有关。六朝不言“道”或虚张“道”的门面，强调文学独立，以至于“文学”衰微，朝代不断更替，“至于魏晋，文风下衰。宋齐以降，益以浇薄”①。唐代变更六朝文风，“用文治天下”②，恢复“道”的地位，所以国祚绵长三百年。由此产生了因治国需要对文学现状的担忧，“是故文章以薄，则为君子之忧”③。文章成为治国的途径，挽救文章也就是挽救国家、扭转国运，文章确有“治国平天下”的功用。而“文”之所以能够治国，就在于它是“道”的外化，既然道能治国，“文”就理所当然地要讲“致用”。所以，周敦颐提出“文以载道”。“文所以载道也，轮辕饰而人弗庸，徒饰也。况虚车乎？文辞，艺也；道德，实也。笃其实而艺者书之，美则爱，爱则传焉，贤者得以学而至之，是为教。”④

因此，中国传统文学各类体裁的价值大都是按照与“道”的关系来衡量的。散文的“文”能够直接说明“道”，自然居于核心地位；诗可言志，可以“兴观群怨”，也奠定了其在传统文化和文学的正统地位；词发端于民间，最初只是所谓“诗余”、“小词”，士大

---

① 姚铉：《唐文粹序》，曾枣庄、刘琳主编，四川大学古籍整理研究所编：《全宋文》（第七册），成都：巴蜀书社，1990 年版，第 252－254 页。

② 姚铉：《唐文粹序》，曾枣庄、刘琳主编，四川大学古籍整理研究所编：《全宋文》（第七册），成都：巴蜀书社，1990 年版，第 252－254 页。

③ 范仲淹：《上时相议制举书》，周鸿度等编著：《范仲淹史料新编》，沈阳：沈阳出版社，1989 年版，第 77－78 页。

④ 周敦颐：《周子通书·文辞》，《周敦颐集》，北京：中华书局，1990 年版，第 34 页。

夫不为也，但随着陆游、辛弃疾等一大批爱国词人的加盟以及尚雅词人在形式上对词的雅化，词也渐渐被正统观念接纳，并成为有宋一朝的重要文学样式。

至于中国古典小说，自其产生之初就被视为“小道”、“末技”，难登大雅之堂，为士人所不齿。小说为正统文人所不齿的最根本原因，在于被视为无关国家社稷的悖谬之谈。经史可资治、可通鉴、可治国平天下，中国惟经史独尊。因此，小说家们为了小说可于“文”之殿堂中得一席之地，不断将小说与正史联系起来。小说推其本原乃“古史官记事也”①、“偏记小说，自成一家，而能与正史参行”②，这即可佐证小说存在的合理性。另一方面，作为正史的一种补充，稗官野史也有利于统治阶层透过“庶民之议”，体察下情，并作为巩固统治的重要借鉴。可以说，对小说“补正史、资治体、助名教、广见闻”意义的认可，是肯定小说社会功能可贵的第一步。并且士大夫借阅读小说以博闻强识，一方面虽含有资助谈笑之娱乐意味，另一方面，却已经具有了多明事理以佐政治的直接目的。因而至清代，刘献廷在《广阳杂记》中说，“戏文小说乃明王转移世界之大枢机，圣人复起不能舍此而为治也。”③

除了不断标榜小说可以“资治体，助名教，供笑谈，广见闻”④

① 班固撰，颜师古注：《汉书》第6册，北京：中华书局，1975年版，第1745页。

② 刘知几：《史通·杂述》，黄霖、韩同文选注：《中国历代小说论著选》（上），南昌：江西人民出版社，1982年版，第37页。

③ 刘献廷著，汪北平、夏志和点校：《广阳杂记》卷二，北京：中华书局，1985年版，第107页。

④ 曾慥：《类说序》，黄霖、韩同文选注：《中国历代小说论著选》（上），南昌：江西人民出版社，1982年版，第63页。

之外，“小说所何为而作也？曰以劝善也，以惩恶也。夫书之足以劝善者，莫过于经史，而义理艰深，难令家喻户晓，反不如稗官野史乘福善祸淫之理悉备，忠佞贞邪之报昭然，能使人触目儆心，如听晨钟，如闻因果，其于世道人心不为无补也”①。在正统文人看来，文学应该肩负社会和道德的重任，“夫文人文章，岂徒调墨弄笔，为美丽之观哉？载人之行，传人之名也。善人愿载，思勉为善；邪人恶载，力自禁裁。然则文人之笔，劝善惩恶也。”② 肯定小说具有劝善惩恶的教化功能，无疑是提升小说地位的最有效的途径。

明清两代是小说创作的繁荣时期并取得突出的艺术成就，然小说的地位一仍其旧，所谓“至下之技”。因此，明清两朝的小说理论家几乎对所有小说类别，皆侧重强调其劝惩功能。罗烨云小说，“言其上世之贤者可为师，排其近世之愚者可为戒。”③ 凌云翰《剪灯新话序》亦云，“是编虽稗官之流，而劝善惩恶，动存鉴戒，不可谓无补于世。”④ 纪昀在创作文言小说《阅微草堂笔记》时，以“不乖于风教”⑤、“有益于劝惩”⑥ 为创作原则，并因其小说宣扬忠孝节义而受到当时统治阶级和封建文人的吹捧。《金瓶梅》一问世即遭致非议，被目为“淫书”，但欣欣子《金瓶梅词话序》却对其赞不绝口，

---

① 静恬主人：《金石缘序》，黄霖、韩同文选注：《中国历代小说论著选》（上），南昌：江西人民出版社，1982 年版，第 429 页。

② 郭绍虞：《中国历代文论选》，上海：上海古籍出版社，1979 年版，第 137 页。

③ 罗烨：《醉翁谈录·舌耕叙引》，北京：古典文学出版社，1957 年版，第 2 页。

④ 瞿佑等著，周楞伽校注：《剪灯新话》，上海：上海古籍出版社，1981 年版，序二。

⑤ 纪昀著，汪贤度校点：《阅微草堂笔记》卷一，《姑妄听之》序，上海：上海古籍出版社，2001 年版，第 1 页。

⑥ 纪昀著，汪贤度校点：《阅微草堂笔记》卷十五，《滦阳消夏录》序，上海：上海古籍出版社，2001 年版，第 313 页。

"吾友笑笑生为此，爰磐平日所蕴者，著斯传，凡一百回，其中语句新奇，脍炙人口，无非明人伦，戒淫奔，分淑慝，化善恶，知盛衰消长之机，取报应轮回之事。……。"① 这些警世鉴戒的议论，不能不说是受了"文以载道"思想的浸染。

事实上，历代小说理论家们涉及小说"增广见闻"、"裨补正史"、"劝善惩恶"的作用并不是各自独立，而是在"文以载道"思想的渗透下相互影响。它们大体反映了小说的认识功能，教育功能及表现功能。学者君子通过阅读小说以博闻强识，穷极社会镜象，利用稗官野史羽翼正史，以广视听，或者以小说"补经史之未赅"②，达到劝善惩恶的教育作用，亦或以小说抒发个人悲愤，表达对于现实不满，针砭社会黑暗一面。尤其是明末的"动关政务"③反映政治斗争的时事小说，如《于少保萃忠全传》、《梼杌闲评》、《斥奸书》、《平虏传》等，都是希望以小说来干预社会政治，起政教之作用。显示了对于小说参与社会改造、政治完善以及道德重建巨大功能的期待。简言之，有关小说种种之论说无非从裨补正史和具有"载道"之政教功能上开掘其意义，试图用小说有助于"治国"、传"道"来谋求"文学"中一席之位。

但中国古典小说毕竟一直被贬为"末技"，而难登"文"之殿堂；明清统治阶层对小说的仇视及严禁态度更使得小说的教化功用难有发展。崇祯十五年（1642），朝廷批准刑科给事中左懋第查禁

---

① 欣欣子：《金瓶梅词话序》，黄霖、韩同文选注：《中国历代小说论著选》（上），南昌：江西人民出版社，1982 年版，第 192 页。

② 陈继儒：《叙列国传》，黄霖、韩同文选注：《中国历代小说论著选》（上），南昌：江西人民出版社，1982 年版，第 141 页。

③ 峥霄主人：《魏忠贤小说斥奸书凡例》，黄霖、韩同文选注：《中国历代小说论著选》（上），南昌：江西人民出版社，1982 年版，第 240 页。

《水浒传》的奏议，兵部奉旨知令都察院并“通行各省直巡按及五城御史”，要他们“大张榜示，凡坊间家藏《水浒传》并原板，速令尽行烧毁，不许隐匿。”① 清朝仅乾隆以前各清帝所下达之查禁小说诏令即达八次之多：其中顺治一次，康熙五次，雍正两次；乾隆也亦曾下达三次诏令。② 清廷将查禁白话小说作为一项基本国策，并载于刑典，直视之如洪水猛兽。根据康熙上谕而定的《大清律例》明确规定，“凡坊肆市买一应淫词小说，在内交与八旗都统、都察院、顺天府，在外交督抚等；转行所属官弁严禁，务搜板书，尽行销毁。有仍行造作刻印者，系官革职、军员杖一百、流三千里；市卖者杖一百、徒三年，买者杖一百。该管官弃不行查出者，交与该部按次数分别议处。”③

大多数正统士大夫们都承袭了朝廷的这一态度。如明遗民查继佐在论及小说与明末政局的关系时曾感叹说，“前七年为《水浒》第一演义，而元气全澌，后十七年为《水浒》第二演义，而国命随尽。”④ 田汝成则在《西湖游览志余》里破口咒骂，“钱塘罗贯中本者，南宋时人。编撰小说数十种，而《水浒传》叙宋江等事，奸盗脱骗机械甚详。然变诈百端，坏人心术，其子孙三代皆哑，天道好还之报如此。”⑤ 他这种贬斥《水浒传》的观点对后来者影响颇大。

---

① 陈大康：《明代小说史》，上海：上海文艺出版社，2000 年版，第 549 – 550 页。

② 王利器辑录：《元明清三代禁毁小说戏曲史料》，上海：上海古籍出版社，1981 年版，第 18 – 53 页。

③ 季野：《开明的迂腐与困惑的固执一〈四库全书总目提要〉小说观的现代观照》，《小说评论》，1997 年第 4 期。

④ 陈大康：《明代小说史》，上海：上海文艺出版社，2000 年版，第 547 页。

⑤ 黄霖、韩同文选注：《中国历代小说论著选》（上），南昌：江西人民出版社，1982 年版，第 115 页。

王圻《续文献通考》、天都外臣《水浒传叙》、周亮工《因树屋书影》皆采录或征引其说。清代蒋伊有《蒋氏家训》，其中云“宣戒邪淫，家中不许留富淫书，见即焚之。”更有甚者，道光十七年，有六十五家书局“当面齐集城隍庙拈香立誓，各书花押，”签约禁出所谓“淫书小说”。[①]《四库全书总目提要》对小说的态度基本上与朝廷保持一致。《提要》将代表古代文言小说最高成就的唐代传奇及后代同类作品拒斥于小说之外，仅在存目中收录《飞燕外传》、《大业拾遗记》、《海山记》、《迷楼记》、《开河记》等少数几种传奇作品，且随即又指出它们不合小说之体例，系“流俗伪作”，“近于委巷之传奇，同出依托，不足道也。”[②] 杰出的文言短篇小说《聊斋志异》，在《四库全书总目提要》里也是“诬谩失真，妖妄荧听”，“猥鄙荒诞，徒乱耳目”。[③]

封建统治者对于小说的高压控制以及正统文人们的敌视态度，不仅沉重打击了曾一度繁荣起来的小说创作，而且也使整个社会视小说为“至下之技”。小说仍然处在受大多数人歧视的阶段，尚不能入列“载道”之文，其功用性虽曾被意识，却无力发展。

二、喻道·布教：传教士与近代小说

与明清统治阶层及士大夫对小说的贬损态度不同，近代来华传教士对小说的功用却颇为重视。自 19 世纪初，传教士来华之际，他

---

① 蔡景康：《从孔子的“小道观”到梁启超的“小说为文学之最上乘”》，《内蒙古师大学报》（哲社版），1994 年第 3 期。

② 纪昀、永瑢等撰：《钦定四库全书总目》第 3 册，上海：上海古籍出版社，1987 年影印本，第 1018 页。

③ 纪昀、永瑢等撰：《钦定四库全书总目》第 3 册，上海：上海古籍出版社，1987 年影印本，第 938 页。

们已非常注重文字布道，尝试用中文撰写小说或将《圣经》改编成通俗小说，免费发放，进而产生了为数不少的传教士中文小说。传教士之所以创作中文小说，无疑是利用了小说的通俗易懂的便利。他们将基督的教义置于浅显的故事之中，以求“将上帝的福音传给数以百万计的中国民众”①。

鉴于传教士对于小说的重视和有效利用，以及19世纪末影响最大的传教士翻译小说《回头看纪略》和傅兰雅的关于用小说揭露社会弊端并提出良方的小说征文，一些学者认为西方传教士在中国近代翻译创作的中文小说在梁启超的“小说界革命”中扮演了重要角色②，在某种程度上影响了晚清小说的总体方向③，传教士的小说及其理论主张甚至决定了小说变革的导向④。客观地讲，李提摩太的《回头看纪略》与傅兰雅的小说征文，确实参与了中国近代小说的发展进程，但他们对小说功用性的强调是否真正提升了小说的地位，是否在总体上影响了晚清小说的方向，是否决定了中国近代小说变

---

① 这是季理斐1900年应李提摩太的请求加入了广学会后，在一封给友人的信中所说的话。源自“No Speedier Way: A Volume Commern the Golden”, Jubilee of Christian Literature Society in China, 1887—1937, Shanghai, 1938, p. 20.

② 韩南认为，《回头看纪略》对中国小说构成直接的影响，导致新的小说子类的建立；其他即1819年至19世纪80年代之间传教士创作和翻译的小说虽为发生直接影响，但确实在傅兰雅和梁启超的小说倡导中扮演了重要角色。同时他还认为傅兰雅的竞赛的确在某种程度上影响了晚清小说的总体方向。参见［美］韩南：《中国近代小说的兴起》，徐侠译，上海：上海教育出版社，2004年版，第100－101页。

③ 同上，第168页。

④ 袁进认为，西方传教士在中国近代翻译创作的中文小说，在小说理论上的一些主张，在中国近代对中国小说的变革曾起过重要的促进作用。它们在小说观念、小说功能、小说内容、小说语言、小说形式、形式理论等诸多方面都发挥了重要影响，甚至决定了变革的导向。参见袁进：《论西方传教士对中文小说发展所作的贡献》，《社会科学》，2008年第2期。

革的导向，却是值得深入探讨的问题。

就已有的研究成果而言，学者考察较细的多为19世纪60年代及之前以单行本传世的传教士小说；而对19世纪末的基督教报载小说却甚少关注。这种研究现状也使得学者在对传教士于中国近代小说发展影响的定位时，推断多于求证、空疏甚于细究，以致有拔高之嫌。本书即以新近搜集的传教士于19世纪末所办《中西教会报》上之“喻道要旨”为考察个案，对晚清基督教报载小说做初步探讨；并力求在整个中国近代小说的发展进程中予之以较准确的定位。

《中西教会报》是西方新教传教士在华所办专事宗教宣传的中文月报①。它既是这一时期来华传教士重点创办的刊物，也是当时最有影响的基督教中文报刊之一。该报“喻道要旨”一栏的小说，集中刊载于光绪十七年正月至光绪十九年十一月，与前期《中西教会报》相始终，共25期，每期刊登三到四篇后期增至五篇故事性文本，作者主要为西方传教士，间或有少数中国教士。具体说来，自光绪十七年正月至光绪十八年九月刊登林乐知作品39篇，冯活泉作品13篇，刘乐义、慕维廉、袁竹一作品各1篇；光绪十八年十月至光绪十九年十一月刊登李提摩太作品39篇。这94篇具有故事情节的文本简短扼要、独立成篇，讲述一人一事，字数在三四百到两三千字之间。现援引一篇《引路者》② 为例：

---

① 光绪十七年（1891）正月在上海创刊，月刊，美国人林乐知主编。光绪十九年（1893）十一月停刊，共出三十五册。光绪二十八年（1895）十二月复刊，成为广学会刊物，册数另起。担任主编的先后有美国人卫理、英国人高葆真、华立熙、莫安仁、季理斐等。宣统三年（1912）十一月从第234期起，改名《教会公报》，1917年2月停刊，共出294册。以上材料参见史和编：《中国近代报刊名录》，福州：福建人民出版社，1991年版，第82页。

② 李提摩太：《引路者》，《中西教会报》，光绪十九年（1893）十月。

“行客入一深山而迷于路，怅望之余见有人自彼方来，趋而之。过来人详为指示且出一图，些凡蹊径纷歧涧谷险阻之处瞭如指掌，喜极拜受申谢，而行按图前进。差觉可凭，久之，山益险路益难，道之或是或非心中似有定见，乃所人愈深所见愈迷，惶惑迟疑，心声畏怯，继复有陡崖险峻杳无人迹意，惟山猿飞鸟可以径过，绝非步履所可跻攀，前望途穷废然思返。方回步时，忽有人呼曰：且勿退阻，可从我来。审睇之即前指明去路人也，喜而从之。其人毅然前往，虽山重水复、石磴坎崎，如驾轻就熟，其履坦坦，此时行客心益壮见益明步益踔厉而不窘行。且日暮，入山谷荒村就宿，果树花草景甚幽静，遂欢然致谢曰：友不惟指我道路，且加以瞻量智识，今复引至仙源佳境，得竟夕平安，我将何以谢尔。答曰：无须谢我，我亦行路人耳，尔未见我行非加少，尔即从我行非加多，世路虽有险夷为恃人勇往直前无畏难瞋沮自可达到，故尔虽非吾至此，仍尔能自至也，非关他人之推援哉。”

这则短小的故事借一行路之人的经历告诉读者，信仰上帝道阻且长，定要有坚定的信念才能到达荣光。“喻道要旨”栏下故事多与此相仿。《先升不失》[1] 借一水中小虫几经犹豫终于艰难出离水面得见极荣世界之经历，劝说一个失去姐姐的男孩，其姐姐之死不过如小虫之先升，有何忧愁。《国旗护身》[2] 以譬喻宣说教义，述1867年一美籍英国商人于古巴被捕定为死罪，因两国国旗护身竟得无恙，并进而教导耶稣之力过于此国旗无可数计。《遇难思神》[3] 讲述美国

① 林乐知口译，任申甫笔录：《先升不失》，《中西教会报》，光绪十七年（1891）正月。

② 袁竹一：《国旗护身》，《中西教会报》，光绪十七年（1891）五月。

③ 冯活泉：《遇难思神》，《中西教会报》，光绪十七年（1891）八月。

一富宦，骄傲妄为，只要闻说天上有神则目笑腹非；一日郊游湖上，正在微风轻拂心悦神怡之时，突然舟为波荡、越流直下、直奔湖口，几葬身鱼腹，万死一生后，猛然醒悟，莫非神灵相佑何以脱险，改恶迁善，虔侍真神。简言之，这94篇故事或委以寓言或托言崇道故事，述毕点明题旨，让读者自己领悟个中深意。

与之前诸多以单行本发行的传教士小说一样，“喻道要旨”栏下的小说也是为了宣讲福音。光绪十七年五月《中西教会报》曾刊登本馆主人告白，在阐明办报主旨的情况下特别强调了“喻道要旨”在该报中的地位，恳请诸君“于喻道要旨一门多所撰述”以期“于播道更多所裨助。”沈毓桂光绪十七年正月所作之《喻道要旨序》更进一步阐述道，“道也者，寓于万物之中实超乎万物之外者也……深言之而道晦，不若浅言之而道明也……美国传教士林乐知先生有见于是，著‘喻道要旨’一编……以先觉觉后觉……以己所独喻者俾人人共喻且罕习，而喻者使人人易晓……是书一出足以启聩亦足以发蒙，从此昏昏者一变而为昭昭矣”。简言之，“喻道要旨”即出于传道需要，由林乐知发起，以普通大众为对象，借浅近通俗又喜闻乐见的故事譬喻说理，启聩发蒙。

近代基督教来华之始，即已注重文字布道，但因清政府限制入境，传教士无法口头宣讲，不得不采取印刷刊物的传教方式。而后，随着中国门户的开放，基督教教派、传教士数目、传教自由度都大为增加，传教方式也由此改变。并且随着自由派传教政策逐渐占据主导地位，传教重点也发生改变，直接宣讲、散发小册子的“自下而上”传教方式逐渐被办教育、传知识等“自上而下”的传教方式所取代。在1890年召开的传教士大会上，传教士们一直认为，报纸比布道所起的作用更大，刊物对社会的影响力是没有边际的，建议要努力创作世俗文学，包括小说，以增加宗教期刊的发行量。① 办报成为其中一项重要内容，通俗文学也日渐成为在华基督教刊物中的主要栏目，传教小说也在中文类基督教刊物的发展下逐渐壮大。《中西教会报》的“喻道要旨”正是传教士文字事工、传教士小说发展到19世纪末的产物。

与早期以单行本发行的传教士小说相比，“喻道要旨”栏下的小说在写作方法上有了不少改进。早期作品中的争论和游说以及模仿中国传统章回小说的写作方式被淘汰②，正面的冲突对峙不再，教理教义巧妙地隐藏于故事中，浅近易懂的口语风格和第三人称限制叙事方式被通体采取。这些改进不但使它能更好地被普通民众所喜好，也使它更可能被那些乐于吸收外国经验的有识之士所接受。另外，将这些小说置于固定栏目下以报载形式定期发行，也比早期的散页和单行本更能保证“启聩发蒙”的持续性和有效性。

现在虽无法具体了解当时“喻道要旨”的社会反响，但从林乐知于光绪十七年（1891）八月为冯活泉《喻道指南》所作《按期选录喻道指南小引》可推测一二。林乐知指出《喻道指南》“实与本报所译‘喻道要旨’如出一辙”，更以“一言出而千里之外应”印证“圣道之入人者深”。据此，我们可以推测“喻道要旨”一栏在当时比较受一部分读者欢迎，否则它不可能较长时期地延续。同时，这些

① “Christian Literature in China” & “Perioaical Literature ”, Records of the general conference of the Proteseant missionaries of China , May7 - 20, 1890, Shanghai: American Presbyterian Mission Press, pp. 551 - 559.

② 前者典型地表现在米怜的《张远两友相论》（1819年）；而后者则突出的表现在郭实猎及其门生叶纳清身上：他们的写作语言来自中国章回小说而非现实口语，在叙述时使用回目、楔子，并大量且熟练地运用章回小说套语，诸如“欲知后事如何，且听下回分解”、“话说”、“且说”之类，中国章回小说中骈散结合的特点也被有意运用。

小说的风格表述显然是在迎合某种阅读趣向，由此可知编者设定它的主要读者应是普通大众；但其也因发行量较少而很难产生较大影响。

为了扩大小说的影响，宣扬小说的功用，英国人傅兰雅于光绪二十一年（1895）在上海发表《求著时新小说启》，征求批判鸦片、八股、缠足的小说[①]。在征文中傅兰雅首次提出了“时新小说”的名称，并且在征文发出后，也有不少应征稿件。在很少的刊行稿件中，小说《花柳深情传》的作者肖詹熙，曾说他创作这部小说是受到了傅兰雅“时新小说”的影响[②]。于是，据此，有论者认为这次活动将小说可以“感动人心、祛除时弊”[③] 的思想在中国文人和士大夫中传播开来，实践性地、颇有成效地发出了对具有特殊功用的时新小说的第一声呼唤。对后来康有为、梁启超、严复、夏曾佑等人对小说作用的看法和他们的办报行为产生了启发和影响。

但实际情况是否如此呢？这颇值得讨论与商榷。首先，在 162 篇应征的小说中，其中一半参赛者属于教会学校，另一半则为中国普通文人[④]。除却当时确实有一批文人怀有祛除时弊之心，也不排除这次征文是有奖征文这一原因。其次，再来说说傅兰雅缘何发起征文。傅兰雅本人虽非传教士，但是他与新教传教士往来密切，并出任中国教育会总编辑和实行委员会主席，而该组织事实上是传教士

① 傅兰雅：《求著时新小说启》，中文启事刊登在 1895 年 5 月 25、28、30 及 6 月 4、8 日的《申报》与 1895 年 6 月第 77 期的《万国公报》上，英文启事登在 The Chinese Recorder，(June，1895) 底页。

② 萧詹熙：《花柳深情传·自序》，上海广雅书局，光绪二十三年（1897）。

③ 《求著时新小说启》，《申报》，光绪二十一年（1895）五月初二。

④ 韩南教授曾认为傅兰雅征集的 162 篇手稿全部佚失，但最近，韩国学者吴淳邦，在加州柏克莱分校东亚图书馆书库发现了应征傅兰雅征文小说的书稿，并在其论文《新发现的傅兰雅（John Fryer）征文小说〈梦治三瘫小说〉》中介绍了应征者及其应征篇目，本书所引数据来源于此。

组织[①]。实际上，傅兰雅举办小说竞赛的直接原因在于《汤姆叔叔的小屋》这部抨击社会罪恶、有强烈基督精神的小说给他带来的启发。他在英文版的竞赛说明中指出“一个好的会对大众心灵发挥巨大影响的故事很多，但将不会有一部能与《汤姆叔叔的小屋》相媲美”[②]。在英文版的征文启事中，傅兰雅还特别“希望学生、教师和在华传教士机构有关的牧师都能受到鼓励来参加这次竞赛，只有这样，才会产生一些真正有趣有价值的、文理通畅的、用基督教语气而不是仅仅是用伦理语气写作的小说。”[③] 由此观之，他征文的目的是让那些具有创新精神的“时新小说”问世，以净化时弊，劝化人心。不过，虽然征文已部分超越了宗教小说的范畴，但仍不脱传教士小说创作的本质，即以西方基督教文化改造中国文化和社会。可以说，傅兰雅的这次征文，展示了世俗的和宗教的双重动机，是一次更为成功的基督教文字事工。但无论是傅兰雅的小说征文，还是《中西教会报》中的报载小说，其目的均出于传道需要，以普通大众为对象，借浅近通俗又喜闻乐见的故事譬喻说理，启聩发蒙。

不过以小说为传道播教之工具，在中国的佛道两教早有先例。以道教言，道教小说主要集中在《道书集成》记传类，自旧题刘向《列仙传》肇其端，晋代道士葛洪《神仙传》继之，后又有东晋干宝《搜神记》，历朝历代，延绵不绝。至于外来宗教的佛教，能由初传期的微弱至唐代的鼎盛，与汉译佛经中大量可读性的叙事文学和

① 关于韩南教授对傅兰雅征文的研究，参见［美］韩南：《新小说之前的新小说——傅兰雅的小说竞赛》，《中国近代小说的兴起》，徐侠译，上海：上海教育出版社，2004 年版，第 147 – 168 页。

② “Notes and Items”, The Chinese Recorder, (July, 1895), pp. 330 – 331.

③ “It's on the last page of The Chinese Recorde”, The Chinese Recorde, (June, 1895).

佛教徒们有意识地利用小说进行宣教是分不开的。例如《大正新修大藏经》第三、四册本缘部为汉译佛经叙事文学之大汇集，四《阿含》和三藏之律部亦复如此，它们利用佛传、本生、因缘、譬喻等故事类型宣扬佛理禅机。胡适先生曾言，汉译佛经中有许多可视为优美的文学作品，尤赞《维摩诘所说经》是一部半小说、半戏剧的作品，而《法华经》中的几则寓言，是世界文学里最美的寓言。①

虽然创作目的为自神其教，但这些带有宗教色彩的作品对中国古典小说的创作和发展均起到了重要的推动作用，相形之下，基督教的宣教小说，虽然应该归入中国近代小说的范畴，但它与中国近代小说主体的发展变化的关系究竟如何，却值得探讨。

在“喻道要旨”一栏小说集中刊载的19世纪90年代，晚清小说出版数量比前三十年增长了四倍，平均每年大约出版小说35部②，侠义公案、狭邪、文言小说成为各个书局的出版热点，尤以侠义公案为鼎盛，仅《小五义》系列就有十七个版本③。1895年傅兰雅征文显然不及甲午中日战争清廷战败对晚清小说的冲击大。战争还在进行，一些反映这一事件的小说，诸如《台战演义》、《刘大将军平倭百战百胜图说》以及《台湾巾帼英雄传初集》等就先后面世，《平金川》、《海上尘天影》、《花柳深情传》和《熙朝快史》等不同作品也显示了作者对国家内忧外患的关切。近年来相关学者在对传教士小说与中国近代小说发展关系定位时，拔高了传教士小说对中国近代小说的作用，认为它从总体上影响了晚清小说的方向，决定

---

① 胡适：《白话文学史》，上海：上海古籍出版社，1999年版，第106－107页。

② 据王清源、牟仁隆及韩锡铎编《小说书坊录》统计。王清源、牟仁隆、韩锡铎编：《小说书坊录》，北京：北京图书馆出版社，2002年版。

③ 据陈大康《中国近代小说编年》统计。陈大康：《中国近代小说编年》，上海：华东师范大学出版社，2002年版。

了近代小说变革的导向。鉴于“喻道要旨”栏下小说较典型的意义，不难看出，这类作品虽也应归入中国近代文学的发展进程，缘其体现了一些“趋新”与“为先”的特点，如较早采用报载形式、较早运用现代小说做“启蒙”之工具性并对之提倡；但传教士并没有主观提升“小说”的意图，小说创作也从未越出其传教体制，只不过为了保证宣教布道的有效性，他们不时会依据受众的需要调整自己的文字传教策略。

中国近代小说一直有其自身发展脉络，经过鸦片战争以降六十余年的发展，先进的印刷术、庞大的读者群、新的小说舆论环境的形成等众多条件及要素逐渐形成并交互着力，小说已面临能量的大量积蓄到释放的转折点，以致最后出现名为“小说界革命”的突变式飞跃。[①] 因此，尽管传教士小说参与了中国近代小说的进程，但它只是近代小说变革得以产生的诸多要素中相对次要的一个，尚谈不上“引导”或“主导”了中国小说的发展。虽然基督教与佛教同属外来宗教，但佛教历时两千载，久已盛行中土，较之本土宗教信仰亦有过之，佛教的哲理、观念、文学、艺术、习俗、用语，皆已牢牢生根滋衍于中国文化结构之中。基督教虽自唐贞观九年（公元635年）以景教入传中原已有近十五个世纪的历史，却始终未取得本土化宗教的身分。正如唐逸先生所言，基督教在中国语境文本中未发现共有的语义前设，基督信仰自基督信仰，中国文化自中国文化，二者并未形成水乳交融之势。[②] 因此，只有更全面、客观地审视这段历史，仔细考察传教士小说创作及相关行为，并予之以较准确的定位，才有可能接近中国近代小说发展的原貌。

---

① 陈大康：《“小说界革命”的预前准备》，《华东师范大学学报》，2007年第6期。

② 唐逸：《中国基督信仰本土化之类型》，《世界宗教研究》，1999年第2期。

综上所述，在“小说界革命”发生之前的中国小说界，虽有传教士开始将小说作为传道布教的“工具”，但既因传教士们主观上没有提升小说的意图而且实际影响相对有限，所以其虽有意将小说作为“喻道、布道”的工具，但小说的功用性并未能得到普遍认可，小说的地位也并未因此而得到根本提升。中国古典小说虽然也一直努力向主流文学靠拢，标榜自己的“载道”功能，但始终被排斥于正统“文学”之外。晚清小说的真正改变，小说一跃变“小道”而为“文学之最上乘”，则要待到梁启超发起“小说界革命”，赋予小说以“新民”的新内质之后。随着新小说理论的普及，小说全新的载道功能——政治功用性开始得到了社会主流的认可。小说“政治功用性”的演变也正是本书所要考察的主要内容。

第二章

发现小说：晚清小说政治功用性的赋予

诚如前章所言，对小说功用性的强调可以追溯到中国传统重实用、重道德的“文以载道”观，这一命题集中体现了儒家文学观念的功利主义诉求对包括近代文学在内的中国文学深远而复杂的影响。然而，鉴于中国古典小说处“末技”的地位和受打压的处境，以及近代传教士虽以小说为传道布教工具但对小说地位改变有限，中国近代小说的质变仍要待到中国近代文学观念产生及“小说界革命”发生之后才得以实现。在这一过程中，梁启超是一位枢纽性人物。梁启超不仅在思想上为晚清时期最有影响力的知识分子之一，而且在中国小说发展史上亦发挥了举足轻重的作用。晚清小说的变化虽是各种因素交互着力的结果，小说的繁盛也并非梁启超一手独立造成，但其开创之功，其影响之深且广，则是不争之事实。在这一章中，笔者将从中国近代文学观念的形成，梁启超文学功用观的提出，梁启超的新小说理论以及新小说功用性内质的变化等几个方面，对晚清小说政治功用性的赋予进行深入考察。

第一节 求变、求新、求用：中国近代文学观念的形成

晚清是中国政治和社会的剧变时期。内忧外患使清政府对国家和社会的治理感到力不从心；接连不断的农民起义威胁到清政府的统治，外敌的入侵更严重损害到国家的主权。面对西方资本主义势力的大举入侵，清政府缺乏强劲的抵御之力，不断的割地赔款使清政府的财力不支，原有的统治体制、生活方式和价值观，都面临严峻的挑战。晚清帝国的天朝迷梦被彻底粉碎。在世道陵夷，危机四伏的19世纪中后期的晚清中国，随着经世之学的兴起和西方近代思想的传入，中国传统的文学观念也受到严重冲击。求变、求新、求用，成为近代中国倾向进步的各派文学家的共识。

早在鸦片战争之前，嘉道之际，龚自珍、魏源等少数先觉者，在对已现衰象的社会和传统文化的批判性反思中，就已萌生了朦胧的近代意识，开始对某些被持守千余年的文学原则提出质疑乃至部分否定。他们要求转换文学方向，发出了期待文学“大变”的呼声。不过当时学术界、文学界的主流仍承乾嘉遗风，士子或矢志疲精于续积破碎、或侈口空谈性命义理，所作之文或为诀颂悦人之篇、或为饾饤考古之制。至19世纪中叶，社会形势的急剧恶化和鸦片战争的战败，给一代学人带来巨大冲击。士林风气开始转换，一批较早警悟的有识之士，在倡行改革弊政、力主禁烟抗英的同时，也对乾嘉以来的学风、文风提出尖锐批评；进而对造成这种风气的外部原因包括思想专制，内部原因包括创作理论等，进行深刻反省。在这些先觉者的忧患意识影响下，不仅诗风、文风发生新变，而且诗论、

文论也出现了以经世文学观为核心的变革思潮。

这种经世的文学观念不唯体现在文章对现实问题的关注，或者是在对现实的批判中所表现出来的强烈的忧患意识，更在于其中显现出的强烈的社会责任感。兼济天下的古训，对一名正直的儒家知识分子来说，是在任何情况下都难以割舍的情结，这无关官职之高下、地位之显抑。一旦有兼济达世的机会，他们都会尽心尽力的去实现自己心中的理想。钱维乔在浙江鄞县任知县期间，曾给友人写过很多书信，自述志向。他在《答崔曼亭书》中就这样写道：

“人虽至愚，必先为己，然后及人。今将从其大者言之，为百里宰，兴利除害，唯吾所欲为，使泽流斯民，而颂声洋溢，此人情之大快也，而吾不能也，吾之意不满也。自其小者言之，坐堂皇则威福惟我，返私室则囊橐日充。肥甘采色，博塞吹弹，一切诨谐娱乐之具，供其酣豢而忘倦，此人情所大快也，而吾亦不能也，吾之意不满也。而一邑之内，忧水旱，惧盗贼，或蒲伏而雀角，或幽囚而桎梏，其忿恨怨恣，环集而不满于县官者，日不知凡几辈，不此之用心而奚用耶？既舍己而询人，复吼众而馅独，仆虽不肖，原存此几希。”①

虽然自道光二十年（1840）以来，中国因外患而遭受的每一次失败都产生过具有忧患意识的先觉者，但由于他们的周围和身后并没有一批警醒的社会群体的支持，使得他们走得越远就越是孤独。在甲午战争之前，中国人，不管是封建官员还是知识分子，还只认为中国在枪炮等技术上不如西方列强。然而甲午一战的结果，却是

① 钱维乔：《竹初文钞》（卷三）。转引自杨旭辉著：《清代经学与文学——以常州文人群体为典范的研究》，南京：凤凰出版社，2006 年版，第 308 - 309 页。

一向被中国视为蕞尔小邦的日本竟然打败了具有五千年悠久历史的泱泱中华帝国。相比于几十年前的鸦片战争，甲午战争的失败，不仅给中国带来了空前辱国的《马关条约》，更以自身灾难的深重给国人带来了一次精神上的强烈冲击，促成了鸦片战争以来国人民族意识的亟变。梁启超回忆道：

“唤起吾国四千年之大梦，实自甲午一役始也。吾国之大患，由国家视其民为奴隶，积之既久，民之自视，亦如奴隶焉。彼奴隶者苟抗颜而干预主人之家事，主人必艴然而怒，非摈斥则谴责耳，故奴隶于主人之事，罕有关心者，非其性然也，势使之然也。吾国之人视国事若于己无与焉，虽经国耻、历国难，而漠然不以动其心者，非其性然也，势使然也。且其地太辽阔，而道路不通，彼此隔绝，异省之民，罕有交通之事，其相视若异国焉，各不相知，各不相关，诚有如小说家所记巨鲸之体，广表数里，渔人剧其背而穴焉，寝处于是，炊爨于是，而巨鲸渺然不之知也。故非受巨创负深痛，固不足以震动之。昔日本当安政间，受浦贺米舰一言之挫辱，而国民蜂起，遂成维新。吾国则一经庚申圆明园之变，再经甲申马江之变，而十八行省之民，犹不知痛痒，未尝稍改其顽固嚣张之习；直待台湾既割，二百兆之偿款既输，而鼾睡之声，乃渐惊起。”①

觉醒，在于对自身历史使命的自觉认识。甲午战前，面对一个日益衰败的社会，面对日益深重的民族危机，还只有少数先进思想家，在呼吁和阐释不尽相同的社会批判和社会改良主张。甲午大败，

① 梁启超：《戊戌政变记》，附录一《改革起原》，《饮冰室合集·专集》之一，北京：中华书局，1989年版，第112－113页。

成中国之巨祸。正是这次失败带来的严重民族危机感，迫使国人追究自身，从种种熟视无睹、见惯不惊的社会现状中看出衰败和屈辱。至甲午战后，尽管整个知识阶层并没有完全接受维新派的政治观点，但以救亡图存为前提的社会批判和社会改良主张却成为知识分子阶层政治意识之时尚。它促成了鸦片战争以来民族精神的亟变，民族精神不再仅仅限于某一阶层的某一部分人。尽管在社会改良问题上，在如何改良，在向西方学习什么等问题上，知识阶层并没有完全形成共识，但求变却成为他们日趋一致的观点，“中国的民族具有群体意识的觉醒也因此而开始”①。求变的呼声甚嚣尘上。日本明治维新后的崛起，泱泱大清帝国的惨败，就在于变与不变的区别。“天不变，道亦不变”② 观念在质疑下不断动摇。早前龚自珍所呼吁“大变”、“速变”，魏源所献出的“师夷制夷”的御侮救国方策，也渐次为朝野所信从，影响逐渐扩大。

此外，洋务派外交官及留洋学生接触了西方现代文明的印象与感观，也开始在国内广为流传。这时维新派为了政治的需要，也在高倡“变”的哲学，宣传各种变革理论，这其中尤以严复翻译的《天演论》一书影响最大。《天演论》一书介绍了“物竞天择、适者生存”进化论，而这也被看做是自然界和人类社会都应遵循的规律和法则。因此，面临数千年未有之危局的中国必须自强图存，必须“鼓民力”、“开民智”、“新民德”。具体言之，就是要禁止鸦片与缠足；废除八股，提倡西学；设立议院，公举守宰。

---

① 陈旭麓：《近代中国社会的新陈代谢》，上海：上海人民出版社，1992 年版，第 154 – 158 页。

② 语出《汉书卷五十六·董仲舒传第二十六》：“道之大原出于天，天不变，道亦不变，是以禹继舜，舜继尧，三圣相受而守一道。”班固撰、颜师古注：《汉书》，中华书局，2000 年版，第 1899 页。

《天演论》的翻译使社会进化论在中国不胫而走，这种西方的自然观深刻影响了中国近代的知识分子。梁启超说，“近四十年来，无论政治界、学术界、宗教界、思想界、人事界，皆生一绝大之变迁。视前此数千年若别有天地者然，竞争也，进化也。务为优胜，勿为劣弱也。凡此诸论，下自小学校之生徒，上至各国之大政治家，莫不口习之而心营之。其影响所及也，于国与国之关系，而帝国政策出焉。于学与学之关系，而综合哲学出焉。”① 于是，在各种作用力的交互影响下，“求变”便成为当时特定历史环境下知识分子阶层的共识。

文学的发展与时代共脉搏。在风云会际的晚清中国，从初期的启蒙者、洋务者，到后来的维新者、革命派，尽管思潮歧异，政治立场各不相同，但却一致认为文学务必更新，务求变革。由于这一时期文学观念的变化主要是受时代性剧变所推动，因此文学观念的最初转变主要还不是对传统文论的合理性提出挑战，而始于对传统文学及其根基的存在价值的怀疑、动摇。换言之，文学观念的转变开始主要还不是反思某些理论原则的“是”或“非”，而是探讨它们“有用”抑或“无用”。② 于是，中国近代文学的特点就首先表现在对文学社会功能论的强化及其内涵的某种转变上，即要求文学从载道言教、扬翊休明转向揭露衰世真实、变法救时，进而与倡言“师夷”结合，发挥“愤诽启发”之功，表现出最初的以文学进行启蒙的意识。③ “求变、求新、求用”成为中国近代文学思想的主要

---

① 梁启超：《天演学初祖达尔文之学说及其略传》，《饮冰室合集·文集》，之十三，北京：中华书局，1989 年版，第 12 页。

② 王飚：《近代文学观念理论基础的变动》，《长江学术》，2008 年第 1 期。

③ 杜书瀛、钱竞主编，钱竞、王飚著：《中国 20 世纪文艺学学术史》（第一部），北京：中国社会科学出版社，2007 年版，第 154 页。

特征，这也就是所谓的近代意识。①

在这种价值标准面前，先是龚自珍、魏源、张际亮、冯桂芬等对“无用之王道”提出质疑，对传统思想和当时模山范水、吟风弄月和陈言空疏的诗风文风进行批评。而后，黄遵宪在愤“文章无用”的同时提出要创造有用文学。② 严复以西方自由、民主、平等、竞争、进化等新思想批判传统文论、诗论，称“一言以蔽之曰：‘无用’”③。维新派思想家康有为抨击八股文以及“风云月露之词”是“前朝以之愚民”之具，“今当多难之秋，不必敝精于无用。”④ 谭嗣同的批判思想更为坚决，称“不惟八股也，策论亦八股也，经学辞章皆八股也；即考算学而不讲实用，犹八股也”，愤然与“旧学”决绝。⑤

虽然大多数文学家在正面提出“求变、求新、求用”的文学主张时，还只能从古代文论中选择或强调有利于文学适应社会变化的观点，或辅以新的解释或稍加改造；但此时的文学思想已对传统文

---

① 上海书店编：《中国近代文学的历史轨迹》，上海：上海书店出版社，1999 年版，第 3 页。

② 黄遵宪《〈明治名家诗选〉序》说道：“居今日五洲万国尚力竞强，攘夺搏噬之世，苟有一国焉，偏重乎文章，国必弱。故论文至今日，几疑为无足轻重之物；降而为有韵之声诗，风云月露，连篇累牍，又益等诸自郐无讥矣。……然则诗之兴亡与国之盛衰，未尝不相关也。……余闻欧罗巴固用武之国也，而其人能以诗鸣者，皆绝为当世所重。东西数万里，上下数千年，所以论诗者何必不同……抑有为之言，不必无用；而无用之用，又自有故欤?”，参见黄遵宪：《〈明治名家诗选〉序》，《黄遵宪全集》，北京：中华书局，2005 年版，第 249 页。

③ 严复：《救亡决论》，《严复集》第一册，北京：中华书局，1986 年版，第 42 页。

④ 康有为：《请废八股试帖楷法试士改用策论折》，《康有为诗文选》，广州：广东人民出版社，1983 年版，第 555 页。

⑤ 谭嗣同：《上欧阳中鹄书》，《谭嗣同全集》，北京：中华书局，1981 年版，第 168 页。

论做出新变，开始包含了近代文学观念的因素，并显现了新的发展方向，孕育了包含近代特征的文学观念的雏形。

梁启超于1922年回顾此前五十年历史的进化轨迹时，曾经作过这样大致的描述：

“近五十年来，中国人渐渐知道自己的不足了。这点子觉悟，一面算是学问进步的原因，一面也算是学问进步的结果。第一期，先从器物上感觉不足。……很觉得外国的船坚炮利，确是我们所不及。对于这方面的事项，觉得有舍己从人的必要。……第二期，是从制度上感觉不足。自从和日本打了一个败仗下来，国内有心人，真像睡梦中著了一个霹雳，因想到堂堂中国为什么衰败到这田地，都为的是政治不良，所以拿‘维新变法’做一面大旗，在社会上开始运动。……第三期，便是从文化根本上感觉不足。”①

这里所谓中国人对自己“感觉不足”乃是中国人在欧风美雨的冲击下对自身的经济、政治、文化传统逐层深入反观、反省的结果。在中华民族面临前所未有的危迫局面之际，在众多知识分子求变求新求用的时代背景下，在近代文学观念的酝酿阶段，作为维新健将的梁启超在前辈时贤的影响下，对新时期的文学观也有了自己的态度。

第二节　梁启超文学功用观的提出

梁启超的文学功用观是时代的产物。梁启超以强烈的功利主义

① 梁启超：《五十年中国进化概论》，《饮冰室合集·文集》之三十九，北京：中华书局，1989年版，第43－45页。

为主要特征的文学思想的形成有着多重的历史机缘和条件。中国近代文学观念发生质的飞跃是与资产阶级维新派登上政治舞台密切相连的。在康有为、梁启超等“三千公车”请求朝廷变法维新的多项主张中，就包括文化变革方面的主要内容，即“变科举、广学校、译西书以成人材”[①]。可以说，资产阶级维新派在政治的变革中，也自觉地倡导了中国历史上规模最大的文学革新运动，而梁启超就是其中的重要领军人物。

维新变法时期，是梁启超文学功用观形成的开始。作为戊戌变法维新运动的急先锋，梁启超认为，为了达到变法维新的目的，必须首先广开民智。他说，“今日欲伸民权，必以广民智为第一义”[②]，“凡国必风气已开，文学已盛，民智已成，乃可设议院”[③]。这一政治主张包含着在对“老大帝国”的前途命运着想时，首先需要进行的是对民众的启蒙教育。不过，这时的梁启超对文学在开民智中的作用却还不怎么看重。他认为，变法开民智的首要之举是大力兴办新式学堂，在于新式教育的推广。对此，梁启超有这样的论述逻辑，“言自强于今日，以开民智为第一义”；“智恶乎开？开于学；学恶乎立？立于教”；“亡而存之，废而举之，愚而智之，弱而强之，条理万端，皆归本于学校”。[④] 此一时期，他对文学的认识还只是停留在

---

① 丁守和等主编：《中国历代奏议大典》，哈尔滨：哈尔滨出版社，1994 年版，第 800 页。

② 李华兴、吴嘉勋编：《梁启超选集》，上海：上海人民出版社，1984 年版，第 72 页。

③ 李华兴、吴嘉勋编：《梁启超选集》，上海：上海人民出版社，1984 年版，第 34 页。

④ 梁启超：《变法通议·学校总论》，《饮冰室合集·文集》之一，北京：中华书局，1989 年版，第 28 页。

倡导言文合一，以文字开通民智、导愚觉世的层面。通俗文字材料仅仅是作为教人断文识字的一种辅助手段，“文与言合，而读书识字之智民，可以日多矣”①。

至于“开民智”与小说是怎样的关系，此时的梁启超还尚未有清晰的认识。在此阶段，梁启超主要以散文为实践文体，其对“小说”功用性的认识还处于传统观念的阶段，如在他于光绪二十二年（1896）撰写的《论译书》中，就有“猥陋如稗官小说”② 的话。而且在其所进行的一系列书目实践活动中，也没有涉及对小说的描述。梁启超最早编制的目录是于光绪二十年（1894）依据康有为的《桂学答问》而编制的《读书分月课程》。该书目着重经世致用，导人以入今文经学门径，告知读经学书、史学书、子学书、理学书、西学书之先后次第。光绪二十二年（1896），梁启超又撰《西学书目表》，分西学书为学、政、杂三类（教类书不收），并特撰《读西学书法》一卷，导人以入西学门径。至于小说，无论是导人以入今文经学门径还是入西学门径，两个书目均未提及。此时的梁启超并没有把小说看成是与散文诗歌同等的，可为改革的对象与开启民智的工具。尽管他在光绪二十三年（1897）于《〈蒙学报〉、〈演义报〉合叙》中曾言，“西国教科之书最盛，而出以游戏小说者尤多。故日本之变法，赖俚歌与小说之力。盖以悦童子，以导愚氓，未有善于是者也”③，体现了对小说的初步肯定，但之后梁启超对小说的功用并没有再明言倡导。梁启超小说功用观的真正形成则要待到他流亡东洋，感观日本后。

---

① 梁启超：《沈氏音书序》，《时务报》第四册，光绪二十二年（1896）。

② 刘体智著，刘笃龄点校：《异辞录》，北京：中华书局，1988 年版，第 162 页。

③ 梁启超：《饮冰室合集·文集》之二，北京：中华书局，1989 年版，第 56 页。

戊戌政变使一度轰轰烈烈的变法维新运动惨遭扼杀。梁启超失魂落魄地逃难日本，但他并没有消退以天下为己任的政治热情。痛定思痛，梁启超竭力探求变法运动失败的原因，以便东山再起，再造“我少年中国”①。流亡日本的梁启超在《饮冰室自由书》中写道：“自东徂以来，于彼都人士相接，诵其诗，读其书，时有所感，与一二贤师友倾吐之，……。庄生曰：‘我朝受命而夕饮冰，我其内热与’，以名吾室。”② 此语可谓是他内心的真实写照。“饮冰”出自《庄子·人世间》，成玄英疏为“足明怖惧忧虑，内心熏灼”③，解作惶恐焦灼；而在这里此词则集中反映了梁启超在改革失败后内心依然炽热的激情。变法的失败，使梁启超等人认识到单靠一个皇帝和几个开明官僚无法当此重任。东渡日本，使他有机会接触大量日本译介的西方政治学、经济学、哲学、社会学等方面的著作。日本的明治文化和当时的小说理论与实践，对梁启超提出文学功用观、发动“小说界革命”、赋予小说以政治启蒙的功能等产生了直接的影响。

实际上，得风气之先、注重西学的梁启超，早在东渡之前，就与同时代的知识分子一样，开始关注日本。针对当时学子借途日本学习西洋的风气被普遍提倡的现象，梁启超就曾发表过评论，“戊戌政变，继以庚子拳祸，清室衰微益暴露。青年学子相率求学海外，而日本以接境故，赴者尤众。壬寅癸卯间，译述之业特盛，定期出

---

① 梁启超：《少年中国说》，《饮冰室合集·文集》之五，北京：中华书局，1989年版，第8-9页。

② 《清议报》第二十五册，光绪二十五年（1899）七月十九日。庄子原文作：“今吾朝受命而夕饮冰，我其内热与”，梁启超文作“我朝受命而夕饮冰，我其内热与”，从梁文。

③ 郭象注，成玄英疏：《南华真经注疏》，北京：中华书局，1998年版。

版之杂志，不下数十种。日本每一新书出，译者动数家，新思想之输入，如火如荼矣。”①

东渡之前，梁启超获取日本方面的知识，主要是通过他的老师康有为。康有为的著作《日本变政记》和《日本书目志》均对梁启超产生过很大影响。他曾多次提到康有为在万木草堂讲学时，曾开设过一门课叫《万国政治沿革得失》。那时，康有为把《日本变政记》作为授课内容②。梁启超在写《变法通议》时，与其师持相同之论，提倡效法明治维新，与此书有很大关系。另一部书《日本书目志》给梁启超的影响更为深远。该书大约收集了日本明治二十年（1887）左右的日本书籍7100多册，包括生理、理学、宗教、图史、政治、法律、农业、工业、商业、教育、文学、文字语言、美术、小说、兵书等十五门类。戊戌变法时期，当梁启超在读过《日本书目志》后，抑制不住自己的感情，在《时务报》上发表《读日本书目志书后》一文，介绍这部书和通过日本译著来学习西洋的益处：

“启超既卒业，乃正告天下曰：译书之亟亟，南海先生言之既详矣。梁启超愿我农夫学书籍，精择试用，而肥我树艺。愿我工人，读制造美术书，而精其器用。愿我商贾读商业学，而作新其货宝贸迁。愿我士人读生理、心理、伦理、物理、哲学、社会、神教诸书，博观而约取，深思而精研，以保我孔子之教。愿我公卿读政治、宪法、行政学之书、习三条氏之政议，究以返观，发愤以改政，以保我四万万神明之胄。愿我君后，读明治维新之书，借观于寇雠，而

① 梁启超：《清代学术概论》，《饮冰室合集·专集》之三十四，北京：中华书局，1989年版，第71页。

② 陈华新：《康有为与〈日本变政考〉的几个问题》，广州：广东人民出版社，1985年版，第274页。

悚励其新政，以保我二万万里之疆土，纳任昧于太庙，以广鲁于天下。庶几南海先生之志，则启超愿鼓歌而道之，跪坐而进之，馨香而祝之。”①

而且通过读《日本书目志》，梁启超还了解到许多日本名著与译著，如平田东助和平嫁定二郎合译的德国伯伦知理的《国家论》，中江笃介所译的法国阿尔夫来特·扶伊埃的《理学沿革史》，中村正直所译英国斯迈尔斯的《西国立志编》，小野梓的《国宪泛论》等。②此外，梁启超还为黄遵宪的《日本国志》作过《后序》③。黄遵宪的《日本国志》是当时中国人介绍日本情况最翔实可靠的一部著作。这样，流亡日本之前的梁启超主要通过这些有限的文献，间接地了解到一些日本明治维新的消息。不过，无法逾越的语言障碍和缺少详细的中文材料，也使得此时的梁启超对日本的认识仍只是雾里看花。

维新失败之后，梁启超开始了长达十四年的流亡生活。赴日之初，他结识了许多日本社会名流，尤其与大隈重信、犬养毅、品川弥二郎、矢野文雄、柏原文太郎等人往来频繁。不久，梁启超在罗普的帮助下开始学习日语，阅读各个领域的日文书籍，自称“居日本东京者一年，稍能读东文，思想为一变”④。后广搜日本书而读之，

① 梁启超：《读日本书目志书后》，《饮冰室合集·文集》之二，北京：中华书局，1989年版，第54-55页。

② 郑匡民：《梁启超启蒙思想的东学背景》，上海：上海书店出版社，2003年版，第6页。

③ 作于光绪二十二年（1896）年，载光绪二十三年（1897）年《时务报》第21册，收入上海图书集成印书目1898年版《日本国志》。

④ 梁启超：《三十自述》，李华兴、吴嘉勋编：《梁启超选集》，上海：上海人民出版社，1984年版，第378页。

“心志为之一变”①，“脑质为之改易，思想言论与前者若出两人”②。

此后，梁启超借助日文版的专著或译著，广泛涉猎了培根、孟德斯鸠、卢梭、亚当·斯密、霍布士、边沁、伯伦知理、基德等人的学说，开始系统地介绍西方近代的政治理论、学术思想以及价值观念。他的很多著述就是受明治思想家、学者的启发，编写或摘译而成的。例如，他通过阅读中村正直翻译的《自由之理》，了解到穆勒《论自由》的内容；通过加藤弘之的《强者的权利与竞争》，加深了对于社会进化论以及功利主义的理解；通过吾妻兵治翻译的《国家学》，接受了伯伦知理的国家有机体论；而阐述其文明史观的《国民十大元气论·叙论》、《文野三界之别》等文章，无论是主题立意，还是遣词造句，几乎就是福泽谕吉的《文明论之概略》部分章节的翻版。③通过大量的阅读，梁启超对日本的熟悉甚至已达到了亲密无间、忘其为异国的程度，自言，“每日阅日本报纸，于日本政界、学界之事，相习相忘，几于如己国然。盖吾之于日本，真所谓有密切之关系，有许多之习惯印于脑中，欲忘而不能忘者在也。”④

不过需要特别指出的是，在与日本文化自觉的认同中，梁启超因强烈的现实使命感，采取了对日本文化有选择的接受态度。不是所有的日本文化都对梁启超产生影响，他也并非全面地接受日本文化。梁启超所认同的，并且对他新思想的形成起着决定意义的，只

① 丁文江、赵丰田编：《梁启超年谱长编》，上海：上海人民出版社，1983 年版，第 290 页。

② 梁启超：《夏威夷游记》，《饮冰室合集·专集》之二十二，北京：中华书局，1989 年版，第 185 页。

③ ［日］班玮：《梁启超的日本观》，《天津师范大学学报》，2004 年第 3 期。

④ 梁启超：《夏威夷游记》，《饮冰室合集·文集》之二十二，北京：中华书局，1989 年版，第 186 页。

是那些受西学影响而新发生的日本文化。在众多对梁启超产生影响的日本思想家中，既有先进的启蒙主义学者，如中村正直、中江兆民等，也有保守的儒教主义学者，如西村茂树等。但对梁启超影响最大的明治思想家，还要数福泽谕吉、加藤弘之和德富苏峰。除了他们的国家主义思想的影响外，他们创作的那些篇幅短小、内容新颖、文字泼辣、极富艺术魅力而又备受读者欢迎的随感小品，也让梁启超从中受益匪浅。虽然日本的思想文化让梁启超耳目一新，但是若想从日本转输西方思想，则必须考虑中国的国情和民众的普遍接受水平。那么，何者能够充当输入新思想、进行启蒙的利器呢？梁启超不得不对这一问题做出思考。于是曾在日本风行一时的政治小说逐渐被梁启超所认同。

明治维新以来，随着“文明开化”被定为国策，在日本全国普遍兴起了否定旧传统的热潮，各方面的“改良”口号相继提出。在推进“社会改良”的同时，“文学改良”问题也逐渐引起了人们的重视，政治小说随之应运而生。日本的政治小说一般指明治十年到二十年（1877—1887）前后出现的“以启发人民政治觉悟和宣传政党理想为目的”① 的一类小说，“著书之人皆为一时之大政治家，寄托书中之人物，以写自己之政见，固不得不专以小说目之”②。明治十六年（1883 年）六月，在自由党系统的重要报纸《日本立宪政党新闻》上，刊出了题为《播殖自由种子于我国之一手段即在改良稗史戏曲等》的文章，明确提出了小说改良的问题。此文可被视为明治

① ［日］吉田精一：《日本现代文学史》，长春：吉林文史出版社，1985 年版，第 14 页。

② ［日］吉田精一：《日本现代文学史》，长春：吉林文史出版社，1985 年版，第 8 页。

时期小说改良论的代表作之一。在讨论将文学用作改良社会的工具时，该文章认为，“是以苟欲矫正时弊，芟锄陋习，变我国为佳气霭然之自由乐园者，不可不谋求改良此稗史戏曲等。是实可谓播殖、培养自由种子于我国之一良好手段也。”①这篇文章同时注意到小说对于下层社会的感化诱导作用，其中所提出的几个问题，如小说改良的意识，以小说为启蒙工具，以及取法西洋文学等，概括地反映了小说改良论的基本内容。而这也说明了日本的政治小说实际上是政治和文学的统一体，并且在二者的内部关系构成上，政治占据着主导和支配地位。日本政治小说的特点，在于放弃文学自身的规律性，使文学成为政治的附庸，因而文学性的稀薄也发展成为政治小说致命的弊病。

此种小说类别能够在日本盛行一时，得益于明治十年到二十年间日本自由民权运动的兴盛。在这一运动中，日本觉悟青年把背负国家的命运当做生活的第一要义。因而，树立政治家的高尚理想也在青年中蔚成风气。在明治初年的文坛中，政治小说经常被政治家作为组织、支配社会的手段来使用。著名政治家矢野龙溪就是政治小说的典型代表作者。这些政治家们在其创作的政治小说中，借书中人物批判现实，酣畅淋漓地对民权大义进行阐释，极大地鼓舞了当时人们的政治热情，以致政治小说风靡一时。这其中的代表作有矢野文雄（龙溪）的《经国美谈》、东海散士（柴四郎）的《佳人奇遇》、末广铁肠的《雪中梅》和续集《花间莺》、尾崎行雄的《新日本》、须藤南翠的《绿蓑谭》等。这些政治小说在当时日本的青年读者中引起强烈反响，如《经国美谈》曾重印过数十版，而《佳人

---

①　夏晓虹：《觉世与传世——梁启超的文学道路》，上海：上海人民出版社，1991年版，第201－202页。

奇遇》的印数则多达几十万册，成为当年以志士自诩的日本青年人携有的读物。① 不过，随着日本自由民权运动的衰落，人们的政治热情降温，政治小说也就失去了政治鼓动作用，审美性的缺乏也使它很快成为明日黄花。

梁启超流亡日本时，政治小说已趋近尾声，以二叶亭四迷创作的《浮云》为标志的日本近代文学已经逐步建立。作家森鸥外、尾崎红叶、幸田露伴、北村透谷和樋口一叶开始登上了文坛。但政治小说因为具有表达作者政治理想、宣传政治主张的功用，依然引起当时沦落政治边缘，避难日本的梁启超的极大兴趣。他在《自由书》中曾谈到：

“于日本维新运动有大功者，小说亦其一端也。明治十五六年间，民权自由之声偏满国中，于是西洋小说中，言法国、罗马革命二事者陆续译出……而政治小说著述亦潮起，和柴东海之《佳人奇遇》、末广铁肠之《花间莺》、《雪中梅》，藤田鸣鹤之《文明东渐史》，矢野龙溪之《经国美谈》等。著书之人皆一时之大政治家。寄托书中之人物，以写自己之政见，固不得专以小说目之，而其浸润于国民脑质，最有效力者，则《经国美谈》，《佳人奇遇》两书为最云”。

同时，梁启超也明确地表达了要利用政治小说来宣扬政治主张：呜呼，吾安所得如施耐庵其人者，日夕促膝对坐，相与指天画地，雌黄今古，吐纳欧亚，出其胸中所怀魄龙磅礴错绘繁杂者，而一一铸之，以质于天下健者哉！②

---

① ［日］吉田精一：《日本现代文学史》，长春：吉林文史出版社，1985年版，第14页。

② 梁启超：《饮冰室自由书》，《饮冰室合集·专集》之二，北京：中华书局，1989年版，第41－42页。

正是在这种思想的指导下，梁启超于光绪二十四年（1898）在《清议报》第一期发表《译印政治小说序》，并把被他誉为“浸润于国民脑质最有效力”① 的《佳人奇遇》亲笔评介到国内，开始了译印政治小说的活动。重视小说，主要是小说的宣传价值，把小说的性质混同于政治的性质，是他借鉴日本政治小说宗旨的故为之作。正如他本人所云，“吾二十年来之生涯，皆政治生涯也，吾自距今一年前虽未尝一日立乎人之本朝，然于国中政治关系，殆未尝一日断。吾喜摇笔弄舌，有所议论，……惟好攘臂扼腕以政治。政治课以外，虽非无言论，然匣剑帷灯，意固有所属，凡归于政治。”② 在中国近代文学史上产生深远影响的“小说界革命”也由此肇始。

第三节 “小说界革命”与小说政治功用性的赋予

如前节所述，戊戌变法失败后，梁启超流亡日本，并在日本“政治小说”的影响下，充分认识到小说作为宣传工具的政治功用性。之后，他发表了《印译政治小说序》、《论小说与群治之关系》等文，提出了“小说界革命”的口号；并亲自翻译日本政治小说《佳人奇遇》，创作政治小说《新中国未来记》，创办小说杂志《新小说》。由此，梁启超高举起“新小说”的旗帜，发动“小说界革命”，大张旗鼓地谋划和推开了一场轰轰烈烈的“新小说”运动。小说随即被赋予了强烈的政治功用性，被塑造成了救国济民的利器。

---

① 梁启超：《饮冰室自由书》，《饮冰室合集·专集》之二，北京：中华书局，1989 年版，第 42 页。

② 梁启超：《吾今后所以报国者》，《饮冰室合集·文集》之三十三，北京：中华书局，1989 年版，第 51－54 页。

梁启超讨论小说的文字，篇幅并不多，如按照年代排列，主要包括：

1.《变法通议·论幼学》中论“说部书”的一段文字，光绪二十二年（1896）；

2.《蒙学报、演义报合叙》，光绪二十三年（1897）；

3.《译印政治小说序》，光绪二十四年（1898）；

4.《饮冰室自由书·传播文明三利器》，光绪二十五年（1899）；

5.《论小说与群治之关系》，光绪二十八年（1902）；

6.《〈新中国未来记〉绪言》，光绪二十八年（1902）；

7.《新小说第一号》（刊于《新民丛报》），光绪二十八年（1902）；

8.《中国唯一之文学报〈新小说〉》（刊于《新民丛报》），光绪二十八年（1902）；

9.《告小说家》，（1915）。①

在梁启超最早发表小说见解的《变法通议·论幼学》之论“说部书”的文字中，在深入探究何以中国落后于西方诸国后，提出了

---

①《变法通议·论幼学》，载《饮冰室合集·文集》之一，北京：中华书局，1989年版，第54页。《蒙学报、演义报合叙》，载《饮冰室合集·文集》之二，北京：中华书局，1989年版，第56－57页。《译印政治小说序》，载《饮冰室合集·文集》之三，北京：中华书局，1989年版，第34－35页。《论小说与群治之关系》，载《新小说》创刊号，光绪二十八年（1902）十月十五日。《告小说家》，载《饮冰室合集·文集》之三十二，北京：中华书局，1989年版，第68页。《饮冰室自由书》，载《饮冰室合集·专集》之二，北京：中华书局，1989年版，第42页。《〈新中国未来记〉绪言》，《新小说》第一号，光绪二十九年（1902）十月十五日，载《饮冰室合集·专集》之八十八，北京：中华书局，1989年版，第220页。《新小说第一号》刊于《新民丛报》第二十号，光绪二十八年（1902）十月十五日。《中国唯一之文学报〈新小说〉》刊于《新民丛报》第十四号，光绪二十八年（1902）七月十五日。

他对教育改革的建议，其中一个要项即为提倡小说，“今宜专用俚语，广著群书，上之可以借阐圣教，下之可以杂述史事，近之可以激发国耻，远之可以旁及夷情，乃至官途丑态，试场恶趣，鸦片顽癖，缠足虐刑，皆可穷极异形，振厉末俗，其为补益，岂有量邪。”①

在这篇文字中，他首先探讨小说为何受一般平民之钟爱，结论是小说的语言明白易解。但是由于士大夫一向鄙视小说，以至于原本可以成为教化百姓最佳途径的小说，沦落成“小有才之人”以“游戏恣肆以出之，诲盗诲淫”的小说。在揭示了小说的三个功能：教导读者、提供知识、揭发恶习时弊后，梁启超呼吁自俗儒陋士手中收回此一最佳工具，用以教育平民、裨益国家社会，将小说的功能落实到为维新事业服务，梁启超不仅要读者明了社会中非人道的陋习，更要大家体会到中国目前的政治困境与民族危机。不过小说如何才能获取以上种种功效，梁启超在此文中并未一一阐述。

《译印政治小说序》一文于光绪二十四年初（1898）刊于横滨出版的《清议报》，后来被用于梁启超所译日本东海散士（柴四郎）《佳人奇遇》一书的译序。文章虽题为《译印政治小说序》，并首先引介政治小说这一小说类型，但何谓“政治小说”，梁氏并未予以清晰界说，而只是大肆宣扬西方变革与政治小说的作用密切相关：

“在昔欧洲各国变革之始，其魁儒硕学，仁人志士，往往以其身之所经历，及胸中所怀政治之议论，一寄之于小说，于是彼中缀学之子，塾之暇，手之口之，下而兵丁、而市侩、而农氓、而工匠、而车夫马卒、而妇女、而童孺，靡不手之口之。往往每一书出，而

---

① 梁启超：《变法通议·论幼学》，《饮冰室合集·文集》之一，北京：中华书局，1989年版，第54页。

全国之议论为之一变。彼美、英、德、法、奥、意、日本各国政界之日进，则政治小说，为功最高焉。英名士某君曰：小说为国民之魂。”①

这篇文章的主旨即在于宣明了，政治小说乃是魁儒硕学藉以表达其政治理念、政治关切，并进而传播新知、教化百姓的媒介。至此，梁启超正式把政治思想言论带入了中国小说的领域中。这种观点他在光绪二十二年（1896）已略触及，不过在此文中进一步发挥，其中观点成为稍后“小说界革命”的一大重点。但若仅以其中教化功能而言，此文所指之“政治小说”实在与传统小说无大差异。不过，小说的地位丕然一变，以往小说被视作“不入流”、“小道”、“街谈巷语、道听途说者”，现在“殆可增《七略》而为八，蔚四部而为五者也。”至于梁启超在引用康有为论小说一段时，更是把小说与经史相提并论：

“仅识字之人，有不读经，无有不读小说者，故六经不能教，当以小说教之；正史不能入，当以小说入之；语录不能喻，当以小说喻之；律例不能治，当以小说治之。天下通人少而愚人多，深于文学之人少而粗识之无之人多，六经虽美，不通其义，不识其字，则如明珠夜投，按剑而怒矣。”②

在《译印政治小说序》一文中，梁启超在肯定西方政治小说对于国家变革功用的同时，否定了中国传统小说的成就，认为“综其大较，不出诲盗诲淫两端。陈陈相因，涂涂递附，故大方之家，每

---

① 梁启超：《译印政治小说序》，《清议报》第一册，光绪二十四年（1898）。
② 梁启超：《译印政治小说序》，《清议报》第一册，光绪二十四年（1898）。

不屑道焉"[1]，意欲将始于泰西的政治小说引入中国，以为只有如此才能有助于"今日中国时局"。

光绪二十五年（1899），梁启超在他所办的《清议报》上推出一系列评论短文，冠以"自由书"之名行世，其中有一篇名为《饮冰室自由书·传播文明三利器》的文章也谈及小说。文中，梁启超在列举了一些欧洲政治小说的日译本，例如织田纯一郎的《花柳春话》以及其他受欧洲政治小说影响而创作的，诸如东海散士、矢野文雄、末广铁肠的政治小说之后，表明自己的态度，认为"著书之人，皆一时之大政论家，寄托书中之人物，以写自己之政见，固不得专以小说目之。"[2] 梁启超在文中介绍了日本作家犬养毅的观点，即学校、报纸及演说三者为普及文明之途径后，又加上了"小说"一项。

虽然此处，梁启超只是强调小说在引导日本大众熟悉自由、民主等观念上所发挥的功用，并未讨论小说的本质或功用，但他提倡"政治小说"的情由已清晰地浮现出来：小说和学校、报纸和演说一样，都是促进中国现代化的重要工具。小说潜在的思想和意图远比小说这一媒介重要，梁启超"文学救国论"的功利思想在此表露无遗。[3]

光绪二十八年（1902），梁启超对于小说的理解更加广泛而且深入，这在《中国唯一之文学报〈新小说〉》以及之后的《论小说与群治之关系》等文章的表述中可见一斑。

---

① 梁启超：《译印政治小说序》，《清议报》第一册，光绪二十四年（1898）。

② 梁启超：《饮冰室合集·专集》之二，北京：中华书局，1989 年版，第 42 页。

③ 夏晓虹也认为任公早年的理念是所谓的"文学救国"，到了晚年则是"情感中心"。参看夏晓虹：《觉世与传世——梁启超的文学道路》，上海：上海人民出版社，1991 年版，第 13－39 页。

在《中国唯一之文学报〈新小说〉》这篇文章中，梁启超延续了《译印政治小说序》的思路，重复“新小说”有别于传统“诲盗诲淫”的旧小说，“盖今日提倡小说之目的，务以振国民精神，开国民知识，非前此诲盗诲淫诸作可比，必须具一副热肠，一副净眼，然后其言有裨于用。”[①] 除此，他再度强调“小说之作，以感人为主。若用著书演说窠臼，则虽有精理名言，使人厌厌欲睡，曾何足贵”；讨论了中国小说撰写的技巧和技术问题上的五难，希望小说家借重一些技术层面上的技巧，达到与《水浒传》、《红楼梦》不相上下的“风格笔调”，借以“开导中国文明进步”，“振国民精神，开国民知识”。[②] 简言之，梁启超强调新小说应以《水浒传》、《红楼梦》普遍适众的风格笔调及技巧手法，达到“欲维新我国，必先维新我民”的目标。正因为小说可具有这一特殊功用，所以足可为“文学之最上乘”而不愧。

一个月后，“小说界革命”的纲领性文章《论小说与群治之关系》在《新小说》杂志上刊载。在该文中，梁启超提出了他对小说更严肃、更详尽、更具体的看法。他旗帜鲜明地提出要“新”小说，并以其一贯的夸张修辞语气，宣称“欲新一国之民，不可不先新一国之小说。故欲新道德，必新小说；欲新宗教，必新小说；欲新政治，必新小说；欲新风俗，必新小说；欲新学艺，必新小说；乃至欲新人心、欲新人格，必新小说。”[③] 在他看来，小说有不可思议之

---

① 新小说报社：《中国唯一之文学报〈新小说〉》，《新民丛报》第十四号，光绪二十八年（1902）七月十五日。

② 《绍介新刊——新小说第一号》，《新民丛报》第二十号，光绪二十八年（1902）十月十五日。

③ 梁启超：《论小说与群治之关系》，《新小说》创刊号，光绪二十八年（1902）十月十五日。

力量，道德、宗教、政治、风俗、学艺等都与小说息息相关，甚至由小说决定。梁启超认为旧社会之所以积弊日深，正是由于旧小说势力太强大所致，并把中国群治腐败的总根源归结于古代小说的影响。他把新小说的作用提得极高，除建议向西方小说学习外，还发出振聋发聩的呼声，“故今日欲改良群治，必自小说界革命始；欲新民，必自新小说始。”① 至此，小说从“小道”扶摇直上变为“最上乘之文学”，“小说界革命”在全国范围内轰轰烈烈地开展起来。

若把梁启超有关小说的论说略加梳理，可以看出小说对梁启超而言，并非独立自主的美学本体，而是一种用以表达作者思想，进而影响读者，使他们理解社会国家之现况与需求，并进而改进之的工具。

作为戊戌变法失败后的逃亡政治家，建立一个“新”的中国是梁启超努力的最终目标。他坚信，为了要达到此一目标，小说因其通俗适众的性质，是不二的最佳工具。作为传播维新思想的管道，小说首先就要把宣扬新思想作为其主要内容，而此恰是传统小说所最缺乏的内容层面。因此“小说界革命”最重要的提纲，就是强调小说的新内容与新思想。② “新思想”，即是有关改革的思想，或是所谓“新民”的思想。更具体地说，就是：“关切于今日中国时局者”，③ 具备“发起国民政治思想，激励其爱国精神”，“吐露其所怀

---

① 梁启超：《论小说与群治之关系》，《新小说》创刊号，光绪二十八年（1902）十月十五日。

② 梁启超在《夏威夷游记》所提出的“诗界革命”的提纲也可以拿来印证他在小说上的看法：“欲为诗界之哥伦布、玛赛郎，不可不备三长：第一要新意境，第二要新语句，而又须以古人之风格入之，然后成其为诗。”新内容、新语句优先，但是形式还是沿袭旧有。

③ 梁启超：《译印政治小说序》，《清议报》第一册，光绪二十四年（1898）。

抱之政治思想”、“养成国民尚武精神”、“激励国民远游冒险精神”,[①]“发挥自由精神”、“发扬爱国心”、[②]可以“寓爱国之意”、具备“描写现今社会情状，藉以警醒时流，矫正弊俗”[③]的作用，“言今日社会问题之学理而归结于政治上关系”[④]的功效等等。总而言之，小说的内容应该就是有关社会、政治改革的思想，这些思想即梁启超所谓的“小说之政治层面”。

对梁启超而言，小说之所以为“最上乘”，就是因为它具备“利器”的功用性，可以引导并呈现他所倡导的思想。如果由这个角度来考察小说，我们必须承认小说已不再是“小道”或是“小说”了，而是被赋予了改革社会、拯救国家的严肃的重大责任。小说俨然成为“大道”了。

第四节　“新民”：小说功用性内质的变化

尽管小说在“小说界革命”中被赋予政治功用性后，在表面看来与传统的“文以载道”十分貌似。但实质上，新小说的功用性与古典小说相比，已发生了根本性的转变，即小说功用性的内质已经随时代发生了新变。在经历了近代社会文化的洗礼以及变法失败后

---

① 新小说报社：《中国唯一之文学报〈新小说〉》，《新民丛报》第十四号，光绪二十八年（1902）七月十五日。

② 《新小说第一号要目预告》，《新民丛报》第十七号，光绪二十八年（1902）九月一日。

③ 《新小说社征文启》，《新民丛报》第十八号，光绪二十八年（1902）九月十五日。

④ 《新小说第二号之内容》，《新民丛报》第二十号，光绪二十八年（1902）十月十五日。

的浴火重生，在经历了东渡之后的文化积累以及多方考虑之后，梁启超在选择小说这一文学门类作为他有效进行政治宣传的工具的同时，也赋予了小说新的内涵——“新民”。正是因为强调“新民”，梁启超才转换视角，从文学与民众的关系中思考文学的价值功能，在认识文学教化功能的同时考虑到文学自身之所以可以教化的可能。

在梁启超看来，小说的创作，尤其是政治小说的创作，乃是将“胸中所怀政治之议论，一寄于小说”①，以此来“振国民精神，开国民知识”②。梁启超是有意识地把政治层面的东西引入到小说之中的。如果说，在诗歌散文的变革中，中国传统精英文学的内质并没有因启蒙而发生根本变化，还看不出多少矛盾冲突的话，梁启超在“小说界革命”中赋予小说的政治功用性，则极其明显地体现出了中国近代文学在转型中迎合启蒙策略所引发的自我矛盾。

光绪二十三年（1897）天津《国闻报》发表了严复、夏曾佑的《本馆附印说部缘起》，他们首次把进化论与人性理论引入小说研究。该文认为小说所以经久不衰，就是因为它反映了“崇拜英雄”、“系情男女”这些人类之“公性情”，并且“闻欧美、东瀛，其开化之初，往往得小说之助”，所以打算“不惮辛勤，广为采辑，附纸分送”。③ 光绪二十三年（1897），康有为早先编撰由大同译书局刊印的《日本书目志》时，专设“小说门”，在该书“识语”中，康有为对“通于俚俗，故天下读小说者最多”的事实十分重视，并萌发

---

① 梁启超：《译印政治小说序》，《清议报》第一册，光绪二十四年（1898）。

② 《介绍新刊·新小说第一号》，《新民丛报》第二十号，光绪二十八年（1902）十月十五日。

③ 严复、夏曾佑：《本馆附印说部缘起》，《国闻报》光绪二十三年（1897）十月十六日至十一月十八日。载陈平原、夏晓虹编：《二十世纪中国小说理论资料》（第一卷），北京：北京大学出版社，1989年版，第1－12页。

以小说进行启蒙教育的想法，“仅识字之人，有不读经，无有不读小说者。故六经不能教，当以小说教之；正史不能入，当以小说入之；语录不能喻，当以小说喻之；律例不能治，当以小说治之。”① 梁启超吸收了前人的观点，认为“嗜他文终不如其嗜小说”乃是人类之普通性，小说对于广大民众“如空气如菽粟然，欲避不得避，欲屏不得屏”②。

从启蒙应直接诉诸广大民众而不是上层统治阶级这一角度出发，从小说“有不可思议之力”可“支配人道”出发③，近代启蒙者不得不拓展文学载道内容的内涵与外延，借用小说的通俗性宣传精英思想，并自始就从政治上肯定小说对“新民”和改造社会的重要性。光绪二十八年（1902），梁启超于《新小说》创刊号上之《论小说与群治之关系》中，明确道出了小说应有的启蒙角色和政治功用，“欲新一国之民、欲新道德、欲新宗教、欲新政治、欲新风俗、欲新学艺、欲新人心、欲新人格，必新小说。”④

只有明确小说与“新民”密不可分的关系，才谈得上通过小说来“新民”。为了配合启蒙思想宣传，梁启超史无前例地解构了传统文论对小说的既有定位，第一个喊出了小说乃“文学之最上乘”的口号，直接把小说推上了“国民之魂”⑤ 的大道之位，使之成为可

---

① 康有为：《〈日本书目志〉识语》，载陈平原、夏晓虹编：《二十世纪中国小说理论资料》（第一卷），北京：北京大学出版社，1989 年版，第 13 页。

② 梁启超：《论小说与群治之关系》，《新小说》创刊号，光绪二十八年（1902）十月十五日。

③ 梁启超：《论小说与群治之关系》，《新小说》创刊号，光绪二十八年（1902）十月十五日。

④ 梁启超：《论小说与群治之关系》，《新小说》创刊号，光绪二十八年（1902）十月十五日。

⑤ 梁启超：《译印政治小说序》，《清议报》第一册，光绪二十四年（1898）。

以“借阐圣教”，“杂述史事”，“激发国耻”，“旁及彝情”的大学问[①]。当佳人才子、绿林侠义、官场公案、妖巫狐兔之类的旧小说只能是“中国群治腐败之总根源”[②]时，当古典小说中蕴藏着的旧意识形态无法催生出新的变革社会的思想时，“新小说”必须孕育开航了。因此，最先引起梁启超注意的就是与当时社会改革关系最为直接的政治小说，“在昔欧洲各国变革之始，其魁儒硕学，仁人志士，往往以其身之所经历，及胸中所怀政治之议论，一寄之于小说”，“往往每一书出，而全国之议论为之一变。彼美、英、德、法、奥、意、日本各国政界之日进，则政治小说为最高焉”[③]。实际效果也如他所愿，日本政治小说《经国美谈》、《佳人奇遇》在《清议报》上连载之后，在中国国内轰动一时。为进一步扩大政治小说的影响，梁启超更是亲力亲为，创作了《新中国未来记》，“专欲发表区区政见”[④]。

平心而论，梁启超之所以大力鼓吹小说、抬高小说的地位，是因为他找到了启蒙大众的有效工具，而并非有意重构文学格局。在《译印政治小说序》中梁启超重申了其师康有为的观点：一则“天下通人少而愚人多，深于文学之人少，而粗识之人多。‘六经’虽美，不通其义，不识其字，则如明珠夜投，按剑而怒矣”，因而才需要用小说加以“教之”、“谕之”、“治之”；二则小说“终不可禁”，因此

---

① 梁启超：《变法通议·论幼学》，《时务报》光绪二十三年（1897）第十八册。

② 梁启超：《论小说与群治之关系》，《新小说》创刊号，光绪二十八年（1902）十月十五日。

③ 梁启超：《译印政治小说序》，《清议报》第一册，光绪二十四年（1898）。

④ 饮冰室主人：《〈新中国未来记〉绪言》，《新小说》第一号，光绪二十九年（1902）十月十五日。

不如“从而导之”①。在康梁眼中，真正“美”的文学还是“六经”，小说不过是适合“愚人”的下等文学。

但因为启蒙的天平需要向大众倾斜，所以近代启蒙者已不再顾忌小说在传统文类中的卑下地位，反而大加提倡。“政治小说”和其他西方小说译本的引进逐渐改变了国人关于中国小说的传统认知，最终“导致了传统小说观念的崩溃，建立全新的小说观念因而具有了无限的可能性。”②自此，启蒙之志渗透至小说，中国近代文学的历史也开始逐渐谱写以小说为中心文体的文学创作体系，小说也因具备“开通民智”、“涵养民德”、输入“民族国家”等新民思想，也拥有了载道资格。这也正是“小说界革命”真正的革命意义。

“小说界革命”和梁启超掀起的“文界革命”、“诗界革命”一起，虽然拉开了中国文论走进现代的序幕，但这些文学主张只是梁启超维新思想的附庸。梁启超是从一个改良主义宣传家的立场出发来倡导文学和宣扬新小说论的。“新民”既是梁启超所倡导的重要政治理想，也是构建他这一时期文学观念的出发点。梁启超的文学观念在中国近代文学史上颇具代表性，这也使得近代文学作家自觉不自觉地将文学纳入救亡的时代潮流之中。梁启超在他的文学创作实践中大声宣扬小说的巨大作用和社会意义，注重对资产阶级改良派政治理念的宣传，大声呼唤社会改革，主张灌输欧洲之精神，唤醒国民尚武、自强意识等等，都是以“新民”为目的，都是以“新民”任务为燃眉之急的。他赫赫有名的《论小说与群治之关系》也同样是一篇时论，而并非专业性的文学论文。政治小说的提出和

---

① 梁启超：《译印政治小说序》，《清议报》第一册，光绪二十四年（1898）。

② 夏晓虹：《觉世与传世——梁启超的文学道路》，上海：上海人民出版社，1991年版，第219页。

“小说界革命”的实质是改良传统文学，使之能更有效地启蒙社会，更有效地发挥其政治功用性。这也恰恰是传统文论在“经世致用”这一线索上符合逻辑的演化结果。

本章小结

通过本章的论述与分析可以看到，在世道陵夷，危机四伏的19世纪中后期的晚清中国，随着经世之学的兴起和西方近代思想的传入，中国传统文学观念受到严重冲击，求变、求新、求用，成为中国近代倾向进步的各派文学家的共识，中国近代文学观念发生质的飞跃是与资产阶级维新派登上政治舞台密切相连的。可以说，资产阶级维新派在政治的变革中，也自觉地倡导了中国历史上规模最大的文学革新运动。梁启超作为其中的重要领军人物，在日本“政治小说”的影响下充分认识到小说的政治功用性，发动了“小说界革命”，推开了一场轰轰烈烈的“新小说”运动，小说被塑造成为救国济民的利器。尽管小说在“小说界革命”中被赋予的新功能——政治功用性，在表面看起来与传统的“文以载道”十分貌似，但实质上，新小说与古典小说的功用性存在根本的区别，小说功用性的内质已经随时代而有了新变。梁启超在选择了小说这一文学门类作为其有效进行政治宣传的工具的同时，赋予了它新的内涵——“新民”。正是因为强调“新民”，梁启超才转换视角，从文学与民众的关系中思考文学的价值功能，在认识文学教化功能的同时寻求文学自身之能成为可以教化的最佳途径。

向西方学习，寻找救国救民的真理，一直是近代中国思想史的主流。梁启超在二十世纪初发动的“小说界革命”，就是他在探寻真理的道路上所能找到的救国救民的良策，提倡政治小说，赋予小说政治功用性，是他“救国”的一种尝试。梁启超作为站在世纪之交、处于风云动荡、危卵之世的维新人士，从他身上，我们可以鲜明生动地看到自古以来关心国事民瘼的“经世致用”、“文以载道”的精神是如何在现实的刺激下，在接受西方文学观念的影响后，生成新的文学理念的过程。直接地、强硬地用政治功用性介入小说，从艺术的一面来讲，虽不是什么明智之举，也并不成熟，自身亦存有矛盾冲突；不过重要的是，它提升了小说的地位，为小说正名，为中国近代小说的发展开创了广阔的空间。“小说界革命”催生了晚清小说的繁盛，在之后的短短几年中，使得文学创作的天地忽变为小说世界。

第三章

八股世界忽为小说世界：晚清小说政治功用性的扩展

在“小说界革命”的影响下，新小说日趋繁盛。受梁启超“新小说”理论的影响与号召，晚清士大夫有关小说的言论，发生了翻天覆地的变化，小说政治功用性的理论在最大范围内得到扩展。《新小说》“专在借小说家言，以发起国民政治思想，激励其爱国精神”①的宗旨也为其他小说刊物、报纸、小说家所仿效；小说创作无不以强调改良群治，以小说为启蒙工具。晚清新小说之所以能够轰轰烈烈地展开，形成前所未有的创作热潮，除了直接得益于“小说界革命”引发的文学观念的转变所释放出的巨大能量外，还与新闻事业和印刷事业的发达同样关系密切。离开了报纸、期刊、书局三者的任何一方，新小说都很难在短时间内获得如此之繁盛。本章将首先介绍“新小说”理论的昌盛，然后分析近代新闻与印刷事业的发达与晚清小说创作之间的密切关系，最后从晚清小说分类的视角出发，展现晚清小说的繁盛及其发展趋势。

---

① 新小说报社：《中国唯一之文学报〈新小说〉》，《新民丛报》第十四号，光绪二十八年（1902）七月十五日。

第一节　“新小说”理论的昌盛：近代小说理论中关于小说与社会关系的认识

光绪二十八年（1902），《新小说》创刊号上开宗明义的文章——《论小说与群治之关系》，开门见山就表明主旨，“欲新一国之民，不可不先新一国之小说”，指出“欲新道德；欲新宗教；欲新政治；欲新学艺；乃至欲新人心、欲新人格，必新小说”，明确提出小说必须革新，以服务于政治需要。[①] 接着，梁启超在《新民丛报》上又强调，“小说为文学之最上乘”[②]。在他的号召与影响下，晚清士大夫有关小说的言论，发生了翻天覆地的变化，政治家报人、职业报人无不纷纷拥护“新小说”。《新小说》“专在借小说家言，以发起国民政治思想，激励其爱国精神”[③] 的宗旨也为其他小说刊物、报纸、小说家所仿效，小说的政治功用性在最大范围内得到扩展。

值得注意的是，虽然当下研究者们对“小说界革命”论述颇丰，对涉及梁启超及其后继者所著之小说理论的研究也有不少，但却并未对引领这次小说革新运动的小说理论，即强调小说的社会作用、强调小说变革社会的巨大力量的相关理论，予以专门命名，只是笼统地把它们统称之为“小说理论”，淡化了不同类型小说理论间的区别。事实上，晚清的小说理论和小说创作始终是处于不断变化之中

---

① 梁启超：《论小说与群治之关系》，《新小说》创刊号，光绪二十八年（1902）十月十五日。

② 《介绍新刊·新小说第一号》，《新民丛报》第二十号，光绪二十八年（1902）十月十五日。

③ 新小说报社：《中国唯一之文学报〈新小说〉》，《新民丛报》第十四号，光绪二十八年（1902）七月十五日。

的。综观晚清最后十年间的小说理论，按其宗旨，可分为三类：第一类是承认小说具有巨大的社会功用，是唤醒国民、开通民智的重要工具，可称之为“政治功用类”；第二类是认为小说具有审美性，是文学倾向于美的一种，可称之为“美学功用类”；第三类是主张小说有消遣、娱乐的功能，可称之为“娱乐功用类”。虽然其中大部分理论都持第一类论调，即主要体现为政治功利性的小说理论，但笔者认为仍然有必要对这三种小说理论予以区别，以使本书论述逻辑清晰。盖因强调小说政治功用性的小说理论由梁启超提出，而且他在诸多论文里都反复申论了“新小说”的重要性。此外，在梁启超本人论述及其他拥护这类小说理论的文章中也以新小说、改良小说、革新小说的提法居多。故而，笔者将晚清小说理论中关于强调小说政治功用性的小说理论统称为“新小说”理论。又因“新小说”这一概念可以应用两种方法加以解释，当“新”为动词时解为“小说的革新”，当“新”为形容词时解为“新的小说”，所以本书指称的“新小说”理论包含了强调小说政治功用性的对传统小说理论的变革，以及强调小说政治功用性的新的小说理论两种涵义。

一、“新小说”理论的产生与发展

戊戌变法失败后，梁启超等人在总结教训时认为，“夫吾国言新法变革数十年而效不睹者何也？则新民之道未有留意言焉者”①。而新民之道何在？工欲善其事，必先利其器。梁启超等人将小说看做是最佳的舆论宣传工具。因为“小说有不可思议之力支配人道”，“其性质其地位，又如空气然，如菽粟然，为社会中不可得避、不可

① 梁启超：《新民说·论新民为今日中国第一急务》，《新民丛报》第一号，光绪二十八年（1902）元月一日。

得屏之物”，“用之于善，则可以福亿兆人”，“用之于恶，则可以毒万千载”[①]；“彼美、英、德、法、奥、意、日本各国政界之日进，则政治小说为功最高焉”[②]；小说可以决定宗教，决定道德风俗，决定人格人心，一言以蔽之，小说可以决定国家与民族的命运。但由于中国古典小说乃是“中国群治腐败之总根源”[③]，所以“欲改良群治，必自小说界革命始；欲新民，必自新小说开始”[④]。这是整个“小说界革命”的理论前提。凭借对小说政治功用性的肯定，小说一举从“小道”提升为“大道”。

尽管“小说界革命”这一口号是由梁启超于光绪二十八年（1902）才正式提出的，但在此之前已有涉及对小说价值功用讨论的相关论述。同治十一年（1872）九月，中国最早的文学期刊《瀛寰琐纪》在连载英国小说《昕夕闲谈》之始，于署名“海上蠡勺居士”的序言中，就曾指出小说具有巨大的感人力量；认为小说可以“启发良心，惩创逸志”，“明于庶物，察于人伦”，并明确否定了历来视小说为“小道”的陈腐观点。[⑤] 这是晚清时期所可考的肯定小说价值的最早描述。至光绪二十三年（1897），康有为在《〈日本书目志〉识语》中也表现出对小说价值的认可，“仅识字之人，有不读经，无有不读小说者。故六经不能教，当以小说教之；正史不能入，

① 梁启超：《论小说与群治之关系》，《新小说》创刊号，光绪二十八年（1902）十月十五日。

② 梁启超：《译印政治小说序》，《清议报》第一册，光绪二十四年（1898）。

③ 梁启超：《论小说与群治之关系》，《新小说》创刊号，光绪二十八年（1902）十月十五日。

④ 梁启超：《论小说与群治之关系》，《新小说》创刊号，光绪二十八年（1902）十月十五日。

⑤ 梁启超：《新民说》，《新民丛报》第一号，光绪二十八年（1902）元月一日。

当以小说入之；语录不能喻，当以小说喻之；律例不能治，当以小说治之”[①]。同期的严复、夏曾佑则创《国闻报》于天津，发表了长达七千余言的《本馆附印说部缘起》，对小说的重要性做了进一步的阐说，特别指出“且闻欧美、东瀛，其开化之时，往往得小说之助”，表示愿意“不惮辛勤，广为采辑，附纸分送”，并明确表明其提倡小说之目的在于“使民开化”，用意至善。[②] 该文是晚清结合世界大势论述小说社会功用性的第一篇论文。

光绪二十四年（1898），梁启超在《译印政治小说序》中，向国人介绍异域小说风行之盛况，大力宣扬西洋重视小说之功，鼓吹小说为变革社会的工具，其中新颖见解在当时也颇具启蒙意义。时至光绪二十八年（1902），梁启超所著之《译印政治小说序》、《论小说与群治之关系》相继发表。在这两篇文章中，梁启超提倡新小说可以改良群治、演进社会，甚至强调新社会必先新小说，视小说为改良主义政治运动服务的工具。可以说，身为政治家和思想家的梁启超，对新小说理论的倡导有一个贯穿始终的主题，那就是新小说可以启蒙思想、开启民智，具备“改良群治”、“新民”的功用。即小说创作要重视并弘扬文学的社会功能，要为思想启蒙运动服务。在梁启超看来，文学变革是思想启蒙运动的一个组成部分，小说作为最通俗易懂最便于传播的文学样式，必须责无旁贷地承担起宣传启蒙思想的重任。随后，梁启超在以创新小说报社名义发表的《中国唯一之文学报〈新小说〉》一文中再次声明对小说及其创作者的期

---

① 康有为：《〈日本书目志〉识语》；载陈平原、夏晓虹编：《二十世纪中国小说理论资料》（第一卷），北京：北京大学出版社，1989 年版，第 13 页。

② 严复、夏曾佑：《本馆附印说部缘起》，《国闻报》光绪二十三年（1897）十月十六日至十一月十八日；载陈平原、夏晓虹编：《二十世纪中国小说理论资料》（第一卷），北京：北京大学出版社，1989 年版，第 1－12 页。

望，“专在借小说家言，以发起国民政治思想，激励其爱国精神。”[①]此外，他还在《论小说与群治之关系》一文的开篇以不容辩驳的语气断言，“欲新一国之民不可不先新一国之小说。故欲新道德必新小说；欲新宗教，必新小说；欲新政治必新小说；欲新风俗必新小说；欲新学艺，必新小说；乃至欲新人心，欲新人格，必新小说”；在文章结尾处又再次强调，“今日欲改良群治必自小说界革命始；欲新民，必自新小说始”[②]。

为新民，为改良群治，梁启超直接地选取了“新小说”，尤其是“政治小说”一类，作为他宣传启蒙思想的工具。他在界定政治小说时，毫不掩饰其对小说文体本质的有意忽视，“政治小说者，著者欲借以吐露其所怀抱之政治思想也。”[③] 而且他毫不质疑政治小说可能引发的社会功效，“政治小说之体，自泰西人始也。……在昔欧洲各国变革之始其魁儒硕学仁人志士往往以其身之所经历，及胸中所怀政治之议论一寄之于小说。……往往每一书出而全国之议论为之一变。彼美、英、德、法、奥、意、日本各国政界之日进则政治小说为功最高焉。英名士某君曰：‘小说为国民之魂’。岂不然哉！岂不然哉！”[④]

显然，“小说界革命”的口号，是维新派为配合其改良群治的政治运动而提出的。戊戌变法的失败把康、梁等维新派志士推出政治

---

① 新小说报社：《中国唯一之文学报〈新小说〉》，《新民丛报》第十四号，光绪二十八年（1902）七月十五日。

② 梁启超：《论小说与群治之关系》，《新小说》创刊号，光绪二十八年（1902）十月十五日。

③ 新小说报社：《中国唯一之文学报〈新小说〉》，《新民丛报》第十四号，光绪二十八年（1902）七月十五日。

④ 梁启超：《译印政治小说序》，《清议报》第一册，光绪二十四年（1898）。

中心时，也把“新小说”推上了文学舞台。小说之所以被选择，是因为这些政治改良者发现小说通俗有趣，“有不可思议之力支配人道”，我国向来有“以稗官之体，写爱国之思”的优秀小说[①]，“故今日欲改良群治，必自小说界革命始”[②]；况且已有现成案例，欧美各国“政界之日进，则政治小说，为功最高焉”[③]，故坚信“今后社会之命脉，操于小说家之手者泰半”[④]。一言以蔽之，维新派认为小说具有拯救民族、挽救国家、启蒙民众的巨大影响力。小说和此时的论说、演说一样，成为维新人士宣传政治、建立自己话语系统的武器和工具。正如有的学者所言，在中央集权的政治体制下，建构一体化的国家意识形态乃是维护集权统治的最重要的政治手段之一，而文学又是建构一体化意识形态最为有效的工具之一，于是文学理论就充当起政治权力操控文学的中介。“政治权力通过文学理论向文学发号施令，使之臣服于自己的权威之下。此时的文学理论就成为一种工具，或者一种政治话语”。[⑤]

对于小说政治功用性的重大发现，使维新人士不遗余力地积极倡导小说“革命”，推动“新小说”的发展。这就使得原为“小道”之“小说”有了一个因政治而介入历史发展，提升自我地位的机会。“新小说”带着政治家们的理想和理念，开始成为政治的代言工具。

---

① 梁启超：《论小说与群治之关系》，《新小说》创刊号，光绪二十八年（1902）十月十五日。

② 《本编之十大特色》，《清议报全编》卷首，台北：文海出版社，1986年版。

③ 梁启超：《译印政治小说序》，《清议报》第一册，光绪二十四年（1898）。

④ 梁启超：《告小说家》，《中华小说界》2卷1期，1915。载陈平原、夏晓虹编：《二十世纪中国小说理论资料》（第一卷），北京：北京大学出版社，1989年版，第483－485页。

⑤ 李春青：《文学理论与言说者的身份认同》，《文学评论》，2006年第2期。

尽管以梁启超为代表的新小说理论是表述政治话语的一种方式，“小说界革命”体现了极其浓厚的政治功利性，小说的政治功用性也排挤了其文学审美性，小说自身的特性被政治话语所抑制，政治话语居于语境中心地位。然而即便如此，与梁启超提倡的“诗界革命”只得到丘逢甲、黄遵宪、夏曾佑、蒋观云等少数人响应相比，与“文界革命”引来传统文人的谩骂相比，只有“小说界革命”获得了社会的广泛认可。有学者对此曾这样评价，“梁启超以他在小说理论上的卓越建树，把我国小说理论发展的历史引入一个新阶段，促成了我国小说理论近代化的正式开端。”①

晚清最后十年无疑是以刊物为中心的文学时代。绝大部分的小说理论是在小说杂志或报刊上发表，小说作品也大都是在报刊上发表或连载后再结集出版的，而且主要小说家都亲自创办或参与编辑小说杂志②。查阅此一时期的报刊杂志，涉及小说理论的文章约有一百五十篇，而且表现形式丰富多样，有专论、史论、漫评、丛话、书评、序跋、发刊辞与缘起、新书介绍、调查表与目录索引，以及论赞、传记、考证、笔记、随谈、书信、诗词等等。这些评论文章大多充满“开启民智”、“裨国利民”、“唤醒国魂”等一类极其功利的字眼，小说在此也被视为政治启蒙、道德教化乃至学校教育的最佳工具。

因此新小说得以繁盛，实有赖于众多小说理论家和创作者的共同努力。他们大多以报刊为中心，发表自己的文学主张，吸引同道。

---

① 颜廷亮：《晚清小说理论》，北京：中华书局，1996年版，第57页。

② 如梁启超编《新小说》，李伯元、欧阳巨源编《绣像小说》，陈景韩编《新新小说》，吴趼人、周桂笙编《月月小说》，曾朴、徐念慈编《小说林》，黄小配编《中外小说林》，包天笑编《小说时报》、《小说大观》，恽铁樵编《小说月报》，徐枕亚编《小说丛报》，李定夷编《小说新报》等。

他们中间有很多人过往甚密，在艺术创作上同声共气，在理论上也共同标举“改良群治”等理念。因此，下文将具体论述晚清小说理论批评家及创作者关于“新小说”政治功用性的理论主张和见解。

二、政治家报人的“新小说”理论

关于晚清小说创作群体的划分，仁者见仁智者见智，有以政治派别为依据的，有以理论批评主张及文学特征为依据的，有的则以隶属的报刊为依据。以政治派别为依据，划分晚清小说创作群体的做法，肇始于阿英的《晚清小说史》。阿英在该书第一章论及小说理论时，虽只直书小说论著的作者（如梁启超、天僇生、黄摩西等人），并未冠之以“资产阶级改良派”或“资产阶级革命派”之类的修饰语；但之后，以“阶级分析法”来划分小说创作群体的做法，却大受提倡。这种划分多集中于早期的一些研究文章和文学史论著。第二种划分方法则以《近代小说理论批评流派研究》一书为代表，该书将近代小说理论批评流派分为五派：传统评点序说派（多面世于光绪二十六年（1900）前）、译介欧美西籍派（如林纾、王国维、周桂笙、周作人、周树人、孙毓修）、“新小说”派（如梁启超、夏曾佑、狄葆贤、陶祐曾、谴责小说作家等）、资产阶级革命派（如徐念慈、黄摩西、王钟麟、陆绍明、章炳麟、金松岑等）和理论研究派（如邱炜萲、管达如、吕思勉等）。[①] 以隶属报刊为划分小说作家依据的是北京大学的陈平原先生。在他看来，近代的小说家群体可以分成以下五组：第一组包括《新小说》社的梁启超、罗普，《中外小说林》社的黄小配、黄伯耀，以及留日学生陈天华、张肇桐等；

---

① 刘良明等：《近代小说理论批评流派研究》，武汉：武汉大学出版社，2003 年版，第 1－17 页。

第二组有《绣像小说》社的李伯元、欧阳巨源，《月月小说》社的吴趼人、周桂笙，以及这两个杂志的作者连梦青、王钟麒等；第三组是《小说林》社同人曾朴、徐念慈、黄摩西；第四组比较庞杂，包括了《小说时报》、《小说月报》、《礼拜六》、《中华小说界》、《小说大观》等杂志的编者和作者，主要有陈景韩、恽铁樵、包天笑、周瘦鹃等；第五组是民初以写作骈文长篇小说著称的徐枕亚、吴双热、李定夷，三人同为《民权报》编辑兼撰稿人，后徐、吴办《小说丛报》、李编《小说新报》。在这五个新小说群体中，前三个主要活动于清末，后两个主要活动于民初。这两组之间，也颇有差别。前者多强调改良群治，以小说为启蒙工具，以官场为主要表现对象；后者虽也讲有益世道人心之类堂而皇之的大话，可言语中已经明显呈现出“消闲”的倾向，小说也多以情场为表现对象，不过在借鉴域外小说以改造中国小说这一点上，两者又是一致的。①

本书借鉴前辈学者成果，以晚清最后十年为时间界限，以办报目的和言论者身份的单一与否为依据，主要将晚清小说理论家（包括作家）分为两大类②，一类为政治家报人，一类为依靠报馆为生的职业报人。当然，除此之外，尚有一些零散作家及理论家，本书对此暂不归类，因为他们或只是投稿者（如王国维），或是以后五四时期的文学健将（如周树人、周作人），如若强加划分，则难免牵强附会。

---

① 陈平原：《中国现代小说的起点》，北京：北京大学出版社，2005 年版，第 18－20 页。

② 小说作家并不一定都是小说理论家，但因为他们有着丰富的创作实践经验，他们关于小说的议论往往与创作密切相连，他们的作品在社会上广为流传，所以他们的议论具有较大的影响力，可以将他们关于小说的议论归入小说理论范畴之内。

就第一类小说理论家而言，他们无疑是一个引人瞩目的群体。在晚清报人中，政治家报人不但数量居多，构成清末报界的主体①，而且具有强大的社会影响力，他们的小说理论与晚清社会的政治变革息息相关。第二类小说理论家则是在清末社会变迁过程中由士人阶层蜕变分化而来的，多为仕途的失意者或绝意仕途者。他们无党无派，虽自负有洋场才子的灵性与狎气，但也不乏对国事时事的关注。不过与政治家报人不同的是，职业报人因依靠报馆为生，进而依附于近代都市中市民阅读群体以及随近代文化转型而出现的报业市场，所以小说的卖点和获益营利是他们必须首先考虑的因素，故而他们所持的小说理论自不如第一类小说理论家激进，政治功用色彩也较弱。

晚清最后十年确实是一个特殊的年代，“小说界革命”于此时发生可谓恰逢其时，一经提出，便海内风从。期间出现的小说理论与主张不但很快突破了政治党派间的局限，而且也立刻更新了职业报人的观念，并得到了文学界有识之士的广泛欢迎。

在梁启超发表一系列呼唤“新小说”理论文章的同时及稍后，政治家报人的表现最为积极。虽然无论是革命派、改良派抑或保守派在有关小说的功能及表现特征等理论主张上，有着共同的价值趋向，但这并不是说他们在小说理论方面没有分歧。他们之所以此时此刻同气相求，只因为此时小说理论的发展已经在某种程度上可以超越党派之争独立运行，没有成为用作政治斗争或争夺党派利益的

---

① 《中国新闻年鉴》从1983年起介绍新闻界名人，共辑录19世纪80年代以前出生的晚清报人百余名，其中绝大部分兼有政治家身份。中国社会科学院新闻研究所、中国新闻学会联合会编：《中国新闻年鉴》，北京：中国社会科学出版社，1982年版；人民日报出版社，1984年版。

工具。故而，在梁启超的号召下，“小说界革命”所倡导的理论受到了夏曾佑（别士）、严复（几道）、蔡奋（衡南劫火仙）、麦孟华（曼殊室主人、蜕庵）、狄葆贤（楚卿、平子）、陈季同（三乘槎客）、裘廷梁、韩文举（扪虱谈虎客）、杨度、陶祐曾（报癖）等持有不同政治理念人物的热烈响应。

在《新小说》杂志发表的《小说丛话》中，梁启超曾回忆到，“天津《国闻报》初出时，有一雄文，曰《本馆附印说部缘起》，殆万余言，实成于几道与别士二人之手，余当时狂爱之”；并以“后竟不克裒集”而引为憾事。[①] 平子也曾在《小说丛话》中指出，“夏惠卿著《小说原理》……其论甚正”。[②] 据此可以看出夏曾佑的小说理论批评论著在当时曾产生过相当大的影响。《本馆附印说部缘起》一文略晚于梁启超的《变法通议·论幼学·说部书》，但发表于《译印政治小说序》和《论小说与群治之关系》之前，长达一万余言，材料丰赡、逻辑严密、雄辩滔滔，以崭新的观点和理论对当时的文坛产生巨大冲击。以至五年后，梁启超也承认深受该文影响。《本馆附印说部缘起》一文，配合维新变法，以大量篇幅阐明了一个中心论点：小说“易传行远”的特点可为政治服务。既然欧、美、日的开化往往得小说之助，我国也应效其法。文章遂在结尾处明确提出“使民开化”是小说的最大宗旨：

“本馆同志，知其若此，且闻欧美东瀛，其开化之时，往往得小说之助，是以不惮辛勤，广为采辑，附纸分送。或译诸大瀛之外，或扶

---

① 《小说丛话》中饮冰（梁启超）之语，《新小说》第七号，光绪二十九年（1903）七月。

② 《小说丛话》，载陈平原、夏晓虹编：《二十世纪中国小说理论资料》（第一卷），北京：北京大学出版社，1989年版，第66页。

其孤本之微。文章事实，万有不同，不能预拟。而本原之地，宗旨所存，则在乎使民开化。自以为亦愚公之一畚，精卫之一石也。”①

虽然此文发表后，“读者方日日引领以待其所附印者，而始终竟未附一回”②，但这并未减弱该文在当时产生的影响。在梁启超掀起“新小说”理论讨论热潮时，夏曾佑紧接着以“别士”之名发表了《小说原理》，目的在于“先使小说改良”，而后渐及其他通俗文艺，以唤起民众，“必使深闺之戏谑，劳侣之耶禺，均与作者之心入而俱化”，进而改良社会。③

狄楚卿的《论文学上小说之位置》于光绪二十九年（1903）刊于《新小说》第一卷第七号。文章开篇即以世界“东西各国”与日本的情况为例，雄辩性地把历来备受轻视的小说提升到诗文之上，“吾昔见东西各国之论文学家者，必以小说家居第一，吾骇焉。吾昔见日人有著《世界百杰传》者，以施耐庵与释迦、孔子、华盛顿，拿破仑并列，吾骇焉。吾昔见日本诸学校之文学科，有所谓《水浒传》讲义、《西厢记》讲义者，吾益骇也。继而思之，何骇之与有？小说者，实文学之最上乘也。世界而无文学则已耳，国民而无文学思想则已耳，苟其有之，则小说家之位置，顾可等闲视哉！”；而后他又接着说道，“小说为文学之最上乘……彼具二种德、四种力，足以支配人道、左右群治者，时贤既言之矣”。④ 由此观之，狄楚卿一

① 严复、夏曾佑：《本馆附印说部缘起》，《国闻报》光绪二十三年（1897）十月十六日至十一月十八日。载陈平原、夏晓虹编：《二十世纪中国小说理论资料》（第一卷），北京：北京大学出版社，1989 年版，第 27 页。

② 梁启超：《译印政治小说序》，《清议报》第一册，光绪二十四年（1898）。

③ 别士：《小说原理》，《绣像小说》第三期，光绪二十九年（1903）闰五月初一。

④ 楚卿：《论文学上小说之位置》，《新小说》第七号，光绪二十九年（1903）七月十五日。

文完全是梁启超《论小说与群治之关系》主要观点的补充与发挥。

再观《新小说》杂志“小说丛话”栏目下的种种论述，无出此范畴者。如果说狄葆贤及新小说社同人与梁启超都有过交游，因而在小说理论批评方面互相借鉴、互相影响。那么，在“小说界革命”理论消歇后的光绪三十三年（1907），在年辈稍晚的陶祐曾那里，依然可以强烈地看到梁启超思想的影子。

陶祐曾的主要小说论文《论小说之势力及其影响》发表于光绪三十三年（1907）。从文章内容看，它完全是一篇全盘接受梁启超小说理论观念继而发扬光大的论文。文章开篇先声夺人：

“咄！二十世纪之中心点，有一大怪物焉：不胫而走，不翼而飞，不叩而鸣；刺人脑球，惊人眼帘，畅人意界，增人智力；忽而庄，忽而谐，忽而歌，忽而哭，忽而激，忽而劝，忽而讽，忽而嘲；郁郁葱葱，兀兀矻矻，热度骤跻极点，电光万丈，魔力千钧，有无量不可思议之大势力，于文学界中放一异彩，标一特色，此何物欤？则小说是。自小说之名词出现，而膨胀东西剧烈之风潮，握揽古今利害之界线者，唯此小说，影响世界普通之好尚，变迁民族运动之方针者，亦唯此小说。小说，小说，诚文学界中之占最上乘者也。”①

陶祐曾行文慷慨激昂，热情澎湃，比之梁启超的《论小说与群治之关系》虽无创新，却极具夸张与煽动之能事。对小说的论述从其具有影响人群、改良社会之功能入手，“其感人也易，其入人也

---

① 陶祐曾：《论小说之势力及其影响》，《游戏世界》第十期，光绪三十三年（1907），载陈平原、夏晓虹编：《二十世纪中国小说理论资料》（第一卷），北京：北京大学出版社，1989年版，第226－228页。

深，其化人也神，其及人也广。是以列强进化，多赖稗官；大陆竞争，亦由说部。然则小说界之要点与趣意可略睹一斑矣。西哲有恒言曰：'小说者，实学术进步之导火线也，社会文明之发光线也，个人卫生之新空气也，国家发达之大基础也。'"①

从《论小说之势力及其影响》一文虽然可以看出作者对小说艺术特征的了解，但他的聚焦点仍集中在学术改良社会的政治功用性上。陶祐曾在文章结尾处激情地号召：

"吾今敢上一巩固完全之策，以贡献千载。我特别同胞之前曰：欲革新支那一切腐败之现象，盍开小说界之幕乎？宁欲扩张政法，必先扩张小说；欲提倡教育，必先提倡小说；欲振兴实业，必先振兴小说；欲组织军事，必先组织小说；欲改良风俗，必先改良小说。同胞注意注意！昌明暗线，诱掖国民，慎毋弁髦视之，尘羹弃之，鄙琐忽之。其旁征祖国之新谈，汇取亚欧之历史，手著精绎，文俚并行，庶几卧倒之驯狮，奋跃雄飞于大陆，亦且半开之民族，自强独立于神州。吾请以是为热心爱国者告，又以是为主张开智者期，更以是为放弃责任者警。"②

可见，改良派政治家报人的小说理论多为对梁启超的补充与阐发，他们的小说理论批评文章大都是在梁启超的提倡和影响下发表的。当然，他们的历史功绩并非在于简单的模仿，而在于舆论氛围

---

① 陶祐曾：《论小说之势力及其影响》，《游戏世界》第十期，光绪三十三年（1907），载陈平原、夏晓虹编：《二十世纪中国小说理论资料》（第一卷），北京：北京大学出版社，1989 年版，第 226－228 页。

② 陶祐曾：《论小说之势力及其影响》，《游戏世界》第十期，光绪三十三年（1907），载陈平原、夏晓虹编：《二十世纪中国小说理论资料》（第一卷），北京：北京大学出版社，1989 年版，第 226－228 页。

的营造。没有他们的热烈响应与积极回应，新小说理论不可能获得空前的发展和普及，小说创作与翻译也不可能骤然博兴。

至于政治家报人中的另一组成部分——革命派报人，他们或进行小说创作，或进行小说翻译，或进行小说评论，或在共所创办的报刊上发表小说，活动亦十分积极；特别是在同盟会成立之后的几年中，革命派报人的小说创刊活动十分积极，其产生的小说作品和小说理论也十分引人瞩目。必须指出的是，虽然革命派、维新派各抱有差异巨大的政治主张，但两派在对小说的功能、小说与社会之关系以及小说的表现特征等理论主张上，却有颇多相同之处。革命派的小说理论也显然受到了以梁启超为领军者的改良派小说理论家的影响。

前文已述，以梁启超为代表的改良派报人，“企图经过小说来组织‘下等人’的情绪，宣传维新主义”[①]，要求小说为他们的政治服务。虽然革命派作为新生政治力量，有着和改良派不同的政治主张，他们认为应当通过革命，推翻清朝专制统治，建立资产阶级的共和国；但为了实现这一目的，他们同样需要在思想战线上积极地开展斗争，以便揭发清朝的反动统治，消除改良派的影响，动员人们起来革命。小说这一最佳宣传工具自然也被他们当做思想宣传的有力武器来使用。

所谓“伟哉！小说有不可思议之力支配人道也”[②]；所谓“吾济今日，不欲救国也则已，今日诚欲救国，不可不自小说始，不可不

① 瞿秋白：《鬼门关以外的战争》，《瞿秋白文集》文学编（第三卷），北京：人民文学出版社，1989 年版，第 140 页。

② 金松岑：《论写情小说于新社会之关系》，《新小说》第二年第五号，光绪三十二年（1906）正月。

自改良小说始"①。金松岑的《论写情小说于新社会之关系》、天僇生（王钟麒）的《论小说与改良社会之关系》、黄摩西的《小说小话》、徐念慈的《余之小说观》以及其他革命党人在所写的一系列涉及小说理论的论述中，有不少谈及到小说的社会作用、小说的政治功用性等问题。他们认为小说是社会人生的"记载"②；小说可使"人情冷暖，世态炎凉，如烛照龟计，无所遁形"③地展现到世人面前，能够"读之改变人之性质"④，能够"满足吾人之美的欲望"⑤，因而也就能够"鞭策社会之进步，随时唤醒迷途"⑥，可以用来"转移风俗，改良社会"⑦。该派在指出小说具有巨大的社会作用的同时，又特别指出了小说对政治的功用。他们知道小说并不能等同于政治，但他们也同样认识到小说总是或这样或那样地同政治保持一定的联系。小说作者，特别是其作品有较大影响的小说家，都是有意识地在进行创作的，他们通过作品来表达对于社会政治等问题的看法。定一就曾写道，"凡作一书能惊天动地，必为有意识的，而非无意识

---

① 天僇生：《论小说与改良社会之关系》，《东方杂志》第二卷第八期，光绪三十一年（1905）八月；载陈平原、夏晓虹编：《二十世纪中国小说理论资料》（第一卷），北京：北京大学出版社，1989年版，第151－153页。

② 觉我：《余之小说观》，《小说林》第九期，光绪三十四年（1908）正月。

③ 《冷眼观二编》，孙楷第著：《中国通俗小说书目》，北京：人民文学出版社，1982年版，第236页。

④ 《小说丛话》中定一之语，《新小说》第二年第一号，光绪三十一年（1905）二月。

⑤ 觉我：《小说林缘起》，《小说林》第一期，光绪三十三年（1907）正月。

⑥ 《小说管窥录》，阿英编：《晚清文学丛钞·小说戏曲研究卷》，北京：中华书局，1960年版，第518页。

⑦ 《小说丛话》中定一之语，《新小说》第二年第一号，光绪三十一年（1905）二月。

的”①。天僇生则更清楚地指出，“吾国之作小说者，皆贤人君子，穷而在下，有所不能言、不敢言，而又不忍不言者，则姑婉笃诡讯以言之。即其言以求其意之所在，然后知古先哲人之所以作小说者，盖有三因：一曰愤政治之压制。……二曰痛社会之混浊。……三曰哀婚姻之不自由。……”② 《镜花缘》之写当时才女可使后世女子“闻鸡起舞，提倡女权不遗余力”，《水浒传》之独倡民主、民权可使后世倡其说“援……以为证。”③ 譬如，在他们看来，小说是针对包括政治生活在内的整个社会生活的有意识创作，故小说也就必然地会影响社会，影响政治。

革命派的小说理论主张不同于改良派的地方在于，前者除强调小说对于社会功用的同时，还在小说理论上体现出鲜明的革命倾向，即要求小说应积极配合革命。金松岑的《论写情小说于新社会之关系》，就热情希望小说能够鼓舞人们为“建制共和制”、“退虎狼之强敌”而奋斗，特别是期望那些能够激动民众“奔走党事”、图“汉族之光复”的小说出现④。章炳麟在为《洪秀全演义》所写的序中，赞扬这部小说能使“尊念洪王者”⑤，即向往革命者日多，而这

---

① 《小说丛话》中定一之语，《新小说》第二年第三号，光绪三十一年（1905）六月。

② 天僇生：《中国历代小说史论》，《月月小说》第一年第十一号，光绪三十三年（1907）十一月十五日。

③ 《小说丛话》中定一之语，《新小说》第二年第三号，光绪三十一年（1905）六月。

④ 金松岑：《论写情小说于新社会之关系》，《新小说》第二年第五号，光绪三十二年（1906）正月。

⑤ 章炳麟：《〈洪秀全演义〉序》，光绪三十四年（1908）香港中国日报社版《洪秀全演义》。载陈平原、夏晓虹编：《二十世纪中国小说理论资料》（第一卷），北京：北京大学出版社，1989 年版，第 338 – 339 页。

也清晰表明他希望小说能够配合当时革命斗争的愿望。至于当时革命派小说创作者主张以作品来配合革命事业的见解，那就更为清楚了。《洪秀全演义》的作者黄世仲声称，他所以要写这部小说，系“全从种族着想”①。《流史》的作者痛哭生第二亦称，他创作这部小说的目的，是“专欲使我四万万同胞，洞悉前明亡国之惨状，充溢其排外思想，复我三百余年之大仇”②。可见，当时的革命派小说理论家已经涉及到反满这一主题。他们认为小说要为革命事业服务，就应该直接表现反满的主题思想，要把矛头指向腐朽的清朝政府，鞭挞清政府所推行的民族压迫、满汉不平等的政策。章炳麟所写的《〈洪秀全演义〉序》③，在肯定和赞扬《洪秀全演义》的时候，就完全是从赞扬小说所具有的反满思想出发的，他把实际上并不是单纯反满的《洪秀全演义》，也解释成表现种族革命思想的作品。另如，黄摩西《小说小话》推崇《西游补》④，王旡生《中国历代小说史论》等文章也把以往的许多小说解释为反对种族统治的作品而加以赞扬等，都表明了革命派对于小说政治功用的期望。

在小说中直接表现反满思想，几乎是所有革命派党人的主张。在这些理论的指导下，当时的革命派报刊非常注重刊载小说，借小说来宣传革命思想、反映革命需要、为革命事业服务。他们不仅在

---

① 黄世仲：《〈洪秀全演义〉例言》，光绪三十四年（1908）香港中国日报社版《洪秀全演义》。载陈平原、夏晓虹编：《二十世纪中国小说理论资料》（第一卷），北京：北京大学出版社，1989 年版，第 341 – 344 页。

② 痛哭生第二：《仇史・凡例》，《醒狮》第一期，光绪三十一年（1905）九月初一。

③ 章炳麟：《〈洪秀全演义〉序》，光绪三十四年（1908）香港中国日报社版《洪秀全演义》。载陈平原、夏晓虹编：《二十世纪中国小说理论资料》（第一卷），北京：北京大学出版社，1989 年版，第 338 – 339 页。

④ 黄摩西：《小说小话》，《小说林》第二期，光绪三十三年（1907）二月。

自己所创作的小说，如《仇史》、《空桐国史》、《狮子吼》、《成都血》中有着鲜明的革命倾向，而且不失时机地利用他们编辑出版的革命派报刊，宣扬此类小说，以求事半功倍。《民报》刊登《代理斧军说部》广告就是其中一例。这则小说广告称赞斧军的小说系“衡情度理，鼓义侠之潮流，作强权之针砭，俾尽言责”之作[①]。斧军即王斧，虽然这部小说作品现已无从查找，《民报》的评语是否符合实际也无从考证，但诸如《民报》这些革命派报纸热衷小说的政治功用性以及具有此种功用性的小说作品，却是显而易见的。

当然，革命派报人在强调小说政治功用性的同时，也对梁启超等人过分夸大小说的作用，甚至颠倒小说与生活关系的观点也进行过否定和批判。他们认为不是小说“生社会”，而是“惟有社会，始成小说”[②]，“社会风尚实有先构成小说性质之力”[③]；并进一步指出，小说乃是对生活真实的艺术概括和提炼，而不是对现实生活机械、刻板的反映和描述。小说的任务，是要把生活真实绎炼为艺术真率。诚如是时觚庵所言，“读《东周列国志》，觉索然无味，正以全书随事随时，摘录排比，绝无匠心经营于其间，遂不足刺激读者精神，鼓舞读者兴趣。若《三国演义》则起伏开合，紫拂映带，虽无一事不本史乘，实无一语未经陶冶，宜其风行数百年，而妇孺皆耳熟能详也。”[④] 虽然，觚庵批评《东周列国志》“绝无匠心经营于其间”，认为《三国演义》“无一事不本于史乘”的评语未必恰当；但他强调写小说断不可“随时随事，摘录排比”，而应运用“匠心经营”，

① 民报社：《代理斧军说部》，《民报》第二十号，光绪二十四年（1908）三月二十五日。

② 觉我：《余之小说观》，《小说林》第九期，光绪三十四年（1908）正月。

③ 黄摩西：《小说小话》，《小说林》第九期，光绪三十四年（1908）正月。

④ 觚庵：《觚庵漫笔》，《小说林》第一卷，光绪三十三年（1907）正月。

加意陶冶提炼，则是十分正确的。此外，革命派报人也非常重视小说的艺术特征，黄摩西和徐念慈对此尤为强调："小说者，文学之倾于美的方面之一种也"①，"小说者，本重于美的一方面"②；"小说者，文学中之以娱乐的促社会之发展，深性情之刺戟者也"③；读者的"种种感情，莫不对于小说而得之"④；小说所以能够如此，就是由于"小说者，殆合理想美学、感情美学而居其最上乘者"⑤。在强调小说政治功用性，小说出于生活，注重小说艺术性外，革命派报人开始引进西方美学思想，从中西比较的角度重新审视和评价我国古代小说，并总结我国古代小说的艺术传统，对小说创作和鉴赏进行多方论述。晚清革命派的小说理论，比之梁启超等人的小说观点，更略近小说的艺术本质，更符审美要求。但毋庸置疑的是，强调小说的政治功用性、推崇小说具有巨大的社会作用，仍然是革命派报人所有小说活动的重心所在。

三、职业报人的"新小说"理论

对梁启超提倡的新小说理论作出积极回应的除了政治家报人外，尚有一群职业报人。他们不仅在小说理论上对于小说所具有的政治功用性进行了补充和发展，更为重要的是，他们凭借丰富的创作经验，将这些理论付诸小说创作的实践，使这些新小说理论主张借助他们的作品在社会上广为流传，他们也借助新小说带来的"场效应"宣扬了带有自我主观色彩的"新"小说理论。因而他们的小说言论

① 黄摩西：《小说林发刊词》，《小说林》第一期，光绪三十三年（1907）。
② 觉我：《余之小说观》，《小说林》第九期，光绪三十四年（1908）正月。
③ 觉我：《余之小说观》，《小说林》第九期，光绪三十四年（1908）正月。
④ 觉我：《小说林缘起》，《小说林》第一期，光绪三十三年（1907）正月。
⑤ 觉我：《小说林缘起》，《小说林》第一期，光绪三十三年（1907）正月。

相较政治家报人具有更大的社会影响力。

这群职业报人主要包括：韩邦庆（韩子云）、孙家振（海上漱石生、警梦痴仙、退醒庐主人）、吴沃尧（我佛山人、趼、趼庵、愁半生）、李伯元（南亭亭长、游戏主人）、曾朴（东亚病夫）、欧阳巨源（蘧园、茂苑惜秋生）、陈栩（栩园、蝶仙、天虚我生）、包天笑（吴门天笑生）等人。其中韩邦庆、孙家振、吴沃尧（吴趼人）、李伯元等人，在“小说界革命”前就以报人身份开始小说创作。当时他们的小说创作还只是供人消遣，不带任何政治色彩，尚属传统小说一类。不过当梁启超《译印政治小说序》、《论小说与群治之关系》等文发表以后，“小说界革命”展开之时，“新小说”理论也逐渐得到了他们的广泛响应与积极参加。他们虽非政治家，也没有什么政治主张需要宣传，却也大多接受了梁启超倡导小说创作者应“穷形极相”、“宦途丑态，试场恶趣，鸦片顽癖，缠足痁刑”以“振厉末俗”[①] 的主张。

我们可以当时此派中代表人物“小报鼻祖”[②] 李伯元、“小说巨子”[③] 吴趼人为例考察当时职业报人的“新小说”理论。

李伯元于光绪二十二年（1896）来沪之后，先后创办了《指南报》、《游戏报》、《世界繁华报》等文艺性小报，被尊为“小报鼻祖”，是时他的作品以游戏之作为主。光绪二十三年（1897），李伯元在《论〈游戏报〉之本意》一文中对他的游戏态度做过解释，

① 梁启超：《变法通议 · 论幼学》，《饮冰室合集 · 文集》之一，北京：中华书局，1989 年版，第 54 页。

② 薛正兴：《李伯元全集》第一册，“序言”，南京：江苏古籍出版社 1997 年版，第 2 页。

③ 魏绍昌等主编：《中国近代文学辞典》，郑州：河南教育出版社，1993 年版，第 210 页。

“《游戏报》之名仿自泰西，岂真为游戏哉？盖有不得已之深意存焉者也。慨夫当今之世，国日贫矣，民日疲矣，士风日下，……故不得不假游戏之说，以隐寓劝惩，亦觉世之一道也”①。可见，他所言的“游戏”并不是简单的、不负责任的“游戏”、“玩世”，而是借“玩世”以“醒世”。在《本报之不合时宜》、《记本报开创以来情形》、《碰和解》、《庚子蕊宫花选序》等文以及《庚子国变弹词》的表述中，都可以看到他小说主张中蕴含的“寓意劝惩”、“忧时愤世”的积极成分②。不过，虽不满现实但并不介入政治，只为调侃人生，仍是李伯元光绪二十六年（1900）之前思想的基调，“侧身四海，涉足一区，抚时会悲，蹈世增戚，舍议揶稿，拟抱兔园，忍语衔碑，甘学蝉噤。职是之故，惟有屏斥正大，摭拾琐碎，品骘靡曼，较量婵娟，间或呼叱烟云，仅令销磨年载。”③

但在梁启超提倡“小说界革命”之后，为世风鼓荡，李伯元的创作思想发生了极大改变。随着他主编《绣像小说》生涯的开始及其小说创作的渐入佳境，李伯元思想中的批判意识得到前所未有的加强。虽然在李伯元直接编辑《游戏报》的四年左右的时间中，其

---

① 魏绍昌总主编：《中国近代文学大系·史料索引集》（二），上海：上海书店出版社，1996 年版，第 180 页。

② 例如，《碰和解》表明了对中国被列强瓜分的深深忧虑，对清政府奴颜媚外的辛辣讽刺；光绪二十六年（1900）二月的《庚子蕊宫花选序》明确地表达了李伯元对国势与朝政的义愤填膺的不满：“矧今日璇闱煽焰，琼台辉，万口不声，众气斯郁，外而虎眈逐逐，乾坤而不宽，蚕齿骖骖，缩朝廷而欲小；内而悬刀待谏，东市凄惨以飞霜，韬甲设防，西宫巍峨以压日。悲哉，悲哉，无复言矣！”《庚子国变弹词》的写作目的是出于对“好了伤疤忘了痛”的世道人心的忧虑，带有总结一段历史的意味。参见薛正兴：《李伯元全集》第 5 卷，南京：江苏古籍出版社，1997 年版，第 112 页。

③ 薛正兴：《李伯元全集》第 5 卷，南京：江苏古籍出版社，1997 年版，第 112 页。

小说间或也有讥刺时事、不满朝政之作，但多为零篇碎什，“新小说”理论尚不明朗。在经过戊戌政变、庚子事变、“小说界革命”等重大事件的刺激后，李伯元的小说理论开始有了一个明显的转变。这一转变可以从其小说作品所表现的思想倾向中看出。从光绪二十五年（1899）《碰和解》对清廷卖国嘴脸的冷嘲热讽，到光绪二十八年（1902）《庚子国变弹词》对清政府在庚子事变过程中进退失据行为的理性反思，再到光绪二十九年（1903）以后《官场现形记》等作品对清政府的完全失望和对整个封建官场的全面性批判，都体现出李伯元思想中忧患意识和批判意识的同步增长。在梁启超等人新小说理论的影响下，利用小说救世也逐渐成为李伯元进行小说创作的主要目的。例如，在《活地狱》开头“楔子”里述及“我为甚么要做一部书”的缘故时，李伯元解释道，“世界昏昏成黑暗，未知何日放光明。书生一掬伤时泪，誓洒大千救众生”①。在李伯元看来，其所创作的《官场现形记》更是为了“要救中国”才编就的“教科书”②。

吴趼人，在这些职业报人中，与“小说界革命”的联系最为密切。其所撰写的列名“四大谴责小说”之一的《二十年目睹之怪现状》，一直被学界视为由梁启超倡的“小说界革命”而催生的代表作。他的小说作品《二十年目睹之怪现状》、《痛史》、《电术奇谈》等也皆在梁启超所创办的《新小说》杂志上连载发表；而且，吴趼人从《新小说》第八号起“任横滨新小说社译著事”③，成为《新小

---

① 李伯元：《活地狱·楔子》，魏绍昌编：《李伯元研究资料》，上海：上海古籍出版社，1980 年版。

② 《官场现形记》第六十回，北京：人民文学出版社，1957 年版。

③ 周桂笙、吴趼人：《新庵笔记》，魏绍昌编：《吴趼人研究资料》，上海：上海古籍出版社，1980 年版，第 16 页。

说》的第一写作主力。作为对“新小说”运动的回应与参与，吴趼人自光绪二十九年（1903）起，先后写了不少小说理论批评文章，较著名的有《小说丛话》、《月月小说序》、《两晋演义序》、《历史小说总序》、《杂说》等。在他前前后后有关小说的理论论述中，吴趼人的新小说理论既有对梁启超思想接受的一面，又有自己的独创之处。

就接受的因素而言，吴趼人在对小说功用性的理解上与梁启超的观点非常相似。吴趼人十分重视小说的教育作用。在他看来之所以要撰写小说，是因为其具有特别之能力——“补足记忆力”与“输入知识”①。他标榜广东的通俗曲艺“木鱼书”，“无一非陈说忠孝节义”的道德内容，及其所具有的“风俗亦因之以良”的教育功能。在讨论小说与社会改良的关系方面，吴趼人说道，“以仆之眼，观于今日之社会，诚岌岌可危，固非急图恢复我固有之道德，不足以维持之，非徒言输入文明，即可以改良革新者也。意见所及，因以小说体一畅言之”②。为了使小说作品有效地发挥“恢复我固有之道德”的教育功能，吴趼人强调小说的译著必须谨慎、审慎；因为“夫使读吾之小说者，记一善事焉，吾使之也；记一恶事焉，亦吾使之也。抑读吾小说者得一善知识焉，得一恶知识焉，何莫非吾使之也。吾人于此道德沦亡之时会，亦思所以挽此浇风耶！则当自小说始”③。因此在吴趼人看来，当社会“道德沦亡”之时，为了挽救浇

① 吴趼人：《〈月月小说〉序》，《月月小说》第一年第一号，光绪三十二（1906）九月十五日。

② 我佛山人：《〈上海游骖录〉识语》，《月月小说》第一年第八号，光绪三十三年（1907）四月十五日。

③ 吴趼人：《〈月月小说〉序》，《月月小说》第一年第一号，光绪三十二（1906）九月十五日。

漓的世风，应当从小说入手。吴趼人深深懊悔“吾向以滑稽自喜”①，感慨自己过去将精力浪费在为读者提供消遣品上，“回思五六年中，主持各小报笔政，实为我进步之大阻力；五六年光阴遂虚掷于此。吴趼人哭。”② 为谋求改变，吴趼人“年来更从事小说，盖改良社会之心，无一息敢自已焉”③，并且“吾发大誓愿，将遍撰历史小说，意味教科之助。历史云者，非徒记事实之谓也，旌善惩恶之意实寓焉”④。无论以何种题材或方法创作的小说，“如社会小说，家庭小说，及科学、冒险等，或奇言之，或正言之，务使导之以入于道德范围之内。即艳情小说一种。亦必轨于正道”⑤。对自己于“小说界革命”后创作的《两晋演义》，吴趼人颇为推崇，“以《通鉴》为线索，以《晋书》、《十六国春秋》为材料，一归于正，而沃以意味，使从此而得一良小说焉。谓为小学历史教科之臂助焉可，谓为失学者补习历史指南针焉亦无不可。”⑥ 于是乎，在世风浇漓、“道德沦亡”的情况下，广泛地揭露社会黑暗、暴露官僚腐朽，就成了吴趼人小说的创作主题，以求突出小说为教科书的教育功能，进而达到以小说来教化民众的目的。《二十年目睹之怪现状》如此，

---

① 我佛山人：《〈两晋演义〉序》，《月月小说》第一年第一号，光绪三十二（1906）九月十五日。

② 吴趼人：《吴趼人哭》，魏绍昌：《吴趼人研究资料》，上海：上海古籍出版社，1980 年版，第 270 页。

③ 我佛山人：《〈两晋演义〉序》，《月月小说》第一年第一号，光绪三十二（1906）九月十五日。

④ 吴趼人：《〈月月小说〉序》，《月月小说》第一年第一号，光绪三十二（1906）九月十五日。

⑤ 吴趼人：《〈月月小说〉序》，《月月小说》第一年第一号，光绪三十二（1906）九月十五日。

⑥ 我佛山人：《〈两晋演义〉序》，《月月小说》第一年第一号，光绪三十二（1906）九月十五日。

《九命奇冤》如此，《最近社会龌龊史》如此，以致历史小说《痛史》也是“于文天祥、谢枋得一班忠臣义士，竭尽赞扬，于汉奸佞臣，则痛加诋毁”①。

尽管在小说功用性的立场上，吴趼人与梁启超两人意见一致，但对梁启超在“新小说”理论和创作中所存在的缺陷，吴趼人也直言不讳，“吾感夫饮冰子《小说与群治之关系》之说出，提倡改良小说，不数年而吾国之新著新译之小说，几于汗万牛充万栋，犹复日出不已而未有穷期也”；然而“今夫汗万牛充万栋之新著新译之小说，其能体关系群治之意者，吾不敢谓必无；然而怪诞支离之著作，诘曲聱牙之译本，吾盖数见不鲜矣”，而这些作品“于所谓群治之关系，杳乎其不相涉也”。针对著译的大量作品并未起到梁启超倡导的“改良群治”应有作用的弊病，吴趼人要求“借小说之趣味、之感情，为德育之一助”，进而指出“读小说者，其专注在寻绎趣味，而新知识实即暗寓于趣味之中，故随趣味而输入之而不自觉也”；因为“善教育者，德育与智育本相辅，不善教育者，德育与智育转相妨。”② 但必须指出的是，吴趼人强调小说“寓教育于闲谈”，无非是“使读者于消闲遣兴之中获益”，利用小说对“略识之无”的人们实施教化功能，最终仍落脚在利用小说改良社会的原点上。

综上所述，新小说理论的拥护者可分为三类，改良派、革命派以及由传统文人转化而来的接受新思想的职业报人。前两者虽政治

---

① 残夫（阿英）：《〈痛史〉跋文》，魏绍昌编：《李伯元研究资料》，上海：上海古籍出版社，1980 年版，第 87 页。

② 吴趼人：《〈月月小说〉序》，《月月小说》第一年第一号，光绪三十二（1906）九月十五日。

观点不同，但在以文学为政治启蒙工具上看法却相当接近。至于第三类群体拥护小说为启蒙工具的原因大体有二：其一，是由于政治腐败形成的亡国忧虑；其二，也是最主要的原因是，在小说“有用”和“崇高”的舆论作用下，文人学士编刊办报已为荣光之举，小说家的地位也得以提高，“做小说决不称为文学家”① 的思想，烟消云散。政治理想的驱使及文人心理的认同使三类人群纷纷向注重政治功用性的新小说理论靠拢，促进了新小说理论的繁荣。

当然，晚清的新小说理论也并非只有一种声音。在之后的发展中，无论是改良派的政治家报人、革命派的政治家报人、职业报人还是其他人士（如王国维），都对强调文学社会功用为首要特征的文学观提出了质疑和挑战，强调注重小说的艺术价值，反对把文学简单地视为政治的工具。“新小说”理论从一开始就体现出了过于注重小说的社会作用而忽视其娱乐、审美等功能的缺陷。因此在之后的小说理论发展中，夏曾佑、狄平子、陶祐曾等人开始纠正先前的过于强调小说社会作用理论的弊端，认为小说之所以具有社会作用，在于它本质上就源于社会，是对社会的反映，而不应过分强调其功利性；徐念慈、黄摩西、金松岑等人则认为小说不仅应具功利性，同时也需有审美性；王国维更是远离功利，从审美角度分析小说。但在晚清这个风云跌宕的时代背景下，再加上传统“文以载道”思想的根深蒂固，上述这些文学观念就连其论述者也无法长久坚持，因此“非功利”的文学观一直处于文坛的边缘，在当时没有产生什么影响。统观晚清最后十年间的小说理论，“政治压倒了一切，掩盖了一切，冲淡了一切。文学始终是围绕着这

---

① 鲁迅：《南腔北调集·我怎么做起小说来》，《鲁迅全集》第4卷，北京：人民文学出版社，1981年版，第512页。

中心环节而展开的”①。

虽然强调小说政治功用性的新小说理论存在这样那样的缺陷，它对小说社会作用的极度强调并不利于小说文体本身的发展，但事物的发展需要一个过程，它需要在后来者不断地纠正和弥补下才能走向完善，何况在面对极其强大的传统力量时，新小说只有用非常态的方式才有可能突破固有的僵化局面。因此，从功利性角度出发来提高小说的地位在当时来说，无可厚非。只有把小说和开启民智挂钩，才能促使人们关注小说，使小说不再“难登大雅之堂”。“小说界革命”是维新派人士的一个明智选择，政治借“小说界革命”使自己的政治理念得以形象化、系统化，小说则靠政治力量的推动得以迅速发展。

正是在新小说理论的倡导下，小说的地位骤然提升，历来轻视小说的风气最终改变，小说报刊和新小说作品得以大量涌现。以至有人感慨道，“今之时代，文明交通之时代，抑亦小说交通之时代乎”②？而“二十世纪为小说发明的时代”③、“二十世纪开幕，为吾国小说界发达之滥觞”④、“二十世纪开幕，为吾国小说界腾达之烧点”⑤ 一

① 黄子平、陈平原、钱理群：《二十世纪中国文学三人谈》，北京：人民文学出版社，1988 年版，第 9 页。

② 黄摩西：《小说林发刊词》，《小说林》第一期，光绪三十三年（1907）。

③ 邯郸道人：《〈月月小说〉跋》，《月月小说》第一年第十二号，光绪三十三年十二月十五日（1908 年 1 月 18 日）。

④ 耀公（黄伯耀）：《小说与风俗之关系》，《中外小说林》第二年第五期，光绪三十四年（1908）。载陈平原、夏晓虹编：《二十世纪中国小说理论资料》（第一卷），北京：北京大学出版社，1989 年版，第 301－304 页。

⑤ 老伯（黄伯耀）：《曲本小说与白话小说之宜于普通社会》，《中外小说林》第二年第十期，光绪三十四年（1908）。载陈平原、夏晓虹编：《二十世纪中国小说理论资料》（第一卷），北京：北京大学出版社，1989 年版，第 307－309 页。

类的言论更是层出迭现。一言以蔽之，正是因为新小说理论的提倡，对小说的重视才成为一种时代的思潮；正是因为新小说理论的兴起，晚清小说界才得以呈现出生机勃勃的繁盛局面。

第二节　近代报刊与晚清小说的繁盛

晚清小说之所以能形成前所未有的创作热潮，除得益于“小说界革命”的推动和“新小说”理论的兴起外，还与当时新闻和印刷事业的发达同样关系密切。大量刊载小说的文艺性报刊特别是小说专刊的纷纷问世，促成了小说在清末民初的繁盛。

直至19世纪末，中国的报刊事业还主要表现为外国人在华的办报活动。从嘉庆二十年（1815）到19世纪末，外国人在中国一共创办了近200种中外文报刊，占当时我国报刊总数的百分之八十以上①，国人对报刊的参与度还并不大。不过，此种局面在维新运动之后有了很大改观。来华传教士和在华洋商们的办报活动，给维新人士以极大启迪。他们逐渐发现报刊是获取西方先进技艺、知识、思想，促进社会进步的工具；是改革政治、维新变法的有力武器。甲午海战后，中国的积弱已成为公开的事实。通过创办报刊以求达到宣传政治主张、开启民智的目的，便成为这批先进知识分子的共识。因此，政论报刊的勃兴便与资产阶级改良派的维新运动紧密相连，办报成为维新派变法主张的一个重要内容。为了推动维新运动，当时的改良派创办了三十多种报刊来宣传维新思想。光绪皇帝还于“百日维新”期间颁发的“明定国是”上谕中，公布了报纸一律免

① 方汉奇：《中国近代报刊史》，太原：山西人民出版社，1983年版，第10页。

税、准许自由开设报馆、准许官民办报等各项命令，以鼓励民间办报。在这种社会环境的积极影响下，一时间全国各地的办报活动风起云涌。“仅1898年9月，国内就有34家报刊同时出版发行，并出现了《时务报》、《知新报》、《国闻报》等一批对社会产生重大影响的大报，形成了中国近代史上国人办报的第一个高潮。据李提摩太所著的《留华四十五年记》中统计，从1895年到1898年，全国报刊总数增加了3.7倍，仅当时出版的中文报刊即多达一百一二十种，而其中80%左右由中国人自己创办经营。”①

光绪二十六年（1900）八国联军的入侵，使清政府不得不改弦易辙，以维持其摇摇欲坠的封建专制统治。光绪二十六年十二月初十（1901年1月29日），清廷宣布实行“新政”，有限度地开放“报禁”、“言禁”，予民众以创办报刊的自由权利。在新政全面展开后，清政府允许民间办报，在事实上承认了近代报刊这一资本主义文明的表现形式的合法地位。与此同时，清廷还正式允许朝政信息的公开传布，部分开放了“言禁”。新报业也因“报禁”、“言禁”的逐步开放而得以迅速发展。官绅士民自办的报刊纷纷创刊，其数量逐年递增。据不完全统计，这一时期新创办的报刊，“1901年为34种，1902年为46种，1903年为53种，1904年为71种，1905年为85种。1906年9月清廷宣布预备立宪后，近代报刊事业得到更快发展，形成了中国新闻事业史上的第二次国人办报高潮。据不完全统计，新创办的报刊，1906年为113种，1907年为110种，1908年为118种，1909年为116种，1910年为136种，1911年为209种。

---

① 方汉奇主编：《中国新闻事业通史》（第一卷），北京：中国人民大学出版社，1992年版，第539页。

报刊出版地点几乎遍及全国。”[①] 随着晚清报刊事业的发展，报刊与小说的结合也进一步加快并迅速发展，“报刊令‘天下之一悟’，小说令‘议论之一变’；报馆者‘现在之粮也’，小说者‘如菽粟然’”。[②] 小说界革命后不仅有专门性小说期刊的创办，而且众多普通报纸也开始连载小说，各类书局也致力于小说的出版发行。

一、专门小说期刊的出现与繁盛

早在1870年代，晚清小说期刊就步入了它的探索期。同治十一年（1872）三月二十三日，在中国近现代史上发行时间最长、影响最大的《申报》于上海创刊。为了在中国扎根，为了尽可能多地吸纳文人读者，《申报》宣布为文人墨客免费刊载诗文，一时间文稿蜂拥踏至。一份报纸毕竟容量有限，为此，同治十一年（1872）十月十一日申报馆推出了专门刊载文学作品的《瀛寰琐纪》（这是现今学界公认的最早的文学期刊）共出二十八期[③]。该期刊的内容以文学作品为主，有随笔、诗词、书信、散文、人物小传、专著的序跋、论说、海外见闻等。虽然连载过两部近代较早的也较完整的外国文学译作，蠡勺居士翻译的英国小说《昕夕闲谈》和静轩居士翻译的日本名著《江户繁昌记》，但“其中崇论宏议，层出不穷；骈体诸作，亦可与古作者并驾齐驱；各体诗词，则浓淡清奇，不拘一格；间附

---

① 方汉奇主编：《中国新闻传播史》，北京：中国人民大学出版社，2002年版，第134－135页。

② 梁启超：《论小说与群治之关系》，《新小说》创刊号，光绪二十八年（1902）十月十五日。

③ 张静庐编：《中国现代出版史料·丁编》（下），北京：中华书局，1959年版，第576页。

杂著，亦簇簇生新”①，就其性质而言主要还是一份综合性的文学期刊。

真正意义上的专门性小说期刊始于梁启超创办的《新小说》杂志。为了有效地推行“小说界革命”，梁启超不仅在理论上倡导小说变革社会的作用和为政治服务的重要性，同时还有意识地在小说创作中实践推广这一理论。光绪二十八年（1902）十月，梁启超在日本横滨正式创办《新小说》杂志。

虽然《新小说》是第一份以小说命名的期刊，但最早以刊登小说为主的期刊则是曾担任《申报》撰述人之一的韩邦庆于光绪十八年（1892）二月创办的《海上奇书》。自其创办至第十五期停刊，《海上奇书》连载了韩邦庆以“花也怜侬”为笔名撰写的二十八回长篇小说《海上花列传》。这是中国第一份小说专刊，也是中国传统文人有意识地利用近代化的印刷出版技术从事小说生产的第一次尝试。“松江颠公”在《懒窝随笔》中给予《海上奇书》如下定位，“按其体裁，殆即现今各小说杂志之先河”，具有开风气之先的首创价值。②《海上奇书》的问世标志着大规模复制和发行小说期刊的技术条件已经具备。有了技术层面的保障，小说期刊的勃兴指日可待。

不过在从同治十一年（1872）到光绪二十八年（1902）这长达三十年的时间中，作为小说专刊的《海上奇书》还仅仅是个孤立的存在。造成这一局面的原因是多方面的，例如《海上奇书》是个人创办、主要刊载一人作品；作为一介落第书生的韩邦庆影响有限等等。但最主要的原因还是在于当时风气未开，对小说观念，尤其是

① 《申报馆书目》，申报馆，光绪三年（1877）。

② 阿英著：《晚清文艺报刊述略》，北京：古典文学出版社，1958 年版。

对于小说价值的认可依旧非常保守。《海上花列传》作者自署为“花也怜侬”，因“小说家声价不如今日之尊贵，故不愿使世人知真实姓名，特仿元次山‘漫郎聱叟’之例，随意署一别号”。[①] 小说家不被世人看重，小说在人们的视野中依旧是君子弗为的雕虫小技。此外《海上花列传》的创作宗旨是警世劝惩，这与梁启超借小说以改良民智的格调有很大差异。当时的民众对于小说也没有过多的期待，当时还没有形成一种迫切的小说消费需求，小说市场尚未被激活。所以，“惜彼时小说风气未尽开，购阅者鲜”[②]。故此，《海上奇书》只能孤掌难鸣，草草收尾。

小说专门期刊的勃兴显然需要等待一个崭新的契机。十年之后，这一契机终于到来。为身体力行地实践“新小说”理论，提倡政治小说，梁启超在横滨创办了《新小说》以配合“小说界革命”运动。这是一份以刊载政治小说《新中国未来记》和倡导小说界革命的旗帜性文章——《论小说与群治之关系》而名闻天下的期刊。《新小说》杂志自《新民丛报》脱胎而出，将宗旨定为“专在借小说家言以发起国民政治思想”。自创刊以来，《新小说》刊登了著名的政治小说《新中国未来记》，羽衣女士编译、谈虎客批点的《东欧女豪杰》，梁启超翻译的《世界末日记》等中外作品。此外，它还连载过《痛史》、《二十年目睹之怪现状》、《九命奇冤》、《黄绣球》、《东欧女豪杰》、《电术奇谈》、《侠情记传奇》等七部中国小说，登载过十部翻译小说，并率先在杂志封面刊登一些有名的西方大文学家的照

---

① 《中国近代文学论文集》（1919—1949）小说卷，北京：中国社会科学出版社，1988 年版，第 232 页。

② 《中国近代文学论文集》（1919—1949）小说卷，北京：中国社会科学出版社，1988 年版，第 217 页。

片，如托尔斯泰、显克微支、萧伯纳、雪莱、歌德、席勒、拜伦等。除此之外，《新小说》创刊伊始，就拟定登载历史、政治、哲理、科学、军事、冒险、探侦、写情、语怪以及札记体、传奇体共十一类小说。在这十一类中，除军事小说外，《新小说》都开辟了专栏，登载著译作品，而且后来在实际出版中还补充了三类：法律小说、外交小说和奇情小说。这样，《新小说》实际刊出的小说类型已达十四种，其中侦探、科学、法律三类小说更为我国亘古未有之小说类型。

为有效地宣传新小说，《新小说》杂志不遗余力，它的诸多做法在中国小说史上都有着重要的开创意义。《新小说》具体地实践了“小说界革命”的口号，开创了中国小说发展的新纪元。它第一次集中输入域外小说，为中国小说的变革提供了新的参照体系；它有意识地尝试新的创作方式方法，为打破传统的创作模式，建立现代意义上的小说范式开了先河。作为我国第一份“新小说”杂志，《新小说》开创了一个以机器复制、报刊连载为主要特征的文艺杂志的时代，为中国小说的发表和传播寻找到了一条适合时代发展的新途径，并直接促成了二十世纪初期报章小说繁盛一时的崭新局面。[①] 包天笑回忆当时的情形时说，“《新小说》出版了，引起了知识界的兴味，轰动一时，而且，销数亦非常发达”[②]。

《新小说》对晚清小说界与报刊界起到了有效的示范作用。在《新小说》的带动下，《绣像小说》、《月月小说》、《小说林》、《小说月报》等小说刊物纷纷问世。时人对当时专业小说期刊的繁盛，曾有如此描述：

---

① 方晓红：《试析晚清小说期刊》，《明清小说研究》，1999 年第 4 期。

② 包天笑：《钏影楼回忆录 · 编辑杂志之始》，香港：香港大华出版社，1971 年版，第 357 页。

“不观近十年来之现象乎？自横滨《新小说》创行后，八股试贴之文豪，一变而为野史稗官之圣手，驺卒屠估之俗子，一变而兴国家土地之感情。虽一现昙花，倏焉澌灭，而由是《新新小说》、《绣像小说》、《新世界小说》、《月月小说》、《小说林》、《竞立小说》，各丛报已相继出现。铜山西倾。洛钟东应，汗万牛充万栋，盖非一朝一夕之故，其所由来者渐矣。”①

在《新小说》的带动下，以小说命名的杂志迅速发展起来，呈现出日益兴旺之势。至宣统三年（1911），仅以小说命名的报刊就有25种之多。从此，专门性的小说报刊杂志就成了刊载和传播小说的主要途径。②

这25种专门的小说报刊在“新小说”运动中纷涌迭现，刊登了大量的著译小说和戏剧、诗文、笔记等作品。以一些主要的小说报刊为例，《新小说》共刊发著译小说21篇；《绣像小说》35篇；《月月小说》109篇；《小说林》36篇；《新新小说》22篇；《小说月报》（宣统二年（1910）至宣统三年（1911）底）75篇；《小说时报》67篇。为大众耳熟能详的晚清小说也大都发表在这些报刊上，如《痛史》、《黄绣球》、《电术奇谈》、《海底旅行》、《毒蛇圈》、《文明小史》、《活地狱》、《市声》、《扫迷帚》、《玉佛缘》、《灯台卒》、《憔侥国》、《两晋演义》、《立宪万岁》、《黑狱冤魂》、《恨史》、《查功课》、《后官场现形记》、《新镜花缘》、《发财秘诀》《劫徐灰》、《电冠》、《菲猎滨外史》、《痴人说梦记》、《发财秘诀》（一名《黄奴外史》）、《狮子吼》等等，长篇、短篇、自著、译著，包罗万象。此

---

① 蛟西颠书生：《宁波小说七日报发刊辞》，《宁波小说七日报》第1期，宣统元年（1909）六月。

② 当时二十五种专门小说期刊的基本情况可参见文后附录1。

外，晚清一些著名长篇小说也均首发于这些专门小说报刊，然后再结集成册出版，如：

梁启超《新中国未来记》“仅成四回”，初发表于光绪二十八年（1902）《新小说》，后收入《饮冰室丛著小说零简》[①]。

吴趼人创作的《二十年目睹之怪现状》共108回，前四十五回初发于杂志《新小说》第八号至二十四号，光绪三十年（1903）五月至光绪三十二年（1906）七月，后由上海广智书局从光绪三十二年（1906）至宣统三年（1911）陆续将全书出版。

吴趼人之《九命奇冤》三十六回，初发表于《新小说》，光绪三十三年（1907）广智书局发行单行本。

吴趼人之《上海游骖录》，首先发表于光绪三十三年（1907）二月至四月的《月月小说》第六到八号，光绪三十四年（1908）七月又在上海群学社出版单行本。

刘鹗创作的《老残游记》初集前十三回最初发表于上海《绣像小说》杂志九期至第十八期，光绪二十九年八月初一至十二月二十九日（1903年5月27日－1904年2月14日）。

最初由金松岑创作的《孽海花》第一回和第二回首发于日本东京出版的杂志《江苏》第三期，光绪二十九年（1903）十月初一，作者署名“麒麟”，后来交由曾朴修改续写至二十回，光绪三十一年（1905）一月，由上海小说林社分两编出版，作者署名“爱自由者（即金松岑）发起，东亚病夫（即曾朴）编述”。第二十一回至二十

① 阿英：《晚清文学丛钞》小说一卷，《新中国未来记》共五回。但阿英《晚清小说史》提到“仅成四回”，有误。阿英编：《晚清文学丛钞·小说戏曲研究卷》，北京：中华书局，1980年版，第1－83页。阿英：《晚清小说史》，北京：东方出版社，1996年版，第87页。

五回发表于上海《小说林》杂志第一期至第四期，光绪三十三年（1907）正月至六月，署名同前。1927 年 11 月至 1930 年 4 月，《真美善》杂志陆续登载曾朴修改过的第 21 回至 25 回以及新撰写的第二十六回至三十五回。

颐琐（汤宝荣）《黄绣球》三十回，前二十六回发表于《新小说》，光绪三十三年（1907）新小说社印成单行本，续完。

《扫迷帚》二十四回，初刊于《绣像小说》第四十三至第五十二期，光绪三十三年（1907）由商务印书馆发行单行本。

蘧园（欧阳巨源）《负曝闲谈》三十回，光绪二十九年（1903）开始在《绣像小说》上连载，共连载四十一期，未完。1933 年，重载于上海《时事新报》，后印成单行本，题作《负曝闲谈评考》（1934），四社出版部刊。

可以说，在使小说由“君子弗为”的“小道”一跃而为文学殿堂里的宠儿，进入文学的中心地带，成为二十世纪最流行也最有影响的文学体裁中，这些专门的小说报刊起了举足轻重的作用。于是，以四大小说期刊为中心，专门的小说报刊在印刷出版界形成了一个颇有声势的群体。

专门的小说报刊利用报纸、期刊作为小说载体所带来的小说刊登的固定性、连续性，逐渐构成了一种“力”，形成了一个“场”，为晚清小说的发展提供了一个相对完整的时间长度与空间广度。可以说，晚清小说中没有哪一部小说能够单独与《红楼梦》、《水浒传》、《西游记》、《三国演义》、《金瓶梅》等经典名著相提并论，但它们之所以能够在中国近代小说史上拥有一席之地，主要在于它们的“群体效应”，并因为这种“群体性”，进而形成了诸种小说流派。鲁迅在其《中国小说史略》中就将“群乃知政府不足与图治，顿有抨击之意”① 而创作的小说统称为“谴责小说”。这些谴责小说正是凭借小说期刊，才得以循环往复地表达对政府和社会的不满，逐渐培养起小说读者群的阅读习惯，形成了社会大众对以谴责为主要内容的小说的需求。

如上所述，除了维持晚清小说创作的发展与繁盛外，这些专门的小说报刊也为晚清小说培养了较为稳定的小说读者群，这是那些零散刊登小说的报刊所不能比及的。如果小说读者对于某一主题的小说有了继续阅读的欲望，但这种欲望却因小说不能连续刊登而遭破坏，读者就会慢慢散落，从小说作品到读者阅读这一链条就会慢慢消逝，也就没有什么小说规模可言，而这些专门小说报刊的出现，则有效地解决了这一问题。尽管有些小说报刊的运行还不是十分完善，但它们还是以其固定性、连续性的特点保证了小说具有规模的、不间断地刊载，从而为晚清小说培养了读者群，培育了小说消费市场。

二、近代报纸与小说刊载

当然，晚清洋洋洒洒、蔚为大观的小说作品并不仅仅出现在这些专门的小说报刊上，近代中国名目繁多的报纸也是晚清小说刊登的重镇。

《申报》和《沪报》是较早刊载小说的报纸中的典范。最早明确刊载小说的报刊是同治十一年三月二十三日（1872 年 4 月 30 日）创刊的《申报》。同治十一年四月二十五日（1872 年 5 月 31 日），《申报》刊载了《乃苏国奇闻》，但当时并未注明是小说，直至五月

① 鲁迅：《中国小说史略》，上海：上海古籍出版社，1998 年版，第 205 页。

初一第二次连载时，题目才改成《乃苏国奇闻把沙官小说》。该篇小说译自马里亚特的《听很多故事的把沙》。除此之外，这一时期的《申报》还连载了另外两篇翻译小说，一篇是《谈瀛小录》，译自斯威夫特的《格列佛游记》；另一篇是《一睡七十年》，译自欧文的《瑞普·凡·温克尔》。但早期《申报》刊载小说为时甚短，当其再次刊登小说时，已是光绪三十三年（1907），是时隔三十多年之后的事了。

《沪报》创刊于光绪八年四月初二（1882 年 5 月 18 日），因自觉在新闻时事上难与《申报》竞争，因而着意于“文艺附刊”的推陈出新。原供职于《申报》的蔡尔康转投《沪报》后，为吸引读者、增加订户，特将号称“人间第一奇书”① 的《野叟曝言》全书手稿从作者后人手里借来在《沪报》上连载，“每日排成书版式之一页，随报送阅，蝉联而下，从不间断。……是书随报刊出之后，一时定报者纷至沓来，不可数计。其未定者偶缺一纸，均非补购不可，《沪报》销数为之激增。”②《沪报》选择长篇通俗小说《野叟曝言》的连载获得了巨大成功，这也促使报馆开始关注新的小说以承续《野叟曝言》。光绪九年十月（1883）《字林沪报》③ 连续数十天刊登“搜访异书”的广告，“本馆今欲访求一新奇可喜，雅俗共赏而又为世所不经见之书。诸君子邺架中如有珍藏者，请即送交本馆，壹是面议可也。”④ 但在此之后，并未再见《字林沪报》刊载其他小说。直至光绪三十四年（1908），《字林沪报》经历了被日本人收购改名

① 鲁迅：《中国小说史略》，上海：上海古籍出版社，1998 年版，第 173 页。
② 孙玉声：《报海前尘录·小说入报》，《新夜报》，1934 年 4 月 20 日。
③ 《沪报》出至第七十三号，光绪八年（1882）改名为《字林沪报》。
④ “搜访异书”，《字林沪报》广告，光绪九年（1883）十月。

为《同文沪报》后，再次将报名改成《沪报》，才又重新开始刊载小说。

显然，19 世纪末的报载小说还只是一种偶然行为，小说刊载并不普遍。直至维新运动促成了国人第一次办报高潮后，随着国人自办报纸在数量及种类上的增加，各类报纸也逐渐开始出现刊载小说的现象。光绪二十二年（1896）创刊的《时务报》率先刊登了柯南道尔的侦探小说，光绪二十三年（1897）创刊的《求是报》刊登了《卓舒及马格利小说》。而后随着新闻事业的发展，中文报纸的增多，刊登小说的报纸也有所增加。特别是光绪二十三年（1897），在上海出现的大量小报也开始刊登或附赠小说。

小报是后来的俗称，其最初兴起时多以“游戏”、“消闲”等意命名。报学史中首先出现的小报概念，是在姚公鹤于 1917 年写成的《上海报纸小史》之中。书中“附志”云，“本篇为记述上海华文各日报历史，故各西报、各华文小报（戏报、花丛报普通名之曰‘小报’）、星期报、月报、季报、年报、不定期之专门艺术报不与焉。”① 这里所谓的戏报、花丛报，实际上就是指那些以消遣娱乐为创刊宗旨的报纸。与大报致力于国计民生，寄托着民族国家的想像，“上则国政得失之是非，皆准其论列；下则民间之善法美器……互相采用匡救，以成其振兴之道”② 不同，小报注重报道的皆为“小事”、“琐事”。它们从市民的日常生活和娱乐消遣入手，以娱乐场所为主要信息源地，关注的是里巷琐事、饮酒赏花、顾曲楼台，“人则士农工贾、强弱老幼、远人逋客、匪徒奸宄、倡优下贱之俦，旁及

---

① 姚公鹤：《上海报纸小史》，《东方杂志》，1917 年，第 14 卷第 12 号。

② 《书同治十三年〈申报〉总录后》，《申报》，1875 年 2 月 4 日。

神仙鬼怪之事，莫不描摹尽致，寓意劝惩。无义不搜，有体皆备。”①小报着意描绘世相，谈论日用饮食、风俗民情等所有民众感兴趣的事情。

晚清小报以光绪二十三年（1897）年五月二十五日李伯元创办的《游戏报》为始出，此后同类报纸层见叠出，如《游戏报》、《笑报》、《趣报》、《消闲报》。至辛亥年间，上海小报的数目，据阿英访求有三十二种，而上海近代文献室的祝均宙则统计有四十几种。②而且由于年久湮没，实际的数目或许更多。小报发行之初，便一纸风行，广为传布，《申》《新》③“各报开创伊始，无若是易也。”④在小报的鼎盛时期，“每天上海滩上有十几份‘小报’同时出版。”⑤

晚清上海创刊的小报，大部分存在刊行时间短、发行量少、随起随落的缺点。然而在这些小报中，却也有几种是特别优秀的，它们持续刊行十几年之久，虽经报界竞争考验而依然岿然屹立。具体情况可见下表：⑥

报　名	创刊时间	创刊者兼主要撰稿人
《游戏报》	光绪二十三年（1897）五月二十五日	李伯元
《消闲报》⑦	光绪二十三年（1897）十一月初一	高太痴、吴趼人、周病鸳等
《采风报》	光绪二十四年（1898）五月二十二日	孙玉声

---

① 《本馆告白》，《游戏报》，光绪二十四年（1899）重印本第2册。

② 何宏玲：《晚清上海小报与近代小说关系初探》，《江淮论坛》，2006年第1期。

③ 指当时上海发行量最大的日报：《申报》和《新闻报》。

④ 《记本报开创以来情形》，《游戏报》，光绪二十三年十二月二十四（1898年1月16日）。

⑤ 何宏玲：《晚清上海小报与近代小说关系初探》，《江淮论坛》，2006年第1期。

⑥ 以下所列报纸终刊时间不详，但大多延至宣统二年（1910）前后，发行时间有十年或更久者。

⑦ 后来曾先后易名为《同文消闲报》、《同文消闲录》等。

续 表

报　名	创刊时间	创刊者兼主要撰稿人
《世界繁华报》	光绪二十七年（1901）三月十九日	李伯元
《寓言报》	光绪二十七年（1901）正月二十日	沈悦庵、吴趼人
《笑林报》	光绪二十七年（1901）正月二十五日	孙玉声

上表所列小报多数是由晚清著名报人创办或担任主编，而且报纸的个性化色彩较强，如《游戏报》、《世界繁华报》就是被称为小报界鼻祖的晚清著名作家李伯元所创办的。其中《世界繁华报》光绪二十七年（1901）创刊，至宣统二年（1910）方才停刊，这在晚清小报界实属难得。在《新闻报》主持笔政十余年的孙玉声则创办了《采风报》和《笑林报》，《笑林报》于1901年创刊，至1911年停刊，其开办时间之久甚至超过《世界繁华报》。主编过《月月小说》杂志的著名小说家吴趼人，也曾经为《采风报》、《寓言报》、《奇新报》等几家小报主持过笔政。

为维持报纸的形象，像《申报》、《新闻报》等一些大报在选择小说时，力诫“诲淫诲盗”的小说。如孙玉声曾想把自己的作品《海上繁华梦》刊登在《新闻报》上，就遭到该报股东的拒绝。相比之下，小报就没这么多顾忌。它们更贴近普通市井民众，因而更能融合于通俗文化的氛围之中。《海上繁华梦》在遭到《新闻报》的拒绝后，就以随报附送的形式被《采风报》采纳。之后，孙玉声又将该小说在他自办的《笑林报》内刊载，旋即“定报者亦数千份”①。在“可知小说力号召之宏”的影响下，很多报纸都开始大量

① 海上漱石生：《报海前尘录·小说入报》，《新夜报》民国二十三年（1934）四月二十日。

刊载小说，“近且一报内有多至三四部者，足见其需要之殷也”①。《游戏报》上就曾刊登《海天鸿雪记》，《趣报》上刊登了《断肠碑》（即《海上尘天影》），《苏州白话报》上则有《后海上花列传》。当时《寓言报》上刊登的长篇小说《柔香韵史》更是以“借花月之缠绵，寓沧桑之感慨”② 为主题，演义苏州名妓祝文玉（顾彩云）的悲欢离合。至20世纪初，小报刊载小说已成为一种普遍现象。③

但必须指出的是，在梁启超提倡“小说界革命”之前，报载小说并未形成风气。《申报》、《沪报》等大报上小说的刊载只是一种偶然行为；小报上的报载小说也大多属于狭邪一类，如描写妓院的狭邪小说《海上繁华梦》。虽然在19世纪90年代，晚清小说的出版数量比前三十年增长了四倍，平均每年大约出版小说35部④。但此时的小说还是和传统小说一脉相承，仍是旧小说的残存体，如侠义公案、狭邪、文言小说是当时各个书局的出版热点，其中又尤以侠义公案类小说最为流行，仅《小五义》系列就有十七个版本⑤。当时的报纸在刊载小说时，也并未为此设立专门栏目，如《时务报》和《求是报》的小说就是分别刊登在“城外报译”和“泰西稗编”栏目内。这种情况表明，小说界革命前小说虽已经受到报纸的关注，但还只是停留在充实版面、提供资讯的层面，而未成为报纸必不可

① 海上漱石生：《报海前尘录·小说入报》，《新夜报》民国二十三年（1934）四月二十日。

② 《寓言报》，光绪二十七年（1901）正月。

③ 光绪二十八年（1902）前小报刊载小说的具体情况可参见附录2。

④ 据王清源、牟仁隆及韩锡铎编《小说书坊录》统计，王清源、牟仁隆、韩锡铎编：《小说书坊录》，北京：北京图书馆出版社，2002年版。

⑤ 据陈大康《中国近代小说编年》统计，陈大康：《中国近代小说编年》，上海：华东师范大学出版社，2002年版。

少的内容。

维新运动的推进提升了小说的地位，新闻事业的发展给小说带来了新的传播方式，两者的合力作用为小说登上报刊的版面创造了契机。小说与报刊结合，在近代中国历史上首次呈现出了相得益彰的效果。

光绪二十三年（1897）创刊的《国闻报》首先在报纸上刊登《本馆附印小说缘起》，宣传小说具有启迪人心的功用，为小说在报纸上的刊载做了理论铺垫。光绪二十四年（1898）创刊的《清议报》，更是率先将小说作为报刊重头戏。该报第一号的《规例》声明“所刊录约分为六门”，其中第六门即“政治小说”。梁启超在《译印政治小说序》一文中，贬斥中国小说不出诲淫诲盗两端，赞赏欧美各国政治小说对社会变革的作用，高歌“小说为国民之魂”。在政治革命口号的鼓舞下，小说被加上了开启民智的桂冠。与19世纪70年代《申报》等报刊尝试刊载小说的商业行为相比，此时报刊连载小说掺入了更多的政治因素。《清议报》单独标举“政治小说”栏目，连载《佳人奇遇》和《经国美谈》，在实践上引领着报载小说朝新的方向前进。

而后“小说界革命”的兴起，“新小说”运动的推行，以及《新小说》等专业小说报刊的身体力行，小说与报纸的联姻程度也迅速加深。

光绪三十年（1904），《时报》在其《发刊例》的第十一条标明，“本报每张附印小说两种，或自撰或翻译，或章回或短篇，以助兴味而资多闻。惟小说非有益于社会者不录”①，并于创刊号开设的

---

① 《发刊例》，《时报》，光绪三十年（1904）四月廿九日。

小说栏目中，连载李伯元的《中国现在记》和翻译小说《伯爵与美人》。在时代风潮的感召下，《新闻报》和《申报》分别在距离创刊十三年和三十五年之后，开始增设小说栏目。光绪三十二年（1906）四月初一，《新闻报》开始在第一版的显要位置宣告新的举措，“本报自即日起，于第二张新闻后特增小说一门，以飨阅者。现在所载为《眼中留影》，系英国新出侦探小说。其中如警察之颟顸，凶党之险诈，佳人之胆识，侦探之神奇，无不穷形极相，变幻万端。阅者祈注意焉。”①《申报》则在次年第一号上悄悄刊登了短篇小说《新年梦游记》，随后开始刊登长篇小说，显示了新的变革，“本馆自今日始译印小说名《栖霞女侠传》，先将目次、评话登出，以后每日接印正文，阅者注意。”② 光绪三十三年（1907）创刊的《神州日报》由于创刊号报纸保存不完整，未能看到其栏目设置的具体情况，第二号至第二十九号报纸也未保留下来，但从之后各号报纸的内容可知，小说已经是该报的重要组成部分。依据该报第三十号小说栏目中刊登了《奇囚》之十九可以推知，《神州日报》最迟在第十二号已经开始连载小说。

可以说，与专门的小说报刊一样，创办于“小说界革命”之后的各类报纸对于小说的兴趣也大大增强。与小说杂志不同，报纸主要通过两种途径来刊载小说，一为开辟小说专栏，一为随报附送。

开辟专门的小说栏目，是普通报纸刊载小说最常见的做法。小说界革命后创刊的报纸如《时报》等自不必说，仅以四大报纸《申报》、《新闻报》、《时报》、《神州日报》为例就可以看出，除《新闻报》大部分时候每天连载一种小说外，其他三种报纸在绝大多数时

① 《阅本报者注意》，《新闻报》，光绪三十二年（1906）四月初一。

② 《申报》，光绪三十三年（1907）正月初六。

间里都是连载两种甚至两种以上的小说，小说栏目经常在两个或两个以上的版面出现。如光绪三十四年（1908）正月初四，《时报》就刊登了《新西游记》、《财神宴》、《新年谈》和《奇童案》四种小说。尽管各类报馆刊载小说在很大程度上是出于利用小说招徕读者的考虑，但却也在客观上增加了晚清小说的发行量，促进了小说的繁荣。

此外，随报附送小说另张，也是一些普通报纸刊载小说的常见做法。随着新闻业的日益发展，报纸已经不再需要小说来填充版面。但此时的小说业已备受读者欢迎，而附送的小说与报纸的正张内容不发生冲突，也不影响报纸其他版面的安排与设计。因此，随报附送小说另张也逐渐成为一些报馆常常采用的刊发手段，如《申报》、《神州日报》这样连载大量小说的报纸，也往往在正张之外附送小说。而且值得注意的是，这些随报附送的小说另张经常配有插图。这些配有图画的小说有的是一半为文字，一半为图画；或者是一张为文字，另一张为图画。此类做法无疑增强了读者的兴趣，使小说阅读更具吸引力，“以是颇蒙社会之欢迎，名流之欣赏。惟以销场畅旺，逐日之报售出无存”①。

这些报纸为小说的发展提供了极大的推动力。它们为小说地位的提高，为小说的面世创造了良好的社会环境。尽管晚清出现了诸如《新小说》等专门的小说杂志，为晚清小说的繁荣作出了不可估量的贡献，但是由于杂志也有其不足之处，例如经常因各种原因延期甚至停刊，造成小说连载的间隔过长甚至中断连载。相对而言，报纸以其优势弥补了小说期刊的不足。报纸尤其是大报，因出版时

---

① 《时报》，光绪三十四年（1908）三月初九。

间固定、周期短（天天刊小说），也得以成为小说传播的一个重要渠道；并且出于各种原因，或为宣传理念或为商业赢利，各个报纸采取的不同的促销手段也无形中促进了小说的繁荣。

随着报纸逐渐成为小说刊发的主要媒介，报纸也以自身的特性赋予了近代小说不同于传统小说的新的因素，如连载小说的刊行和短篇小说的崛起。

刊登在报纸上的长篇小说，也常常因时就变，形成了一种特殊的小说形式——随写随刊、自成段落、自含趣味的连载小说。《新小说》杂志曾这样评介连载小说，“寻常小说一部中，最为精彩者，亦不过十数回，其余虽稍间以懈笔，读者亦无暇苛责。此编既按月续出，虽一回不能苟简，稍有弱点，即全书皆为减色”[①]。一刊一回的要求，使作者每回都必须认真构思，每回都需能吸引读者。例如《红楼梦》尽管作为一个整体可能很受读者欢迎，其每回也都不苟简，也分章回列回目，也有“后事如何，且听下回分解”之类套语，可如果用作报刊连载的话则效果未必很好。其原因就在于它并非严格按章回为单位构思，而是更注重小说的整体布局；一部结构严谨的长篇小说不宜连载，因为拆开来看就显得支离破碎。报刊连载则要求每回自成段落，自含趣味，谁也不喜欢每次读那么一段即使十分精彩但却没头没尾的文字。既然读者期望每次都能读到相对完整并富含趣味的“故事”，这就要求小说创作者在单独发表的每一回上都要下足工夫。“一部小说数十回，其全体结构，首尾相应，煞费苦心，故前此作者，往往几经易稿，始得一称意之作。今依报章体例，

---

① 新小说社：《绍介新刊·〈新小说〉第一号》，《新民丛报》第二十号，光绪二十八年（1902）十月十五。

月出一回，无从颠倒损益，艰于出色。”①。正因难于出彩，连载这一新出现的小说形式，要求小说创作者调整笔力，以章回为单元构思，一丝不苟地制作每一回的卖点。但这种新兴的小说刊行方式，也导致了创作者对小说整体构思的忽略。小说家们将创作素材“一桩桩一件件的搜集拢来，成了一部小说”②。无论连载小说功过何为先，报纸的和读者的要求造就的这种以连缀为特点的连载小说，几乎成为这一时期长篇报载小说结构形式的集体表征。

与连载小说同时出现的新的小说样式还有短篇小说。报刊连载长篇小说，虽具有可吊读者胃口的优点，但整体情节不完整的缺点也非常明显，加上报纸版面有限以及自身具有的传播快、周期短的特点，轻便自由、新鲜活泼、情节完整的短篇小说呼之欲出，也更受各类报纸欢迎。因此随着小说报纸的成熟，短篇小说占据了报载小说的大量份额。在各类报载小说中，仅标有短篇名称的，就有短篇、短篇白话、滑稽短篇、时事短篇、短篇讽刺、短篇寓言、短篇侦探、短篇时事侦探、冒险短篇、短篇理想小说、短篇虚无党小说、短篇外交小说、短篇军事小说、短篇历史小说、短篇神怪、短篇武勇小说、短篇社会小说、短篇风俗小说、短篇言情、短篇痴情小说、短篇轶事、短篇实事、短篇纪念等类型，更勿论那些未标短篇，实为短篇的小说。以四大报纸为例，至宣统三年（1911）年底，共刊登小说 737 篇。短篇小说 548 篇，翻译短篇和长篇的数量基本持平，共 152 篇，自著中长篇小说的数量最少，为 37 篇。③

---

① 新小说社：《绍介新刊·〈新小说〉第一号》，《新民丛报》第二十号，光绪二十八年（1902）十月十五。

② 张春帆：《宦海》第一回。北京：中国文史出版社，2003 年版。

③ 文迎霞：《晚清报载小说研究》（博士学位论文文刊本），上海：华东师范大学，2007 年。

随着报纸与小说关系的日益密切，晚清十年间一些著名的小说作品与那些刊载在专门的小说报刊上的小说一样，也大量地出现在各类非小说报纸上。李伯元的《官场现形记》初发于《世界繁华报》[①]，全书60回，大约载于该报光绪二十九年（1903）四月至七月间；他的《庚子国变弹词》光绪二十七年（1901）九月至翌年九月载于《世界繁华报》，署“南亭亭长（李宝嘉）”著。吴趼人的《糊涂世界》也连载于光绪三十二年（1906）的《世界繁华报》，署“茧叟（吴沃尧）”撰。《时报》设“附张”，开小说专栏，创刊伊始，便登载了李伯元的《中国现在记》[②]。同时该报还介绍、翻译过许多外国名著，如凡尔纳的《环球旅行记》[③]。此外，《廿载繁华梦》载于光绪三十一年（1905）广州的《时事画报》[④]；《洪秀全演义》光绪三十二年（1906）二月二十五日开始刊载于香港的《有所谓报》附张上[⑤]；《新石头记》光绪三十一年（1905）八月二十一日至

---

① 关于此文首发于何报，曾有几种不同的说法。阿英《晚清小说史》中提到《官场现形记》为《世界繁华报》馆印行。但在《小说三谈》中则云：“《官场现形记》初发表于《游戏报》，后有《世界繁华报》馆刊本”。据最新考证，已确知此文发表于《世界繁华报》。《上海新闻史》云：“1901年4月李宝嘉（伯元）……另办《世界繁华报》……续刊《官场现形记》。《官场现形记》一炮打红，奠定了李宝嘉不仅在‘小报’界同时在小说界盟主的地位。”阿英：《晚清小说史》，北京：东方出版社，1996年版，第147页。阿英：《小说三谈》，上海：上海古籍出版社，第163页。马光仁主编：《上海新闻史》，复旦大学出版社，1996年版，第289页。

② 《时报》，光绪三十年（1904）四月二十九日至十月二十四日，未完。

③ 《时报》，光绪三十一年（1905）十一月二十四日至十二月二十六日，未完。

④ 光绪三十一年（1905）九月二十九日，《时事画报》开始连载《廿载繁华梦》（又名《粤东繁华梦》），四十回，题“禺山黄小配撰”。

⑤ 黄小配：《洪秀全演义》（又名《绣像太平天国演义》、《洪秀全》），光绪三十二年（1906）二月二十五日开始连载于《有所谓报》附页，刊至第二十九回，《有所谓报》停刊，光绪三十二年（1906）六月初六改由《少年报》附页从第三十回起续刊。载至第五十四回，《少年报》停刊，书未完。

本年十一月二十九日载于《南方报》的附张“小说栏”[①]；《近十年之怪现状》载于宣统元年（1909）的上海《中外日报》[②]；光绪三十一年（1905）《老残游记》卷一至卷二十在《天津日日新闻》上逐日发表[③]。《狮子吼》光绪三十一年（1905）十月二十日开始连载于同盟会机关报《民报》[④]，等等。据统计，自光绪二十四年（1898）《清议报》为小说的刊载起到示范作用之后，到宣统三年（1911）止，除了专业的小说报刊外，至少还有272种国人创办的报刊登载过小说。[⑤]

总之，刊载小说是晚清普通报纸的一个特点，也是晚清小说赖

---

① 光绪三十一年（1905）八月二十一日，《南方报》开始连载《新石头记》，至本年十一月二十九日止，标“社会小说”，此书共四十回，报上连载仅至第十一回。作者署“老少年（吴沃尧）”。《南方报》本年七月于上海创刊，蔡钧主办。

② 宣统元年（1909）《中外日报》连载《最近社会龌龊史》（初名《近十年之怪现状》），共二十回，刊载起讫日期待考，标“社会小说”，署“我佛山人（吴沃尧）”撰。

③ 本书初刊于光绪二十九年《绣像小说》第九期至第十八期，然经编者窜改。后重在《日日新闻》连载。光绪三十一年（1905）刘鹗应《天津日日新闻》主持人方若（药雨）之邀，续写《老残游记》十五至二十卷六回，并改写原作卷十后半部分及卷十一全部。《老残游记》卷一至卷二十在《天津日日新闻》上逐日发表。该报已散佚，小说连载准确时间尚难考订。是年秋，刘鹗作《自叙》刊于《天津日日新闻》，云：“吾人生今之时，有身世之感情，有家国之感情，有社会之感情，有种教之感情。其感情愈深者，其哭泣愈痛：此洪都百炼生所以有《老残游记》之作也。”此后，天津日日新闻社出版单行本，线装二册，活版印刷，上册为卷一至卷十二，下册为卷十三至卷二十，其封三署“印刷所天津日日新闻社”、“发行所天津孟晋书社”，“每本定价大洋三角半”。无出版年月。现存最早单行本为光绪三十三年上海神州日报馆刊印本。现代有人民文学出版社排印本，刘鹗：《老残游记》，北京：人民文学出版社，1957年版。

④ 光绪三十一年（1905）十月二十日，《民报》开始连载《狮子吼》，自第二号至第八号，共连载五回，至“第五回：祭忘友叙述遗德，访良友偶宿禅房”止，未完，作者署“过庭”。另外，光绪三十年（1904）五月初一，《女子世界》第六期开始连载《狮子吼》，至第十期毕，作者署“觉佛”。

⑤ 笔者根据现有资料统计的272种报刊登载小说情况可参见附录3。

以发行的媒介之一。两者相得益彰，小说成为报纸的一个重要内容，增加了报纸的发行量，而报纸也加快了小说的流通，促进了小说的生长繁荣，并且报纸以自身特有的媒介传播方式，促成了一些新的小说样式的产生。因此，可以毫不夸张地说，“自报章兴，吾国之文体，为之一变”①、“故小说一门，隐与报界相维系”②。

三、书局与晚清小说的刊行

晚清小说从萌芽、发展以至此后的繁荣，不但与专门小说报刊和普通报刊的连载密切相关，而且也同样得益于晚清的报馆和书局。

晚清以降，新兴城市上海逐渐取代明清时期的北京、南京、苏州、福建等地区，成为中国的印刷中心和出版重镇。朱联保在《近现代上海出版业印象记》一书中所记此一时期大大小小的出版机构，竟多达500余家，③ 近代中国著名的大型出版机构，如商务、中华、世界、开明等，其总部均设在上海。并且近代上海上述出版机构出版的各类书刊报章数量惊人。据统计，光绪二十六年（1900）前国内出版西书567种，其中434种由上海出版，约占总数的77%；光绪二十八年（1902）至光绪三十年（1904）国内出版西书529种，其中360种由上海出版，约占总数的68%；光绪二十五年（1899）至宣统三年（1911）国内出版中文期刊165种，其中69种由上海出

---

① 《中国各报存佚表》，《清议报》第一百号，光绪二十七年（1901）十一月十一日。

② 耀公（黄伯耀）：《小说与风俗之关系》，《中外小说林》第二年第五期，光绪三十四年（1908）；载陈平原、夏晓虹编：《二十世纪中国小说理论资料》（第一卷），北京：北京大学出版社，1989年版，第301－304页。

③ 朱联保：《近现代上海出版业印象记》，上海：学林出版社，1993年版。

版，约占总数的42%。[①]《民国时期总书目》之《语言文字》分册共收书3861种，其中2500余种由上海出版，约占总数的65%。[②] 就小说出版的情况而言，若以整个近代[③]计，上海出版的单行本小说数量占总数的67.18%，而若以最后七年[④]计，其比重更高达84.46%[⑤]。

因此，本书认为以上海的报馆和书局为例，探讨它们刊行小说的情况，可以反映出整个晚清十年间全国小说出版的概貌。

中国近代印刷出版业的发展促使上海涌现出大量的民间出版机构。著名的有光绪六年（1880）华芋斋创办的文瑞楼，光绪七年（1881）徐润等人成立的同文书局，光绪八年（1882）浙江宁波人创办的拜石山房，光绪八年（1882）魏允文、魏天生创办的中西书局，光绪八年（1882）凌佩卿创办的鸿文书局，光绪十三年（1887）李盛铎创办的蜚英馆，光绪二十一年（1895）上海强学会主办的上海强学会书局，光绪二十三年（1897）夏瑞芳等创办的商务印书馆，光绪二十三年（1897）梁启超筹资创办的大同译书局，光绪二十四年（1898）冯镜如、何澄一创办的广智书局，光绪二十六年（1900）魏天生、杜鸣雁等合办的广益书局，光绪二十七年（1901）许振镣创办的锦章书局，光绪二十八年（1902）廉泉等创办的文明书局，光绪二十八年（1902）夏颂莱创办的开明书局，光绪二十八年（1902）戢元丞与日本的下田歌子创办的作新社，光绪三十年

① 邹振环：《上海出版业百年历程》，《档案与史学》，2001年第2期。

② 邱崇丙：《民国时期图书出版调查》，《出版史研究》第2辑，北京：中国书籍出版社，1994年版。

③ 指道光二十年（1840）至宣统三年（1911）。

④ 即光绪三十一年（1905）至宣统三年（1911）。

⑤ 以上数据资料来源于陈大康：《关于近代小说研究的一些思考》。陈大康：《关于近代小说研究的一些思考》，《明清小说研究》，2001年第1期。

（1904）曾朴、徐念慈等创办的小说林社，光绪三十年（1904）狄保贤创办的有正书局，光绪三十一年（1905）沈季仙创办的群学社，光绪三十二年（1906）凌培卿创办的新世界小说社，光绪三十四年（1908）席豫福等创办的中国图书公司。此外，这一时期上海较为著名的书局还有石印书局、乐群书局等。

在上述所列晚清上海书局的经营范畴中，刊行小说是多数书局的重要项目，几乎所有的书局都兼印小说。如文明书局出版有《说库》（60 册）、《清代笔记丛刊》（8 函共计 160 册）、《笔记小说大观》（48 函 500 册）等。在梁启超提倡"小说界革命"后，"新小说"便成为各大书局争相出版的热点。如点石斋书局出版了《新女豪》，图书集成局出版有《苦社会》，作新社出版有《热血痕》、《女子权》等。[1] 小说林社和新世界小说社更是专门刊印小说的书局。其他一些著名的出版机构，像鸿文书局、商务印书馆、作新社、新小说社、广智书局、新民丛报社、时中书局、乐群书局、群学社、有正书局等，更是加紧了刊行小说的步伐。[2] 现举例一二陈述如下。

鸿文书局，创设于光绪八年（1882），局东为浙江钱塘人凌佩卿，印刷出版有《吞玉奴》（光绪三十二年 1906）、《大舞台》（光绪三十三年 1907）、《天足引》（光绪三十三年 1907）、《财色界之三蠹》（宣统元年 1909）、《幺王文桂香》（宣统三年 1911）等小说；另曾为新世界小说社印刷《冷国复仇记》（光绪三十三年 1907）、《艮狱峰》（光绪三十二年 1906），为灌文书社印刷《刺客谈》（光绪三十二年 1906），为小说进步社印刷《马屁世界》（宣统三年 1911）

---

① 王燕：《晚清小说期刊史论》，长春：吉林人民出版社，2002 年版，第 57 页。

② 下文关于这些出版机构所出小说的文字，参考自潘建国：《清末上海地区书局与晚清小说》，《文学遗产》，2004 年第 2 期。

等小说。

商务印书馆，光绪二十三年（1897）正月创立于上海，乃近代中国最负盛名的出版机构，自光绪二十九年（1903）就开始译印外国小说，至光绪三十四年（1908）完成《说部丛书》100种。旗下创办有《绣像小说》、《小说月报》、《东方杂志》等期刊。晚清很多作家的小说作品都是在其所属刊物登载或由其出版发行单行本的。以林纾为例，他与商务印书馆关系十分密切，林译小说总计有130种都是由商务印书馆出版的[①]；而阿英《晚清小说目》共著录商务印书馆出版的翻译小说186种，其中由林纾翻译的就多达60余种，约占三分之一。此外，吴梼的《车中毒针》、《寒桃记》、《寒牡丹》、《银钮碑》等；陈家麟[②]的《白头少年》、《博徒别传》、《遮那德自伐八事》、《露惜传》、《血泊鸳鸯》等；李伯元的《文明小史》、《活地狱》，王蕴章的《钻石案》、《碧玉环》，许指严的《堕润花》、《三家村》等，均由商务印书馆出版。此外，商务印书馆还出版了"说部丛书"、"袖珍小说"、"小本小说"、"欧美名家小说"共数百种。

作新社，光绪二十七年（1901）创办于上海。由湖北房县人戢元丞与日本著名女教育家下田歌子合作开办，属中日合作的出版机构。印刷、出版有：《苦学生》（光绪二十九年1903）、《孟恪孙奇遇记》（光绪三十年1904）、《新党发财记》（光绪三十二年1906）、《女子权》（光绪三十三年1907）、《热血痕》（光绪三十三年1907）、《东京梦》（宣统三年1911）等小说；另曾为小说林印刷《孽海花》（第十一至二十回，光绪三十一年1905），为文明书局印刷《忍不

① 薛绥之、张俊才：《林纾研究资料》，福州：福建人民出版社，1983年版。

② 林纾的主要合译者之一，除上述作品外，还与林合译小说50余种。

住》（光绪三十年 1905），为世界社印刷《旅顺双杰传》（宣统元年 1909），为启名爱国报印刷《多宝龟》（宣统三年 1911）等小说。

由梁启超主持的新小说社、广智书局和新民丛报社这一集团①，除编辑发行《新小说》杂志外，还或刊发或出版了一些耳熟能详的晚清小说，主要有：梁启超的《新中国未来记》、《世界末日记》、《十五小豪杰》；吴趼人的《痛史》、《二十年目睹之怪现状》、《恨海》、《电术奇谈》、《九命奇冤》；周桂笙的《毒蛇圈》、《地心旅行》；披发生的《离魂病》；红溪生的《海底旅行》等。

时中书局，成立于光绪二十九年（1903）之前，印刷所设在上海老北门内长庆里，发行所设于望平街，经理为顾字安。印刷、出版有《侦探谈》（光绪二十九年 1903）、《无人岛》（光绪三十二年 1906）、《金星风土记》（宣统三年 1911）等小说；另曾为均益图书公司印刷了《双灵魂》（宣统元年 1909），为愈愚书社印刷了《禽海石》（宣统元年 1909），为包天笑的秋星社印刷了《侠客谈》（宣统二年 1910）、《碧海情波记》（宣统二年 1910）等小说。

创办于光绪二十二年（1906）正月的乐群书局，由汪庆祺主持。它除了负责自己的出版发行工作外，还负责了月月小说社的编辑发行工作。光绪三十三年（1907），由于汪庆祺染病，乐群书局由群学社接盘，负责人为沈济宣。由其刊登或出版的晚清小说主要有：吴趼人的《两晋演义》、《上海游骖录》、《发财秘诀》、《黑籍冤魂》、

---

① 新小说社，光绪二十八年（1902）成立于日本的横滨；广智书局，光绪二十七年（1901）成立于上海英租界南京路同乐里，名义上由华侨冯镜如全权负责，实际上由梁启超幕后主持；新民丛报社，光绪二十八年（1902）成立于横滨，由冯紫珊为名义上的发行人，主编与总撰稿人仍是梁启超。这三者的关系，颇为特殊，它们既各自独立运作，又相互协同发展，共同构成一个有机联系的出版集团。因此，本书将其放在一起论述。

《跰人十三种》等；周桂笙的《飞访木星》、《妒妇谋夫案》、《红痣案》、《海底沉珠》、《自由结婚》、《新厂九种》等；包天笑的《铁窗红泪记》、《千年后之世界》等；冷血的《女侦探》、《爆烈弹》、《杀人公司》、《冷笑丛谭》等；陈蝶仙的《柳非烟》、《新泪珠缘》；天僇生的《孤臣碧血记》、《玉环外史》等。

由曾朴、丁祖荫、徐念慈三人合办的小说林，光绪三十年（1904）七月成立于上海，创办伊始即以译印小说为己任，光绪三十三年（1907）年正月，又创办小说杂志《小说林》月刊。由其刊登或出版的晚清小说主要有：黄摩西的《大复仇》、《哑旅行》、《银山女王》等，徐念慈的《新舞台》、《黑行星》、《新法螺先生谭》等，曾朴的《孽海花》，陈鸿璧的《苏格兰独记》、《电冠》、《第一百十三案》等，包天笑的《秘密使者》、《法螺先生谭》、《法螺先生续谭》、《一捻红》、《身毒叛乱记》、《碧血幕》等，奚若的《福尔摩斯再生案》（1－4）、《秘密海岛》、《马丁休脱侦探案》（1－3）、《骷髅杯》、《秘密隧道》等，吴步云的《一封信》、《万里鸳》、《女魔力》、《彼得警长》等。

有正书局于光绪三十年（1904）创办，发行创设有小说时报社和时报馆，由其旗下报刊或由其出版的单行本小说有：冷血的《白云塔》、《新蝶梦》、《火里罪人》、《土里罪人》、《新西游记》等；包天笑的《毒蛇牙》、《滑稽旅行》、《销金窟》、《一缕麻》、《秘密党魁》等；恽铁樵的《豆蔻葩》、《波痕荑因》、《奇怪之旅行》等；杨心一的《黑暗世界》、《虚无党飞艇》、《虚无党之女》、《秘密党》等。

除了这些主要的出版机构外，在“小说界革命”开创的刊行小说热潮中，还出现了一批专门的小说出版机构。这些出版机构不隶属于其他大型出版机构，具有各自的独立性，如改良小说社、新世界小说社、警世小说社、振华小说社、小说进步社、文明小说社、醒世小说社、维新小说社、社会小说社、合众小说社、近世小说社、中国小说社、振圜小说社、广州党群小说社、新华小说社、大声小说社、时事小说社、古今图书小说社等等。

出于竞争考虑，各个书局都异常重视小说的销售问题。它们或连篇累牍地四处刊登小说广告，或推出了连锁零售、预约定购、分期付款、同业批发、函售邮购等销售方式，或采用累计消费、分级赠礼、季节性削价、购书摸彩、发送折价券等促销手段。同时，为了获取最大的利润，这些出版机构有时还会撇下门户之争，暂时携手。以一本晚清小说的刊行为例，其出版发行有时并不是由一家出版机构单独完成的，其通常由一个书局或多个书局的编译所、印刷所及发行所协同完成整个出版过程。这些名目繁多的促销手段和方法虽然是主要出于商业利益的考虑，但无疑也极大地促进了晚清小说的成熟与繁荣。

综上所述，"小说界革命"提升了小说的地位，新闻出版事业的发展给小说带来了新的传播方式。阿英论及晚清小说繁荣时强调的第一要素，即是"由于新闻事业的发达，在应用上需要多量产生"[①]。当代学者曹聚仁也认为，"中国的文坛和报坛是表姊妹，血缘是很密切的"，"一部近代中国文学史，从侧面看去，又正是一部新闻事业发展史。"[②] 在一个以报刊为中心的文学时代，报纸、期刊、出版机构与小说联系日益密切的过程也是晚清小说日益繁荣的过程。三者与晚清小说建立了良好的互动关系，实现了互赢双利。

---

① 阿英：《晚清小说史》，北京：东方出版社，1996年版，第1页。

② 曹聚仁：《文坛五十年》，上海：东方出版中心，1997年版，第8页、第83页。

借助于小说的巨大影响，报刊的发行量获得了惊人的增长。创刊十余年都未刊小说的《新闻报》大张旗鼓地为该报连载小说进行广告宣传，中断三十多年未连载小说的《申报》也开始设立小说栏目，而像《外交报》、《女学报》、《法政杂志》、《妇女时报》、《时事新报》、《海军》、《政法学报》、《北直农话报》、《南洋兵事杂志》这些专业性很强的报刊也将小说纳入了自己的版面。晚清小说的繁荣局面开始形成。民初，《申报》号称日销十五万份，《新闻报》号称日销二十万份。这种销数在目前来讲，是卑不足道的，可是在那时，实属惊人的数字了。之所以有这样的销数，很大程度上是得益于附刊的号召和吸引。因此报社的主持者，一般都注重附刊，以迎合读者。附刊的编者，也绞尽脑汁采用连载的作品，如小说、笔记等，使读者如看连台戏一般，一本一本地看下去，不肯中辍，那报刊的销数也就蒸蒸日上。① 包天笑亦云，“小说与报纸的销路大有关系，往往一种情节曲折、文笔优美的小说，可以抓住了报纸的读者。”② 据相关统计，在同治十一年（1872）至宣统三年（1911）创办的218种晚清期刊中，曾登载过小说的期刊近一千种，超过总数的一半，并出现了专门的小说刊物。其中尤以上海地区为集中。③

借助于报刊出版周期短发行量大的特点，小说极大提高了其传播速度；借助报刊在全国各大城市乃至海外的销售网络，小说极大拓宽了其发行范围。据不完全统计，光绪二十七年（1901）至光绪

---

① 郑逸梅：《清末民初文坛轶事》，北京：中华书局，2005年版，第229页。

② 包天笑：《钏影楼回忆录·新闻记者开场》，香港：香港大华出版社，1971年版，第318页。

③ 上海图书馆编：《中国近代期刊篇目汇录》，上海：上海人民出版社，1980—1982年版。

三十一年（1905）新创办的报刊达289种，光绪三十二年（1906）至宣统三年（1911））新创办的报刊在800种以上。报刊出版地点分布在六十多个城市或地区，几乎遍及全国各地。[①] 因为报刊，小说改变了传统的单向、缓慢、狭窄的传播旧模式，使得社会受众面更广，社会影响更大，时人形容其为“朝甫脱稿，夕即排印，十日之内，遍天下矣”[②]。

晚清小说与书局之间，更是有着十分密切的联系。离开了诸多书局的技术支持和积极参与，晚清小说很难在短时间内获得如此繁盛之势。而且晚清的出版机构往往身为书局，同时发行报刊。集印刷、出版、发行于一身，形成三位一体的多功能文化产业，三者的联袂更加有效地促进了小说的传播。书局为报刊提供印刷设备，报刊为书籍提供免费广告；报刊先连载的小说，有了较好的反响之后，再由书局以单行本出版。三者彼此合作、相辅相成，在有效达到经济效益的同时，对于小说的印刷、发行、营销带来了很大便利，使晚清小说获得了空前广泛和快捷的传播。

据陈大康先生《中国近代小说编年》统计，晚清72年的通俗小说是前472年总数的三倍，而清末最后9年的小说总数又占近代小说总数的88.78%。[③] 这一局面的形成，一方面来自于文学观念转变所释放出的巨大能量，另一方面依靠的正是报纸、期刊、书局的鼎力合作。离开任何一方，晚清小说很难在如此短期内形成如此繁荣之势。

---

① 文迎霞：《晚清报载小说研究》（博士学位论文文刊本），上海：华东师范大学2007年，第11页。

② 解弢：《小说话》，北京：中华书局，1919年版，第116页。

③ 陈大康：《中国近代小说编年》，上海：华东师范大学出版社，2002年版。

第三节　新小说分类的日趋纷繁

光绪二十八年（1902）后，伴随着小说地位的不断提升，借助于报刊等媒介的推动之功，晚清小说步入了编撰、出版、流通的鼎盛时期。这种繁盛局面的一个重要表征即是，新小说的分类日趋纷繁，“晚近文学之风潮，其渐趋重于小说也尚矣。以今日为小说界逐渐发达之时代……惟其发达也，而小说之种类日繁”。[①] 在小说迅速成长为独步文坛的主流文体的过程中，小说的分类也迅猛扩增。小说分类与小说发达之关系，不可不谓密切。惟有小说之发达，方呈小说分类日渐繁多之势；而小说分类之势旺，又促进了各门类小说的写作，助长了晚清小说的兴盛。

随着晚清小说的日趋繁盛，面对其时引进的五花八门的域外小说类型，晚清的小说界尚未形成一套系统的小说类型理论以应对当时的复杂局面。晚清小说理论家有感于小说概念界说不清，慨叹道“西洋小说分类甚精，中国则不然”[②]，而“泰西事事物物，各有本名，分门别类，不苟假借”[③]。面对这种情况，虽然晚清小说的分类尚未脱离中国古典小说的分类理论，但“以西例律我国小说”[④] 的小说分类倾向在晚清小说中一直呈强劲态势。

---

① 《中外小说林》第一年第十三期，光绪三十三年（1907）。

② 《小说丛话》中侠人之语，《新小说》第十三号，光绪十一年（1905）二月。

③ 紫英：《新庵谐译》，《月月小说》第一年第五号，光绪三十三年（1907）正月十五日。

④ “以西例律我国小说”出自《小说丛话》中定一之语，《新小说》第十五号，光绪三十一年（1905）六月。

一、从以“文体”为纲到以“主题”为纲

受传统观念影响，小说在中国古典文学结构中处于边缘地位，不像处于中心位置的诗文那样备受理论家的青睐。因而，与古代深远流长的文体分类学和文体论相比，小说分类理论也较显贫瘠。小说在中国近代之前概比小道，以为“道听途说者之所造”，是以“君子不为”。

小说概念在中国古代不但所指非一而且众说纷纭。中国古代早期“小说”意指无关于道术的琐屑之言；是一种源于民间、道听途说的“街谈巷语”；是篇幅短小的“残丛小语”，但对“治身理家”有“可观之辞”；并被看做是有别于正史的野史、传说；随着宋元说话的兴盛和通俗小说的勃兴，近于“实录”的记事准则又渐被故事的虚构性所取代。至明代，“小说”专指虚构的故事性文体这一概念已基本确立，“小说”在明清两代可视为通俗小说的专称。[①] 需要指出的是，上述所指陈的“小说”概念，并不为一时所独有，“小说”虽有一个明显的演化轨迹，但这不意味着一种概念为另一种所取代，而常常表现为多种概念共存状态，中国古代对小说的指称也历来名目繁多，如“笔记”、“世说”、“小录”、“异闻”、“逸事”、“琐言”、“地理书”、“杂史”、“杂俎”、“杂录”、“杂记”、“杂家”、“故事”、“丛谈”、“辨订”、“箴规”、“别传”、“外传”、“杂传”、“杂传记”、“行卷”、“幻设”、“徘优小说”、“市人小说”、“变文”、“俗讲”、“话本”、“诗话”、“词话”、“说话”、“说话人”、“舌辩”、“银字儿”、“烟粉”、“灵怪”、“神仙”、“妖术”、“传奇”、“公案”、

---

① 此处论述，参考谭帆：《“小说学”论纲——兼谈20世纪中国古代小说理论批评研究》，《中国社会科学》，2001年第4期。

“朴刀”、“杆棒”、“说参请”、“说浑经”、“说评话”、“合生”、“讲史”、“演史”、“章回”、“按鉴”、“笔记”、“世说”、“异闻”、“逸事”、“琐言”、“小录”、“地理书”、“杂史”、“杂家”、“故事”等都曾被用来指称小说。

概而言之，中国古典小说多按语体、文体分类，然后再在此大类之下以内容不同稍作细分。按语体、文体分类比较常用的是二分法，即将小说以语体的不同分为文言小说与通俗小说（或白话小说）两大类。文言小说一般又可概指笔记体小说，而通俗小说一般概指传奇体和章回体小说。明代文学家胡应麟虽曾将当时的小说分为六类：志怪、传奇、杂录、丛谈、辨订、箴规①，但这一六分法实际上也是按照文体的不同而采取的分类，前三类即志怪、传奇、杂录，是被承认较多的小说类型；而后三类即丛谈、辨订、箴规，则很难被文人认同为小说体裁，其根本原因就在于这三种文体同一般意义上的小说相去甚远。在清人纪昀《四库全书总目》“小说类”中即可查此分类之痕迹，其所录的“小说”乃是以“著书者之笔”为根本，而摒弃了“才子之笔”。所谓“著书者之笔”就是指以彰显学识、注重事实、资于功用为本的笔记小说；所谓“才子之笔”指的是以炫耀才情、以情节取胜、以虚构藻饰为宗的传奇小说。纪昀的小说分类是建立在传统目录学视野下的“小说”观念之上的，它所认可的“小说”是汉魏时期的文言小说，与明清时期诸如李贽、毛宗岗、金圣叹等认定的以情节见长、以人物塑造见长、以叙事见长的通俗小说观念迥异有别。乾嘉时期的小说作者也多认同四库馆臣的小说观念和分类之法，并创作了数量可观且质量雅驯的笔记小说。

---

① 纪昀：《四库全书》第886册，北京：商务印书馆，1983年版，第305页。

中国古典小说在语体、文体分类之下又以内容不同稍作细分，如宋人耐得翁即以烟粉、灵怪和传奇三种不同类型来划分白话小说，后吴自牧又在《梦粱录》中增加公案、朴刀、棒三种，成为六类；之后罗烨在《醉翁谈录》中又添加妖术、神仙二类，把小说分为八类：灵怪、烟粉、传奇、公案、兼朴刀、杆棒、姚枢、神仙。这种对白话小说的细分显然是按故事内容的不同而做的区分，罗烨在《醉翁谈录·舌耕叙引》涉及小说分类时就诗云，“辩论妖怪精灵话，分别神仙达士机，涉案枪刀并铁骑，闺情云雨共偷情”，包含了“清末民初新小说家最喜欢谈论的中国传统小说三大类：神怪、英雄、儿女”①。

今人在对古典小说进行划分时，也注意到上述以文体、语体为总，以内容细分的“总－分”方式；称“古代小说可以按照篇幅、结构、语言、表达方式、流传方式等文体特征，分为笔记体、传奇体、话本体、章回体等四种文体，而不同文体的小说，可按照题材分成若干类型，譬如将笔记体小说分为志怪类、志人类、博物类等，将章回体小说分为历史演义类、神魔类、世情类、侠义公案类等”②。

这种“以文体为纲以主题为目”的分类方式，一方面说明了中国古典小说重视文言与白话的文体之分，另一方面也体现了小说故事内容的程序化。但至20世纪初，“小说界革命”掀起了中国近代报载小说的高潮，随着域外小说的大量译介，越来越多的小说样式在各类报刊中纷纷涌现。面对数量骤增、纷繁杂陈的晚清小说，中

① 最典型的影响表现在梁启超在《小说丛话》中所说的：吾以为人类于重英雄、爱男女之外，尚有一附属性焉，日畏鬼神。以此三者，可以赅尽中国之小说矣。见《小说丛话》中饮冰之语，《新小说》第七号，光绪二十九年（1903）七月。

② 孙逊、潘建国：《唐传奇文体考辨》，《文学遗产》，1999年第6期。

国传统重文体轻内容的小说类型划分方式显然已不再适用。由于晚清新小说特别强调小说的主旨内容，再加之西方小说分类的影响，晚清小说开始注重以故事内容即所叙述的“主题”，为小说类型划分的第一标准。

早在光绪二十三年（1897）《国闻报》刊登的《本馆说部缘起》一文中，严复、夏曾佑就已经开始对小说进行分类。文章主旨虽在鼓吹小说地位功能，但事实上已将小说按主题分为两大类，即英雄传奇和男女爱情；称人类“公性情，一曰英雄，……，一曰男女，……，明乎此理，则于斯二者之间，有人作为可骇可泣可歌之事，其震动于一时，而流传于后世，亦至常之理。”[①] 翌年十一月，在日本横滨创刊的《清议报》从第一册开始连载日本柴四郎的《佳人奇遇》时，归其类别为“政治小说”，表明小说的主旨内容关乎政治。该报第三十六册在光绪二十六年（1898）正月开始连载日本矢野文雄的《经国美谈》时，又一次将其列为“政治小说”类。梁启超光绪二十五年（1899）做《饮冰室自由书》，提及政治小说、历史小说等概念的，也说明自己是按小说的主题内容对其进行分类的。

光绪二十八年（1902），梁启超在其主编的《新小说》杂志上，发表《中国唯一之文学报〈新小说〉》一文，第一次完整地提出了按主题进行分类的小说类型观念。在该文中，梁启超在论及《新小说》杂志计划刊载的小说时，按小说主题将其分为历史小说、政治小说、哲理科学小说、军事小说、冒险小说、探侦小说、写情小说、语怪小说、札记体小说等九类，并对各类小说进行了基本概念的界

---

① 严复、夏曾佑：《本馆附印说部缘起》，《国闻报》光绪二十三年（1897）十月十六日至十一月十八日。载陈平原、夏晓虹编：《二十世纪中国小说理论资料》（第一卷），北京：北京大学出版社，1989 年版，第 1 – 12 页。

定："历史小说者，专以历史上事实为材料，而用演义体叙述之"；"政治小说者，著者欲借以吐露其所怀抱之政治思想也"；"军事小说，专以养成国民尚武精神为主"；"冒险小说，以激励国民远游冒险精神为主"，"探侦小说，其奇情怪想，往往出人意表"；"写情小说，人类有公性情二：一曰英雄，二曰男女。情之为物，固天地间一要素矣"；"语怪小说，妖怪学为哲理之一科，好学深思之士，喜研究焉。西人谈空说有之书，汗牛充栋，几等中国"；"札记体小说，如《聊斋》、《阅微草堂》之类，随意杂录"。[1] 这期刊载的小说也基本上都归类刊登，如罗普的《东欧女豪杰》、雨尘子的《洪水祸》归入"历史小说"，梁启超的《新中国未来记》归入"政治小说"，他翻译的《世界末日记》归入"哲理小说"，卢藉东翻译的《海底旅行》归入"科学小说"，南野烷白子翻译的《二勇少年》与罗普翻译的《离魂病》均归入"冒险小说"，《新小说》第二号上刊载的梁启超翻译的《俄皇宫中之人鬼》则归入"语怪小说"。

由此观之，梁启超对小说的九分法明显是按小说的主题内容为第一划分标准，而其中的"札记体小说"看似是以文体而分，实则仍是按主题归类，表示的是"杂录"其他八种主题类型的小说所不能涵盖的其他内容的小说。而尤为注意的是，梁启超在对这九种小说类型加以解释时是施之以"启蒙民智"的价值标准的，如称军事小说应"养成国民尚武精神"，冒险小说应激励国民"冒险精神"等，而这也充分体现了当时新小说理论家为推动新兴小说门类，为推进政治功用性小说所做出的努力。

---

① 新小说报社：《中国唯一之文学报〈新小说〉》，《新民丛报》第十四号，光绪二十八年（1902）七月十五日。

二、政治功用性小说类型的推广

小说分类对新小说家来说是一道颇有挑战性的难题。铺陈在他们面前的小说纷繁杂陈、难以数计。就小说存在的形态而言，起码有翻译小说、新小说、旧小说三种，而每个种类内部又包含了诸多子目。为小说分类并非单为了便于小说的刊登，或引起读者注意，或为了盈利目的做出的广告宣传，其更多的是出于功利目的的考虑，考虑如何指导当前小说创作，为小说创作建立新的规则，考虑如何对中国现有小说的总体格局进行改造。

晚清开始的“小说界革命”目的在于“以小说为社会之药石”，通过“新小说”的创造，起“诱智革俗”之效，进而更变人心，谋救亡图存。而中国的古典小说即旧小说，或者像梁启超所说“综其大较，不出诲盗诲淫两端”[①]，或者如定一所言“中国小说之范围，大都不出语怪、诲淫、诲盗之三项”[②]，鲜有以“开启民智、新民救国”主旨的小说。新小说家们虽不都像梁启超那样将中国古典小说视为“吾中国群治腐败之总根原”[③]，但思想陈腐是中国传统小说的主要缺陷确已成为当时的普遍共识；旧小说或“立意则在消闲，故含政治之思想者稀如麟角”，或“遍卷淫词罗列，视之刺目”。[④] 因此，新小说家在对中国传统小说分门别类、查漏补缺后，积极引进有利于新民的小说类型，并参照西方（实际上日本居多）的小说分类，开始大量引进外国名儒所撰之“泰西小说”，引入富有“进步的

① 梁启超：《译印政治小说序》，《清议报》第一册，光绪二十四年（1898）。

② 《小说丛话》中定一语，《新小说》第十五号，光绪三十一年（1905）六月。

③ 梁启超：《论小说与群治之关系》，《新小说》创刊号，光绪二十八年（1902）十月十五日。

④ 衡南劫火仙：《小说之势力》，《清议报》第六十八册，光绪二十七年（1901）。

思想”和“坚实的学问”的小说，以之为营养和模仿样本，用以政治功用性小说类型的推广。在他们看来，社会小说、言情小说、历史小说在中国不乏佳作，引进的力度尽可以集中在中国所欠缺的政治功用性小说类型上，称“必自输入政治小说、侦探小说、科学小说始。盖中国小说中，全无此三者性质，而此三者，尤为小说全体之关键也”。[①]

“政治小说者，著者欲借以吐露其所怀抱之政治思想也”[②]。梁启超作为政治小说最早和最有力的倡导者，除翻译日本政治小说《佳人奇遇》之外，还身体力行地创作了政治小说《新中国未来记》，并且不断论及政治小说的类型特征。谈到创作者，他认为，“著书之人，皆一时之大政论家”[③]；作家“往往以其身之所经历，及胸中所怀，政治之议论，一寄之于小说”；“寄托书中之人物，以写自己之政见”[④]等。除此，他也谈及了这类小说存在的某些缺陷，即“似说部非说部，似稗史非稗史，似论著非论著，不知成何种文体，自顾良自失笑”[⑤]，而强调引政论入小说，“固不得专以小说目之”。在梁启超等人看来，以上两点就足以涵盖这一小说类型的主要特征了。

科学小说，也是“小说界革命”的重要成果之一。在以题材归类的众多晚清“新小说”中，科学小说备受青睐。光绪二十八年（1902）《新小说》创刊之始，就把“科学小说”——《海底旅行》放在历史与政治小说之后，而且晚清各大报刊无不刊载科学小说。

---

① 《小说丛话》中定一之语，《新小说》第十五号，光绪三十一年（1905）六月。

② 新小说报社：《中国唯一之文学报〈新小说〉》，《新民丛报》第十四号，光绪二十八年（1902）七月十五日。

③ 梁启超：《饮冰室自由书》，《清议报》第二十六册，光绪二十五年（1899）。

④ 梁启超：《译印政治小说序》，《清议报》第一册，光绪二十四年（1898）。

⑤ 梁启超：《〈新中国未来记〉绪言》，《新小说》第一号，光绪二十八年（1902）。

因为纯粹科学书籍“盖肿陈科学，常人厌之，阅不终卷，辄欲睡去，强人所难，势必然矣。惟假小说之能力，被优孟之衣冠，则虽析理谭玄，亦能浸淫脑筋，不生厌倦”，因此“导中国人群以进行，必自科学小说始”。[①] 科学小说正是产生于“格致兴国”的科学浪潮中，同时又借助小说浅而易解、乐而多趣的艺术特点，自觉承担起“使读者触目会心，不劳思索，则必能于不知不觉间，获一斑之智识，破遗传之迷信”[②] 的时代任务。作为改良群治，救亡图存的“新小说”类型，科学小说有着自身突出的文类特点，即受“格致兴国”思想的影响并带有浓厚的改良群治的启蒙色彩。如《新小说》把“哲理科学小说”定义为“专借小说以发明哲学及格致学”[③]；《新世界小说社报》认为“无格致学不可以读吾新小说……无生理学不可以读吾新小说”，科学小说与格致学、自然科学互为表里、彼此阐释。与新小说家不同，鲁迅在《月界旅行》的《辨言》中不像同时代人那样只是高谈作品的社会效果，而更重视此类小说的类型特征，“默揣世界将来之进步，独抒奇想，托之说部。经以科学，纬以人情。离合悲欢，谈故涉险，均综错其中。间杂讥弹，亦复谭言微中。”[④] 这段关于科学小说的评述，谈论了科学小说作为一种小说类型的四个基本侧面，其中涉及时人喜欢谈论的题材、主旨（主题），

---

① 周树人：《〈月界旅行〉辨言》，日本东京进化社版《月界旅行》，光绪二十九年（1903）。载陈平原、夏晓虹编：《二十世纪中国小说理论资料》（第一卷），北京：北京大学出版社，1989 年版，第 50 – 51 页。

② 周树人：《〈月界旅行〉辨言》，日本东京进化社版《月界旅行》，光绪二十九年（1903）。载陈平原、夏晓虹编：《二十世纪中国小说理论资料》（第一卷），北京：北京大学出版社，1989 年版，第 50 – 51 页。

③ 新小说报社：《中国唯一之文学报〈新小说〉》，《新民丛报》第十四号，光绪二十八年（1902）七月十五日。

④ 《鲁迅全集》第 10 卷，北京：人民文学出版社，1981 年版，第 151 – 152 页。

也涉及时人很少留意的结构、文体等，其“经以科学，纬以人情”的说法，更是通俗明快地道出了科学小说的创作要点。

侦探小说又称探侦小说，“其奇情怪想，往往出人意表”①。如若政治小说、科学小说有利于促进社会改革、培养爱国精神或者传播科学知识，那么侦探小说在中国何以成为社会改良的“功臣”，何以让新小说家青眼有加呢？以翻译侦探小说著称的周桂笙称，“侦探小说，为我国所绝乏，不能不让彼独步。盖吾国刑律讼狱，大异泰西各国，侦探之说，实未尝梦见”②。侠人也认为，“侦探小说一门，为西洋小说家专长。中国叙此等事，往往凿空不近人情，且亦无此层出不穷境界，真瞠乎其后矣”③。侦探小说本以情节曲折离奇取胜，主要是一种娱乐型小说。可新小说家不但取其“一起之突兀”的叙事技巧，而且从中读出“坚忍沈挚，百折不挠，则何事不可成，何悔之足虑”；“亦足以感发其志气激昂、情义缠绵之真性”④，这只能归功于这一代新小说家高度政治化的“期待视野”。

---

① 新小说报社：《中国唯一之文学报〈新小说〉》，《新民丛报》第十四号，光绪二十八年（1902）七月十五日。

② 《歇洛克复生侦探案·弁言》，《新民丛报》，第五十五号，光绪三十年（1904）。载陈平原、夏晓虹编：《二十世纪中国小说理论资料》（第一卷），北京：北京大学出版社，1989 年版，第 119 页。

③ 《小说丛话》侠人语，《新小说》第十三号，光绪三十一年（1905）。载陈平原、夏晓虹编：《二十世纪中国小说理论资料》（第一卷），北京：北京大学出版社，1989 年版，第 76 页。

④ 陈熙绩：《〈歇洛克奇案开场〉叙》，《歇洛克奇案开场》，上海：商务印书馆，光绪三十四年（1908）。载陈平原、夏晓虹编：《二十世纪中国小说理论资料》（第一卷），北京：北京大学出版社，1989 年版，第 327－328 页。黄伯耀：《学校教育当以小说为钥智之利导》，《中外小说林》第一年第八期，光绪三十三年（1907）。载陈平原、夏晓虹编：《二十世纪中国小说理论资料》（第一卷），北京：北京大学出版社，1989 年版，第 210－213 页。

除了上述之政治小说、科学小说、侦探小说外，在众多关于小说类型的界说中，大部分都不着边际，只有在评论历史小说时，新小说家才稍显认真。

“历史小说者，专以历史上事实为材料，而用演义体叙述之”①。在晚清小说分类中，历史小说是其中相对重要的一类。光绪二十八年（1902）《新民丛报》十四号上，新小说报社发表的《中国唯一之文学报〈新小说〉》中，历史小说被列为《新小说》征稿的第三项内容。光绪三十年（1905），小说林社在其征稿广告中，把小说分为十二类，历史小说被列为第一类。得益于小说家在理论和创作实践上的努力，晚清历史小说创作颇为丰富，清末民初短短几十年就有大约五六百部长篇和短篇创作及翻译的历史小说②。大部分文人之所以有意识地创作历史小说，无非希冀通过历史小说的创作，普及历史知识，教化国民。诚如沈惟贤在《万国演义序》中所说，“今学界日新，志士发愤，咸欲纵观欧、亚大势，考其政教代兴之机，富强竞争之界”③。清末民初历史小说家的创作旨意正在于此。他们把中国的历史纳入世界潮流之中审视，通过借外鉴中、中西比较的方法解说历史现象，宣传进化论思想，最终目的都是为了民族的自强自立，希望自己的国家能够具备世界范围内的竞争力。

---

① 新小说报社：《中国唯一之文学报〈新小说〉》，《新民丛报》第十四号，光绪二十八年（1902）七月十五日。

② 统计数据来自日本樽本照雄：《新编增补清末民初小说目录》，济南：齐鲁书社，2002 年版；江苏省社会科学院明清小说研究中心编：《中国通俗小说总目提要》，北京：北京文联出版公司，1990 年版。

③ 沈惟贤在《〈万国演义〉序》，光绪二十九年（1903）作新社《万国演义》。载陈平原、夏晓虹编：《二十世纪中国小说理论资料》（第一卷），北京：北京大学出版社，1989 年版，第 88 - 89 页。

通过晚清小说家着力提倡的小说类型可以看出，新小说家建立的小说类型理论，带有明显的功利目的，是为了指导当前的小说创作，重建中国小说格局。出于新民目的，新小说家除了提倡有功于民于国的小说类型外，还借助新接受的小说类型理论，往往从小说的政治功用性出发，重新诠释古代中国小说、重新评述传统小说，其中生拉硬扯、牵强附会之处不胜枚举。如说《红楼梦》是“种族小说”，或者说《水浒传》为“虚无党小说”，将《镜花缘》视为“科学小说”，都与当时的政治思潮直接相关。但在种种比附生硬的做法中也有略显高明之举，如同样是为《金瓶梅》平反，狄平子引入了“社会小说”的概念，“《金瓶梅》一书，作者抱无穷冤抑，无限深痛，而又处黑暗之时代，无可与言，无从发泄，不得已藉小说以鸣之。其描写当时之社会情状，略见一斑。……又可征当时小人女子之情状、人心思想之程度，真正一社会小说，不得以淫书目之”①，这明显比“以淫制淫”的旧说高出一筹。

无论政治功用性小说类型的推广是否成功，是否达到了与引进者原意相符的目的，但可以肯定的是，新小说家们借助引进政治功用性小说类型，冲击了传统中国小说的总体格局，强化了小说的政治功用性，对中国近代新小说基本品格的形成起了决定性作用。

三、小说类型的趋繁

据统计，在清末十余年间，小说分类共有 22 类 202 种。在这些类型中，123 种只用过一次，31 种用过二次，用过三次以上的类型标示仅 48 种，类型标示在 20 篇以上的有 14 类：“短篇小说”（141

---

① 《小说丛话》中平子之语，《新小说》第八号，光绪二十九年（1903）五月。

篇），“侦探小说”（84 篇），“社会小说”（77 篇），“言情小说”（40 篇），“军事小说”（37 篇），“短篇”（37 篇），“历史小说”（36 篇），“滑稽小说”（33 篇），“警世小说”（29 篇），“札记小说”（27 篇），“哀情小说”（24 篇），“政治小说”（22 篇），“冒险小说”（21 篇），“家庭小说”（20 篇）。在这 14 种小说类型中，翻译小说占 8 种，从光绪三十四年（1908）开始，有类型标示的创作小说数量才远远地超出了翻译小说。[①] 也就是说，晚清小说的分类，始于翻译小说，而直至晚清最后四年，创作小说才在数量上占据了优势。但是“冒险小说”、“科学小说”与“侦探小说”等类型的小说作品，始终是翻译小说占优势，创作的小说只有少数几篇。这种现象，完全可以归因于梁启超等新小说家对积极引入政治功用性小说类型的提倡。

在梁启超积极推广下，为小说分类的行为开始得到众多报刊书局的响应。就在《新小说》第一号出版后的当年十一月，上海《大陆报》第一号开始连载《鲁滨孙漂流记》时，就划分其类别为“冒险小说”，到了第二年即 1903 年，为小说分类开始成为较普遍的现象。除《新小说》、《大陆报》外，当年为小说分类的报刊还有《广益丛报》、《苏报》、《教育世界》、《汉声》与《女子世界》，而广智书局、商务印书馆、作新社、文明书局等书局出版小说时，也纷纷归其类为“理想小说”、“科学小说”等。从此，为小说分类成为晚清小说十分普遍的现象。在晚清四大报纸《时报》、《新闻报》、《申报》和《神州日报》刊载的小说中共有 608 篇小说被进行了分类[②]；

① 陈大康：《关于“晚清”小说的标示》，《明清小说研究》，2004 年第 2 期。

② 文迎霞：《晚清报载小说研究》（博士学位论文未刊本），上海：华东师范大学 2007 年。

晚清五大小说杂志《新小说》、《绣像小说》、《新新小说》、《月月小说》、《小说林》中刊载不同类型小说共计 80 种；[①] 晚清十年共有 108 种报刊，47 家书局、报社等，对 1,075 篇小说进行了分类[②]。

通过数据统计可以看出，自《新小说》开始对连载的小说进行分门别类、开导先路后，各种报刊纷纷效仿。与小说的繁盛相辅相成，晚清小说的分类同样众生喧哗，小说分类成为一种时尚。它们或从题材着眼，或就篇幅入手，类型探求愈来愈趋向琐细。并且报纸、杂志、专门的小说期刊，因为读者定位不同，刊登小说不同，小说分类也各有差异。总体上说，报纸与期刊相比，小说分类量多且杂，五花八门，除了像以丑情、苦情、奇情、哀情、痴情、艳情等命名的“写情类”小说以外，像修身小说、医学小说、医国小说、考试小说、选举小说、博物小说、矿工小说、四六小说、殖民小说等前所未闻的名词也被用来为小说分类归位。而专门的小说期刊，小说分类则相对简约和稳定。

从本书附录胪列的小说类别可看，晚清小说界划分小说类型的标准不尽相同。虽然仍是以主题划分为纲，但也出现了主题、篇幅、文体等划分标准杂糅的现象，进一步体现了晚清小说类型的趋繁。例如“侦探小说”、“社会小说”、“政治小说”、“军事小说”、“写情小说”、“教育小说”等，是依据内容题材进行区分；“短篇”、“短篇小说”是从篇幅的角度来划分；“四六小说”、“短篇骈文小说”、“短篇白话”则是从语体兼篇幅的角度来划分；“滑稽小说”、“荒诞小说”、“寓言小说”、“讽刺小说”又是从审美风格、表现手法的角度来划分；而“时事小说”是从小说的时效性角度划分的，“实事小

① 五大小说杂志小说类型的统计情况可参见附录 4。

② 陈大康：《关于“晚清”小说的标示》，《明清小说研究》，2004 年第 2 期。

说”是从小说素材的真实性角度划分；“新译小说”则又是从翻译著述与否来划分的。不仅如此，如哲学小说、科学小说、地理小说等，包括了像柏拉图《理想国》一类的非小说著作。而有的小说则被反复划分，《孽海花》刊载于《小说林》时标为“社会小说”、“历史小说”；李涵秋的译作《奇童案》被《小说林》归属为“短篇”、“侦探小说”；《新新小说》第一号之《秣陵春传奇》既是“传奇小说”又被划入“写情小说”类。更有甚者，像《月月小说》十三号刊登之《光绪万年》既是“理想小说”，还是“科学小说”，既是“寓言小说”，又是“讥讽诙谐小说”。《时报》光绪三十二年（1906）刊登之《飞花城主》也被化为“政治小说”、“侦探小说”、“爱国小说”、“奇怪小说”、“言情小说”几种类别。

值得注意的是，虽然晚清小说所划分的类型，绝大部分来自域外体类，但也有少量传统的小说体类如札记小说、传奇小说、神怪小说掺杂其中。依本书附录所举，就有《申报》刊登的四六小说、短篇骈文小说，《新小说》刊登之札记小说 12 种、传奇小说 5 种、语怪小说 1 种，《绣像小说》刊登之传奇小说 4 种，《月月小说》刊登之札记 2 种。而光绪三十一年（1905）七月二十三日创办的《南方报》①，在光绪三十二年（1906）六月十六日宣布停版整顿之前刊登的小说，就将引进的域外小说和传统小说一起，按照古代小说传统，以文体为标准进行分类，分为“第一种译本小说”、“第二种曲本小说”、“第三种札记小说”、“第六种弹词小说”、“第七种章回小

---

① 由卸职上海道台蔡钧所办的中英文合刊报纸。光绪三十一年（1905）七月二十三日创刊，光绪三十三年除夕（1908 年 2 月 1 日）宣布停刊，在上海出版。总经理胡枚仙。每日出版三至六大张。本埠每月售价四角五分。馆址在四马路 18 号。载史和等编：《中国近代报刊名录》，福州：福建人民出版社，1991 年版，第 248 - 249 页。

说”、“第九种弹词小说”等。①

综上可以看出，在晚清小说兴盛的同时，小说的类别也渐趋纷繁，五花八门，令人眼花缭乱。以至于这种越来越随意的小说分类法越来越引起一批严肃批评家的反感，他们开始对小说分类可能存在的标准及其意义提出质疑。光绪三十四年（1908），徐念慈在《余之小说观》中批评“以小说之内容”分类的方法，认为其虽“似无不妥”，“然小说之所以耐人寻索，而助人兴味者，端在其事之变幻，其情之离奇，其人之复杂。大都一书中，有生者有死者，有男人有妇人，有种种色目人；其事有常者，有变者。举一端以概之，恒有失之流略者。余于是见有以言情、侦探、冒险名其一小说者矣，有以历史、科学、军事、地理名其一小说者矣；及观其内容，窃恐此数者，尚不足以概之也。”②

总的来说，当政治小说、科学小说、侦探小说被当作改良中国的小说类型被引入中国后，晚清的小说格局开始发生变化。尽管“小说种类有区别，各视其观感所就，而收效亦有区别”，但“小说种类之区别实足移易社会之灵魂”③。新小说家热衷于为小说贴上各种类型标签，是因为只有这样才能使“新小说之意境”找到适当的形式，打破“旧小说之体裁”的限制。晚清新小说家这种功用性心态，使得其分类及评述均带有很强的倾向性、目的性和随意性。晚清名目繁多的小说类型正是此种心态的伴生物。

不过，新小说家对小说社会功用的期待和读者对小说的接受并

---

① 未见第四种和第五种小说分类。

② 觉我：《余之小说观》，《小说林》第九期，光绪三十四年（1908）正月。

③ 老棣：《小说种类之区别实足移易社会之灵魂》，《中外小说林》第一年第十三期，光绪三十三年（1907）。载陈平原、夏晓虹编：《二十世纪中国小说理论资料》（第一卷），北京：北京大学出版社，1989年版，第218－221页。

不完全一致。尽管政治小说在改良社会方面“为功最高”，也最受改良派重视，但其在实际创作刊行中的数量并不多。以上文所举之小说类型为例，政治小说并不是最多的小说类型，侦探小说以84篇、社会小说以77篇、言情小说以40篇、哀情小说以24篇远远超过属于政治小说的22篇①。在引进中国的三种小说类型中，只有侦探小说产生了较大影响，而该类型恰恰是以情节曲折离奇，具备高度娱乐性为特点。被新小说家所力斥的言情小说也因其消遣性，受到读者的欢迎。并且以“情”为主题的小说又被细化为若干类，如言情小说在《新小说》中出现时，仅有写情小说和奇情小说两类，到《月月小说》中已经增加了侠情小说、写情小说、苦情小说、痴情小说、言情小说等五种，此外还出现了哀情小说、爱情小说、丑情小说、情史、艳情小说等分类。对晚清小说创作的实际局面，徐念慈在光绪三十四年（1908）考察小说的销量后曾断言，“记侦探者最佳，约十之七八；记艳情者次之，约十之五六；记社会态度、记滑稽事实者又次，约十之三四；而写军事、冒险、科学、立志诸书为最下，十仅得一二也。”②显然，晚清小说的实际格局并未按照新小说家们预想的趋势发展，它有了自己的动向。

本章小结

在“小说界革命”的影响下，新小说日趋繁盛。受梁启超“新小说”理论的影响与号召，晚清士大夫有关小说的言论，发生了翻天覆地的变化。《新小说》“专在借小说家言，以发起国民政治思想，激励其爱国精神”的新小说理论也为其他小说刊物、报纸、小说家

---

① 数据统计见附录4、附录5。

② 觉我：《余之小说观》，《小说林》第九期，光绪三十四年（1908）正月。

仿效。政治家报人、职业报人无不纷纷拥护“新小说”小说，政治功用性的理论在最大范围内得到扩展。新小说理论的拥护者可分为三类，改良派、革命派以及由传统文人转化而来的接受新思想的职业报人。前两者虽政治观点不同，但在以文学为政治启蒙工具上，却相当接近。至于后者拥护小说为启蒙工具的原因大体有二：其一是由于政治腐败形成的亡国忧虑；其二，也是最主要的原因是，在小说“有用”和“崇高”的舆论作用下，文人学士编刊办报已为容光之举，小说家的地位得到提高，“做小说决不称为文学家”的思想烟消云散。政治理想的驱使及文人心理的认同使这三类人群纷纷向注重政治功用性的新小说理论靠拢，促进了新小说理论的繁荣。是时，小说创作无不以小说为启蒙工具，强调改良群治。

晚清新小说之所以能够轰轰烈烈的展开，形成前所未有的创作热潮，除了直接得益于“小说界革命”引发的文学观念转变所释放出的巨大能量外，还与新闻事业和印刷事业的发达关系密切。大量刊载小说的文艺性报刊特别是小说专刊的纷纷问世，促成了小说在清末民初的繁盛。离开了报纸、期刊、书局这三者中的任何一方，新小说都很难在短时间内获得如此之势。光绪二十八年（1902）后，伴随着小说地位的不断提升，借助于报刊等媒介的推动之功，晚清小说步入了编撰、出版、流通的鼎盛时期。这一局面的一个重要表征即是新小说的分类日趋纷繁。

面对数量骤增的晚清小说，中国传统重文体轻内容的小说类型划分方式显然已不再适用。由于晚清新小说特别强调小说的主旨内容，再加之西方小说分类的影响，晚清小说开始注重以故事内容即所叙述的“主题”为小说类型划分的第一标准，并专注于对政治功用性小说类型，如政治小说、侦探小说、科学小说的推广。但随着晚清小说的迅猛增加，小说的分类也开始变得更为随意，小说家已无暇认真推敲小说的分类标准，晚清小说分类渐趋纷繁混乱。必须指出的是，新小说家对小说社会功用的期待和读者对小说的接受并不完全一致。尽管政治小说在改良社会方面“为功最高”，也最受改良派重视，但其在实际创作刊发中的数量并不多，反而是言情消遣类的小说势力迅猛，晚清小说开始显现“娱乐压倒启蒙”之势。

第四章

娱乐压倒启蒙：晚清小说政治功用性的潮落

从光绪二十三年（1897）年维新改良派发动舆论造势[①]，到梁启超光绪二十四年（1898）的《译印政治小说序》、光绪二十八年（1902）的《中国唯一之文学报〈新小说〉》等文的发表，以及《新中国未来记》的创作，小说界革命随之兴起。晚清小说被赋予鲜明的政治功用性，小说地位也得到明显提升，成为可以启蒙、可以群治的利器。但另一方面，这种激进的文化姿态也导致了新小说与传统小说的断裂，中国小说自有的谱系一时几被忘却。不过短短时间，“利器”便被磨钝了棱角，政治功用性小说出现潮落，大批娱乐性小说鱼贯而出。自光绪三十一年（1905）起，晚清小说格局开始发生变化，晚清小说在实际创作上与“小说界革命”的理论主张渐行渐远，消闲性质的小说作品重新崛起，娱乐压倒启蒙。本章将重点解析发生在光绪三十一年（1905）前后的这种变化，具体描述此一时期言情小说与侦探小说的流行情况，并进而探讨导致这种变化发生的深层原因。

---

① 倡导先声的第一篇标志性文章是光绪二十三年（1897）十月十六日至十一月十八日，几道（严复）、别士（夏穗卿、夏曾佑）在天津《国闻报》上刊载的《本馆附印说部缘起》。载陈平原、夏晓虹编：《二十世纪中国小说理论资料》第一卷，北京：北京大学出版社，1989年版，第2页。

第一节　光绪三十一年的转变：娱乐性小说的涌现

光绪二十八年（1902）梁启超倡言“小说界革命”，“登高一呼，群山响应”①。“小说界革命”在揭开了中国小说史发展新页的同时，也使小说前所未有得高度政治化。在亡国忧虑的心态之下，新小说家们意识到古典小说，“其性质为娱乐计，故致为君子轻视，良有以也。今日改良小说，必先更其目的，以为社会圭臬，为旨方妙”。② 因而流于“游戏消遣”的传统小说观念受到排斥，阿英在《晚清小说史》中有云，“两性私生活描写的小说，在此时期不为社会所重，甚至出版商人，也不肯印行。”③

但实际上，小说刊行情况并不像新小说家们认为的那样绝对。《海上繁华梦》和《施公案》一类的狭邪公案小说在“小说界革命”高潮期间仍在少量刊行。例如光绪二十九年（1903）印行了储仁逊抄本小说十五种：《蜜蜂计》十回，《毛公案》六回，《于公案》六回，《于公案》十回，《双龙传》五回，《青龙传》四回，《守宫砂》（为《三门街前后传》之异名，又名《八剑七侠十五义平蛮前后传》）一百二十回，《阴阳斗》（即《阴阳斗异说奇传》）十六回，《双灯记》十回，《满汉斗》八回，《蝴蝶杯》十回，《八贤传》二十回，《孝感天》七回，《聚仙亭》（为《混元盒五毒全传》之异名）

---

① 包天笑：《钏影楼回忆录·编辑杂志之始》，香港：香港大华出版社，1971 年版，第 357 页。

② 老棣：《文风之变迁与小说将来之位置》，《中外小说林》第一年第六期，光绪三十三年（1907）。载陈平原、夏晓虹编：《二十世纪中国小说理论资料》（第一卷），北京：北京大学出版社，1989 年版，第 204 - 207 页。

③ 阿英：《晚清小说史》，北京：东方出版社，1996 年版，第 5 页。

十回，《刘公案》二十回（共八册）。笑林报馆出版了孙家振《海上繁华梦》初集三十回排印本。上海书局出版了《绣像施公案全传》石印本五百二十八回。简青斋出版了《永庆升平前传》九十七回及《永庆升平后传》一百回石印本。光绪三十年（1904）海上书局出版之《飞仙剑侠奇缘》（即《仙侠五花剑》）三十回，文英书局出版了《五剑十八义前传》四卷四十回，《海天鸿雪记》在次年也有刊行。光绪三十一年（1905）煮字山房出版《济公活佛传》三集二十八卷二百八十回石印本（十六册）。[①] 可以看出，在以“政治小说”为代表的“新小说”风行的同时，“消遣游戏”类的小说并未被斩草除根，只是处于相对低调和萧条的状态。

一、政治功用性小说的势微

压低“消遣游戏”的“旧小说”，抬高“有益于改良群治”的“新小说”是新小说家的自觉追求。以“政治小说”为代表的新小说以启蒙教诲为主要创作倾向，它与所谓“消遣游戏”的旧小说最大的不同就在于，“旧小说，文学的也；新小说，以文学而兼科学的。旧小说，常理的也；新小说，以常理的而兼哲理的”[②]。尽管晚清小说家对小说分类的意见并不一致，有按题材分的，有按体制分的，有按叙事类型分的，但也有几种小说类型得到一致公认，即英雄、儿女、鬼神，政治、侦探、科学。前三者是中国固有的旧小说，不是诲淫诲盗，就是愚弄百姓，败坏社会风气，而“今日改良小说，

---

① 陈大康：《中国近代小说编年》，上海：华东师范大学出版社，2002 年版，第 106 - 150 页。

② 《读新小说法》，《新世界小说月报》第六期、第七期，光绪三十三年（1907）。载陈平原、夏晓虹编：《二十世纪中国小说理论资料》（第一卷），北京：北京大学出版社，1989 年版，第 278 页。

必先更其目的，以为社会圭臬，……然补救之方，必自输入政治小说、侦探小说、科学小说始。盖中国小说中，全无此三者性质，而此三者，尤为中国小说全体之关键也。”① 因此，新小说家们在论及中西小说在叙事类型方面的区别时，意见大致相同，并且无一例外地把改良群治的希望寄托在“中国原无，需要大力引进”② 的政治小说、科学小说、侦探小说的翻译和创作上，用以鼓荡民气、传授新知。

在风格特点上，梁启超称政治小说乃作家“政治之议论，一寄之于小说”③；鲁迅称科学小说是“经以科学，纬以人情”④。前者重议论之精警，后者重学理之明晰，皆不以情节曲折为意。自梁启超光绪二十八年（1902）创作《新中国未来记》后，政治小说开始备受推崇，但相比于《经国美谈》、《佳人奇遇》、《雪中梅》等译介作品具有相对完整曲折的故事情节，那些原创的政治小说如《新中国未来记》、《狮子吼》等，则议论大于叙述，情节几无可观之处。在对《新中国未来记》的早期评论中，黄遵宪恰切地谈到了政治小说的通病，即“此卷所短者，小说中之神采（必以透彻为佳）之趣味耳（必以曲折为佳）”。⑤

---

① 阿英：《晚清文学丛钞·小说戏剧研究卷》，北京：中华书局，1960 年版，第 343 页。

② “小说之言侦探、科学者，为吾国所无，非译不可”。恽铁樵：《论言情小说撰不如译》，《小说月报》第六卷第七号，1915 年。载陈平原、夏晓虹编：《二十世纪中国小说理论资料》（第一卷），北京：北京大学出版社，1989 年版，第 503 - 506 页。

③ 梁启超：《译印政治小说序》，《清议报》第一册，光绪二十四年（1898）。

④ 周树人：《〈月界旅行〉辨言》，日本东京进化社版《月界旅行》，光绪二十九年（1903）。载陈平原、夏晓虹编：《二十世纪中国小说理论资料》（第一卷），北京：北京大学出版社，1989 年版，第 50 - 51 页。

⑤ 《光绪二十八年十一月是十一日黄公度与饮冰室主人书》。丁文江、赵丰田编：《梁启超年谱长编》，上海：上海人民出版社，1983 年版，第 300 - 301 页。

同样，译介的科学小说《月界旅行》、《地底旅行》情节尚且惊险曲折，徐念慈就是在读《法螺先生》和《法螺先生续谭》之后，“惊其诡异”，“乃为东施效颦，博梓里一粲”① 而创作科学小说《新法螺先生谭》的。但无论是《新法螺先生谭》还是《电世界》、《黑行星》等其他自创的科学小说，几乎都是学理的通俗讲义，过多的学理介绍和概念解析使得小说趣味寡然，“科学家或有意味可寻，非小说家所能索解也”②。

当时，除了纯粹的政治小说和科学小说外，在社会小说中插入政治小说的政论和预言，插入科学小说的幻想与学理也相当普遍。在新小说家的提倡下，小说的情节被冲淡，教诲色彩一再被加强，不但“著小说固难，阅读小说亦殊不易”③，这种小说是不可能被粗识文字的妇人粗人、文化水平不高、以阅读小说为消遣的市民所接受的。况且，在阅读这些新小说的同时，还要具备“格致学、警察学、生理学、音律学、政治学、论理学”④，即便是大雅君子，恐怕也难以“如嗜常珍，不废异馔”⑤。

以政治小说为代表的新小说在地位不断提升的同时，也在不断流失阅读群体。一些小说家们对新小说中所存在的问题也开始大

---

① 东海觉我：《〈新法螺先生谭〉小引》，《新法螺》，小说林社，光绪三十一年（1905）。

② 寅半生：《小说闲评·黑行星》，《游戏世界》第1期，光绪三十二年（1906）。

③ 老棣：《文风之变迁与小说将来之位置》，《中外小说林》第一年第六期，光绪三十三年（1907）。

④ 《读新小说法》，《新世界小说月报》第六期、第七期，光绪三十三年（1907）。载陈平原、夏晓虹编：《二十世纪中国小说理论资料》（第一卷），北京：北京大学出版社，1989年版，第278页。

⑤ 曾慥：《〈类说〉序》。黄霖、韩同文选注：《中国历代小说论著选》（上），南昌：江西人民出版社，1982年版，第63页。

加批评。黄摩西在《小说林发刊词》中直陈新小说的缺点为，“一小说也，而号于人曰，吾不屑之为美，一乘立诚明善之宗旨，则不过一无价值之讲义，不规则之格言而已”①。新小说所存在的重价值宣讲、轻故事情节的诟病也被更多人一再提及：“近时之小说，思想可谓有进步矣，然议论多而事实少，不合小说体裁，文人学士鄙之夷之”②；“近日所出小说颇多，皆傅以伟大国民之新思想，但其中稍有缺憾者，则其议论多而事实少也”③；“小说书亦不销者，于小说体裁多不合也。不失诸直，即失诸略；不失诸高，即失诸粗；笔墨不足副其宗旨，读者不能得小说之趣也”④；“自小说有能开通风气之说，而人遂无复有非小说者……然则我请为之申其意曰：小说之能开通风气者，有决不可少之原质二：其一曰有味，其一曰有益。有味而无益，则小说自小说耳，于开通风气之说无与也；有益而无味，开通风气之心，固可敬矣，而与小说本义未全也”⑤。

这些言论虽然不全是专对光绪二十九年（1903）间的小说而发的议论，但是这些评论者所指出的问题却是由“小说界革命”引发

① 黄摩西：《小说林发刊词》，《小说林》第一期，光绪三十三年（1907）。

② 俞佩兰：《〈女狱花〉序》，光绪三十年（1904）。载陈平原、夏晓虹编：《二十世纪中国小说理论资料》（第一卷），北京：北京大学出版社，1989 年版，第 121－122 页。

③ 海天独啸子：《女娲石凡例》，光绪三十年（1904）。载陈平原、夏晓虹编：《二十世纪中国小说理论资料》（第一卷），北京：北京大学出版社，1989 年版，第 131－132 页。

④ 公奴：《金陵卖书记》，光绪二十八年（1902）。载陈平原、夏晓虹编：《二十世纪中国小说理论资料》（第一卷），北京：北京大学出版社，1989 年版，第 48 页。

⑤ 冷：《论小说与社会之关系》，《时报》，光绪三十一年五月二十七日至六月初八（1905 年 6 月 29 日－7 月 10 日）。

的弊病。他们清楚地看到，小说被作为政治的扬声器，小说的政治功用性被提升，但小说的故事性却被降低，这样创作出来的“小说”也已经不具备小说的品性了。不但书商谓此类小说“开口便见喉咙”，“读者不能得小说之乐趣”，难以行销①；而且文人学士也因其“议论多而事实少，不合小说题材，鄙之夷之”②。

正是这种弊端导致了政治功用性小说不断势微，并最终淡出历史舞台。如梁启超主编的《新小说》杂志在前八号，光绪二十八年至光绪三十年（1902—1903）中除有四部政治小说外，有与政治相关的哲理小说《世界末日记》、冒险小说《二勇少年》外，自此以后直至结束，只再出现过一部政治小说，即《黄绣球》。到第八号，待吴趼人、周桂笙接手主持之后，社会小说、侦探小说等小说类型已经跃居主位，《新小说》的创作宗旨也已与梁启超倡导“小说界革命”时重点提倡的“启蒙、群治”大不相同。近代小说脱离了新小说家最初的预想，按照自己的发展轨迹向前演进。

二、晚清小说家创作态度的转变——以吴趼人为例

与此相应的是，在光绪三十一年（1905）前后，小说作家的创作态度也发生了很大变化。本书将以吴趼人为考察个案，窥视当时小说家创作态度的转变。择取吴趼人为研究典型的原因在于，在晚清四大小说家中，只有吴趼人经历了从报人——报人小说家到职业

---

① 公奴：《金陵卖书记》，光绪二十八年（1902）。载陈平原、夏晓虹编：《二十世纪中国小说理论资料》（第一卷），北京：北京大学出版社，1989 年版，第 48 页。

② 恽铁樵：《论言情小说撰不如译》，《小说月报》第六卷第七号，1915 年。载陈平原、夏晓虹编：《二十世纪中国小说理论资料》（第一卷），北京：北京大学出版社，1989 年版，第 503 - 506 页。

小说家的身份转变[1]，并自始至终以小说创作为谋生正业，在光绪三十一年（1905）前后均笔耕不辍。并且吴趼人撰写通俗小说是有着明确想法的自觉行为。故而通过对其小说创作倾向的分析，可以尝鼎一脔，得知光绪三十一年（1905）前后小说发展之三昧。

吴趼人不仅是晚清小说界最为多产的作家，而且也是最富有开拓意识与探索精神的新小说家，在当时就有“小说巨子”之誉。他在人生的最后十余年里，以其蓬勃的创作热情，创作了17部中长篇小说，12篇短篇小说，5种文言笔记小说；尝试过多种不同类型小说的创作，如社会小说、历史小说、写情小说、理想小说、侦探小说、滑稽小说、翻新小说、笔记小说、短篇小说等；其作品内容涉及晚清社会概观、庚子事变、反化工禁约运动、工商业战争与反买办阶级、立宪运动、反迷信运动、讲史、公案等[2]。此外，吴趼人在小说叙事及文体方面的诸多探索和创新，都走在了时代的前列。尤其重要的是，他所创作的小说从思想内容到艺术形式，都表现出中国近代小说从古典到现代嬗变期的过渡性特征。

光绪二十三年（1897）十一月，吴趼人开始办报生涯，“初襄《消闲报》、继办《采风报》、又办《奇新报》；辛丑（1901）九月，又办《寓言报》，至壬寅（1902）二月辞《寓言》主人而归”[3]。在

---

① 郭延礼先生指出：“中国职业作家的出现，其过程大体是这样：第一步是报人的出现，第二步是报人小说家增多，第三步才是职业小说家（作家）的诞生。”吴趼人正是循着这一发展轨迹运行的。郭延礼：《传媒、稿酬与近代作家的职业化》，《齐鲁学刊》，1999年第6期。

② 参见《晚清小说史》之目录，阿英：《晚清小说史》，北京：东方出版社，1996年版。

③ 魏绍昌：《吴趼人哭》，《吴趼人研究资料》，上海：上海古籍出版社，1980年版，第266页。

“小说界革命”前，吴趼人主要以报人身份出现，由主编小报而起家，“尝历主海上各日报笔政”[①]，秉着“砭愚订顽”之心为各小报撰写“嬉笑怒骂之文”[②]。光绪二十四年（1898），吴趼人完成了《海上名妓四大金刚奇书》的创作，该书于同年春在其主编的《消闲报》上刊载过十九回，时断时续，未完中辍，年中出单行本。[③]《消闲报》是一份讽刺清廷贪官污吏的小报，其中花界新闻占了相当大的比重，以消闲娱乐为主。与当时的其他同类报纸一样，该报也主张都市嫖妓合理[④]，热衷于民间采风和玩赏优妓。《海上名妓四大金刚奇书》的创作，即是为了满足当时洋场名士以及市民阶层“评花品叶”的需要。在对该书的介绍中，抽丝主人写道，“年来海上游客多指林黛玉、陆兰芬、金小宝、张玉书四妓为四大金刚，后又以金小宝不胜金刚之任，另以傅玉莲补之，此虽游戏笔墨而冥冥中殆有定数存焉。抽丝主人深悉其来历乃撰成四大金刚奇书以供同好，将四妓之前因后果历历绘出，令阅者如深入个中。至于悲欢离合之情彩，因果报应之奇巧，尤足令人拍案称奇”[⑤]。该书虽然叙写“流倡土妓”之事，却“反其提倡谀媚之本旨，转以贬抑之，起伏线索之中，暗隐报施因果之理，虽于风俗劝戒无所裨益，或亦无伤于风俗

---

① 周桂笙：《新庵谐译初编·自序》，《吴趼人全集》第九卷，哈尔滨：北方文艺出版社，1998年版，第303页。

② 吴趼人：《〈近十年之怪现状〉自叙》，《吴趼人全集》第三卷，哈尔滨：北方文艺出版社，1998年版，第299页。

③ 胡全章：《〈海上名妓四大金刚奇书〉作者“抽丝主人”考》，《清末小说》，2004年第27号。

④ 《论妓院与商务相维系》，《采风报》，光绪二十五年（1899）十月十六日。

⑤ 《游戏报》光绪二十四年（1898）五月廿八日广告。

劝戒"[①]。今人回忆起该书时也评价不高，"《海上名妓四大金刚奇书》……里面原没什么含蓄，无非游戏文章随便写写的，所以用了笔名刊行"。[②]

由此可见，这一时期吴趼人的创作风格主要以诙谐之笔写游戏之文，达到消闲娱乐与讽世刺俗的功效，其间也不乏趋俗附利的色彩。这些嬉笑怒骂和愤世嫉俗，虽然带有一定的忧患意识和政治参与意识，也可看做是嫡传自传统士大夫的济世之志，但在表达方式上却接近与明末江南文人"戏谑笑骂"式的劝世之举，缺乏深刻的社会体会，更谈不上批判和启蒙。此时，吴趼人对于小说的认识仍不出传统观念之藩篱，称小说乃是"不关于经济生命之学"的"风云月露之词"，只是"供人谈笑"，"以慰商旅之寂寥"，但因其"寓有劝戒"，"也不必禁绝之"。[③]

吴趼人小说观念的转变始于光绪二十八年（1902）。是年，他因坚持"报章者，舆论之喉舌"的信条而愤然辞去《汉口日报》主笔之职，"闭门谢客，瞑然僵卧"，痛心自己虚掷五六年光阴于主持小报笔政这一"进步之大阻力"中[④]。正当此时，梁启超创办《新小说》杂志，提出"今日欲改良群治，必自小说界革命始；欲新民，

---

① 《海上名妓四大金刚奇书·弁言》，魏绍昌：《吴趼人研究资料》，上海：上海古籍出版社，1980 年版，第 212 页。

② 《海上名妓四大金刚奇书》，魏绍昌：《吴趼人研究资料》，上海：上海古籍出版社，1980 年版，第 212 页。

③ 《海上名妓四大金刚奇书·弁言》，魏绍昌：《吴趼人研究资料》，上海：上海古籍出版社，1980 年版，第 212 页。

④ 魏绍昌：《吴趼人哭》，《吴趼人研究资料》，上海：上海古籍出版社，1980 年版，第 270 页。

必自新小说始”[①] 的口号，这在吴趼人心中激起了强烈的共鸣。他欣然响应梁启超的号召，走上了从事小说创作的道路。自光绪二十九年至光绪三十一年（1902—1905）之间，吴趼人在“新民启蒙”的新小说理论的影响下，创作了《二十年目睹之怪现状》、《痛史》、《活地狱》、《九命奇冤》、《新石头记》等一批指摘社会丑类、描述社会怪现状、讽刺中国之缺点的作品，其间冷嘲热骂、痛切愤慨、酣畅淋漓。吴趼人开始有意识地以小说这一轻便之工具，敏锐地观察时事，从中选取最摄人心的社会政治问题揭示于读者，抨击政府及社会恶现象。可以说，在晚清几位最著名的谴责小说家中，吴趼人与维新派的关系最为密切，他对梁启超小说理论的回应也最为直接。首先，在《新小说》的撰稿人中，吴趼人当之无愧地可被称为《新小说》的第一写作主力，他在光绪三十一年（1905）之前创作的作品几乎都刊载于《新小说》，并且往往占据该刊物一半以上的篇幅。其次，吴趼人在晚清刊行的小说单行本，一大半都出自维新派的主要出版机构——广智书局，尤其在广智处于经营状况不佳、亏累不少的初期，吴趼人的举措无疑是对维新事业的有力支持。[②]

虽然吴趼人的小说创作紧紧呼应梁启超的“启蒙新民”，但小说作为主观性很强的非物质文化，它又是吴趼人个人“思立言以自表”[③] 的产物。尽管吴趼人热烈响应梁启超的新小说理论，“改良社

---

① 梁启超：《论小说与群治之关系》，《新小说》创刊号，光绪二十八年（1902）十月十五日。

② 夏晓虹：《吴趼人与梁启超关系钩沉》，《安徽师范大学学报》，2002 年第 6 期。

③ 吴趼人：《〈最近社会龌龊史〉序》，宣统二年（1910）。载陈平原、夏晓虹编：《二十世纪中国小说理论资料》（第一卷），北京：北京大学出版社，1989 年版，第 359 页。

会之心，无一息敢自已”①，但却并不支持赞同小说“专欲发表区区政见”② 的写法，而是力求以更灵活多变的形式体现文学的启蒙精神。吴趼人认为小说下笔时应“绘影绘声”③，“如铸鼎象物”使“丑态毕呈”④；要写“千奇百怪”之事，让读者“看得又惊又怕”⑤；要“迂回曲折，不一肯骤以真相示人”⑥；要能“嬉笑怒骂”⑦，下笔时“每欲有所描摹，则怒眦为之先裂”⑧。只有这样，才能“令人急欲追求”⑨。可以说吴趼人是从一个职业小说家，而不是从政治家的角度来思考小说创作的。以他卖文为生的身份和早年办报的经历，吴趼人深谙只有吸引读者，才能继续小说创作。从这个角度来讲，面对光绪二十九年（1903）的小说创作高峰之后的跌落和徘徊，作为小说家的吴趼人就不得不重新思考新的创作手法和新的小说题材了。

---

① 我佛山人：《〈两晋演义〉序》，《月月小说》第一年第一号，光绪三十二年（1906）九月十五日。

② 饮冰室主人：《〈新中国未来记〉绪言》，《新小说》第一号，光绪二十九年（1902）十月十五日。

③ 《二十年目睹之怪现状》第十四回评语。《新小说》第二年第一号，光绪三十一年（1905）元月。

④ 《二十年目睹之怪现状·楔子》。《新小说》第八号，光绪二十九年（1903）八月十五日。

⑤ 《二十年目睹之怪现状·楔子》。《新小说》第八号，光绪二十九年（1903）八月十五日。

⑥ 《二十年目睹之现状》第十六回评语。《新小说》第二年第二号，光绪三十一年（1904）。

⑦ 罗犺重：《月月小说序》，《月月小说》第一年第三号，光绪三十二年（1906）十一月十五日。

⑧ 《发财秘诀·跋》。《吴趼人全集》第三卷，哈尔滨：北方文艺出版社，1998 年版，第 67 页。

⑨ 《二十年目睹之怪现状》第十一回评语。《新小说》第十二号，光绪三十年（1904）十月廿五日补印发行。

正是基于这种思考，光绪三十一年（1905），吴趼人创作的言情小说——《恨海》横空出世，在晚清大量“开口便见喉咙”[①] 和“辞气浮露、笔无藏锋”的政治小说和谴责小说中，开出一股清新细腻的言情小说之泉。书成之后一举成功，不但受到书商和小说市场的欢迎，就连一些小说理论家也对其赞赏有加，“是书独出新裁，不落窠臼”[②]，称“吾读《恨海》，觉其缠绵悱恻，咄咄逼人，而万种之感情，爰荟萃一时，辘护五内：始而目炯炯注，继而心怀砰动，终而泪潸潸堕，时而废书长叹，时而拍案狂呼，瞬息变迁，有不期然而然者”[③]。寅半生对《恨海》也是评价甚高，“区区十回，独能压倒一切情书，允推杰构。……是笔是墨，是泪是血，凝成一片。灯下读此，真觉悲风四起，鬼语啾啾……”[④]。自此，言情小说之潮一发不可遏制，与其他消闲之书一起汇成一股娱乐大潮，“发表区区政见”的带有强烈政治功用性的政治小说开始消退。

三、娱乐性小说的崛起

从数据分析来看，在1900—1911年间，晚清小说创作出现了两

① 公奴：《金陵卖书记》，光绪二十八年（1902）。载陈平原、夏晓虹编：《二十世纪中国小说理论资料》（第一卷），北京：北京大学出版社，1989年版，第48页。

② 新广：《说小说·恨海》，《月月小说》第一年第三号，光绪三十二年（1906）十一月十五日。

③ 报癖：《说小说·恨海》，《月月小说》第一年第六号，光绪三十三年（1907）二月十五日。

④ 寅半生：《小说闲评》，《游戏世界》第十五期，光绪三十三年（1907）六月。

次高峰，一次是光绪二十九年（1903），一次是1907—1909年。[①] 有关数据详见下表。[②]

中历	西历	通俗小说	文言小说	翻译小说	总数
光绪二十一年	1895	8	3		11
光绪二十二年	1896	3		3	6
光绪二十三年	1897	11		4	15
光绪二十四年	1898	5		3	8
光绪二十五年	1899	10	2	1	13
光绪二十六年	1900	8		2	10
光绪二十七年	1901	34		12	46
光绪二十八年	1902	24	1	21	46
光绪二十九年	1903	88	2	108	198

① 欧阳健：《晚清小说史》，杭州：浙江古籍出版社，1997年版，第4页。

② 数据参照樽本照雄：《中国近代小说发数量一览表》、《清末民初小说年表》、《新编增补清末民初小说目录》，济南：齐鲁书社，2002年版。江苏省社会科学院主编：《中国通俗小说总目提要》，北京：中国文联出版公司，1990年版。陈大康：《中国近代小说编年》，上海：华东师范大学出版社，2002年版。此外，陈大康先生将晚清小说划分为两个阶段：光绪二十一年至二十八年（1895—1902）共8年、光绪二十九年至宣统三年（1903—1911）共9年。两阶段小说的各项年均数量对比如下：通俗小说创作分为12.75种和158.00种，文言小说创作数量分别为0.63种和1.44种，翻译小说分别为6.00种和104.67种，总量分别为19.38种和264.11种。陈大康先生据此认为“光绪二十九年（1903）开始则是一个幅度更大的飞跃。数据和引文见陈大康：《中国近代小说编年》，上海：华东师范大学出版社，2002年版，前言，第2页。欧阳健称晚清小说“出现了两次高峰，一次是光绪二十九年（1903）（39部，为光绪二十六年（1900）的13倍），一次是1907—1909年（1909年有104部，为光绪三十年（1904）的5.5倍，光绪二十六年（1900）的34倍）”。（按，欧阳健的数据是依据《中国通俗小说总目提要》统计而来。引文见欧阳健《晚清小说史》，杭州：浙江古籍出版社，1997年版，第4页。）并且他认为：“光绪二十九年（1903）的39部，几乎全是新型的小说，也就是说，这一年的小说创作，无论是数量还是质量上，都确确实实有了一个极大的飞跃。”（引文见欧阳健：《晚清小说史》，杭州：浙江古籍出版社，1997年版，第5页。）

续　表

中历	西历	通俗小说	文言小说	翻译小说	总数
光绪三十年	1904	124		88	212
光绪三十一年	1905	81	1	90	172
光绪三十二年	1906	129		127	256
光绪三十三年	1907	188		208	396
光绪三十四年	1908	234	2	132	368
宣统元年	1909	251		89	340
宣统二年	1910	138	1	41	180
宣统三年	1911	150	3	51	204

从上表可以看出，光绪二十八年（1902）底《新小说》杂志创刊，这标志着新小说理论构建的大体完成和“小说界革命”进入有组织的实施阶段。之后，晚清小说创作活动进入一个空前活跃的时期。作家人数之众、作品数量之多、增长幅度之剧，令此前中国小说史上任何一个阶段都望尘莫及。但在光绪二十九年（1903）小说创作高峰余震至光绪三十年（1904）之后，小说作品数量一路跌落。经过两年的徘徊，才于光绪三十二年（1906）之后开始呈上升之势，这一年小说总数为256部，首次超过光绪二十九年（1903），至光绪三十三年（1907），这一数量继续攀升，达到396种，其繁盛局面非此前任何阶段可比。

纵观这几年间晚清小说的走势，为何小说在光绪二十九年（1903）出现潮落现象，而又何以在光绪三十一年（1905）出现转折，开始攀升，达到新的繁荣呢？若回答这一问题，很大程度上需要从小说理论界和创作界如何看待小说，从何种角度认识小说中寻找答案。由于新小说理论家赋予小说太多的政治功用性，新小说理论策略与读者需求和小说市场之间存在的紧张关系日渐显露。因此，新小说在进入实施阶段之后不久就步入艰难时期。晚清小说从兴起、跌落再到极度繁荣，这实际上就是小说的启蒙性和娱乐性相互博弈和角逐的过程。以光绪三十一年（1905）为线，中国近代小说可被划分为两个截然不同的阶段，前期以启蒙为主调，后期以娱乐为主流。虽然光绪三十一年（1905）后的各色刊物依然标榜“小说新民论”，称“文化日进，思潮日高，群知小说之效果，捷于演说报章，不视为遣情之具，而视为开通民智之津梁，涵养民德之要素”，并鼓吹其杂志为，“传播文明之利器在是，企图教育之普及在是”①。但实际上，“今夫汗万牛充万栋之新著新译之小说，其能体关系群治之意者，吾不敢谓必无；然而怪诞支离之著作，诘曲聱牙之译本，吾盖数见不鲜矣！凡如是者，他人读之不知谓之何，以吾观之，殊未足以动吾之感情也。于所谓群治之关系，杳乎其不相涉也”②。

先前新小说理论家根据小说对实现启蒙目标的意义而对各小说类型所作的排序，在光绪三十一年（1905）之后的小说译著活动中几乎被颠倒过来。徐念慈坦言：

“默观数年来，更有痛心者，则小说销数之类别是也。他肆我不知，即‘小说林’之书计之，记侦探者最佳，约十之七八；记艳情者次之，约十之五六；记社会态度，记滑稽事实者又次之，约十之三四；而专写军事、冒险、科学、立志诸书为最下，十仅得一二也。夫侦探诸书，恒于法律有密切关系，我国民公民之资格未完备，法律之思想未普及，其乐于观侦探各书也，巧诈机械，浸淫心目间，余知其欲得善果，是必不能。艳情诸书，又于道德相维系，不执于

---

①《新世界小说社报发刊辞》，《新世界小说社报》第一期，光绪三十二年（1906）五月二十五日。

② 吴趼人：《〈月月小说〉序》，《月月小说》第一年第一号，光绪三十二年（1906）九月十五日。

正，则狭斜结契，有借自由为藉口者矣；荡检逾闲，丧廉失耻，穷其弊，非至婚姻礼废、夫妇道苦不止。而尽国民之天职，穷水陆之险要，阐学术之精蕴，有裨于立身处世诸小说，而反忽焉。是观于此，不得不为社会之前途危矣。”①

若从创作（包括译、著）的角度，对晚清各类型小说的数目进行统计，可以看出，创作与销量的分布状况惊人相似，侦探小说、艳情小说、社会小说之类的创作量大大高于小说理论家重点提倡的政治小说、历史小说、冒险小说、科学小说、教育小说等。②

综上，无论从鲜活生动的小说家的创作经历还是从具体统计出的数据，都映射出一个信息，那就是，光绪三十一年（1905）是晚清小说发展的一个转捩点。光绪三十一年（1905）之后，娱乐性的消闲之作压倒了以启蒙为目的带有强烈政治功用性的小说。以“消遣”为旨归的小说观念相当流行且显著，具有娱乐性的小说类型成

---

① 觉我：《余之小说观》，《小说林》第九期，光绪三十四年（1908）正月。

② 具体数据为：发表或出版时标“侦探小说”者 91 种，虽未标而书名中含“侦探”、“包探案”者 22 种，共 113 种。侦探小说为晚清小说中重译、重刊比例最高的一个类型。这里一本多译者仅计为 1 种。统计显示侦探小说在晚清最为盛行。艳情小说，包括“言情小说”48 种、“哀情小说”24 种、“写情小说”15 种、“艳情小说”14 种、“苦情小说”6 种，共 107 种。（另有“侠情小说”14 种、“奇情小说”12 种，因其内容难于判定，未计入。若计入，则共有 133 种。）社会小说 96 种，历史小说 38 种，滑稽小说 35 种，政治小说 22 种，冒险小说 21 种，科学小说 21 种，教育小说 17 种，醒世小说 15 种，寓言小说 13 种，家庭小说 11 种，理想小说 8 种，国民小说 4 种，哲理小说 2 种，法律小说 2 种，战争小说 2 种，心理小说 2 种。对这组数据需要作两方面的说明：第一，晚清小说对小说类型的划分缺乏统一的标准，对同一作品可从不同角度标出不同的类型，但标注的类型名称毕竟表现出作者的导向。晚清小说类型名目众多，这里根据几个重要小说刊物中出现的名称进行统计，尚有其他类型未予统计。第二，某些作品曾被标注以不同的类型名称，则在每一类型中都计入。由于晚清众多作品在刊行时并未标注小说类型，因此这一统计数据仅属于抽样性质。陈大康：《中国近代小说编年》，上海：华东师范大学出版社，2002 年版。

为市场的主流。尽管小说理论家和部分作家依然试图强调通过艺术感染力的方式，传理念、导读者、塑造他们的新人格，但是更多的作家却选择了迎合读者趣味的方式和小说种类进行创作，晚清小说呈现娱乐压倒启蒙之势。下文将主要通过介绍言情小说和侦探小说的流行情况来展现晚清小说的这一趋势。

第二节　情海一片天：言情小说的重新崛起

一、晚清言情小说概况

《新闻报》曾于1909年刊载商务印书馆的一则售书广告《唯一无二之消夏品》，广告称：

谨启者：时值夏令，各学堂放假之候，学界中人正多暇日。即非学界中人，当此长日如年，清闲无事，求所以怡悦性情，增长闻见，诚莫如披览小说矣。本馆年来新出各种小说最夥，类皆情事离奇，趣味浓郁，阅之大足驱遣睡魔，排解郁怀。兹特分别门类，特别减价，必为诸君消夏之助。谨表列如下。①

小说名目	总　数	定　价	减　价
侦探小说	二十种	六元三角	三元五角
言情小说	廿六种	十一元	六元
社会小说	十二种	七元六角	四元
神怪小说	十种	六元六角	三元五角
冒险小说	十种	四元五分	二元四角
历史小说	十五种	十三元六角	七元
绣像小说	七十二册	七元二角	四元

① 《新闻报》，宣统元年（1909）正月十一日。

作为近代最具影响力的出版机构，就小说刊行而言，影响了几代人阅读趣味的林译小说就基本是由商务印书馆出版的，赫赫有名的《绣像小说》和《小说月报》也是商务印书馆创办的专门小说杂志。商务印书馆旗下或编辑或发行的杂志如《外交报》、《东方杂志》、《教育杂志》、《妇女杂志》、《儿童世界》等刊物也非常注重小说的刊印。以"激动潮流"自任的商务印书馆，在出版小说时不仅注重文化职能，而且有着十分明确的商业目的，亦注重顺应市场经济规律。商务印书馆在书籍刊行上的动态基本上可以说是晚清整个出版行业的缩影。因此这则售书广告真实、形象地显示了当时小说的出版动向。那就是，言情小说的异军突起。

与此时"言情一片天"的局面相比，光绪三十一年（1905）之前的写情小说一直处于相对萧条的状态。虽然"英雄"与"男女"乃小说之永恒主题①，但小说界革命明显重"英雄"而轻"男女"，"男女"小说被刻意压抑。在新小说倡导初期，政治功利性话语尚在小说领域居主导地位，因此"两性私生活描写的小说，在此时期不为社会所重，甚至出版商人，也不肯印行"②。

尽管如此，由于中国传统以来就有阅读写情小说的习惯，因此这一时期旧小说中的写情之作仍如缕不绝，拥有部分市场。据统计③，自光绪二十八年（1902）至光绪三十一年（1905）间刊印出

---

① "何谓公性情？一曰英雄，二曰男女。"严复、夏曾佑：《本馆附印说部缘起》，《国闻报》光绪二十三年（1897）十月十六日至十一月十八日。载陈平原、夏晓虹编：《二十世纪中国小说理论资料》第一卷，北京：北京大学出版社，1989年版，第2页。

② 阿英：《晚清小说史》，北京：东方出版社，1996年版，第5页。

③ 数据统计来源于陈大康：《中国近代小说编年》，上海：华东师范大学出版社，2002年版。

版的写情小说就有《迦因小传》[1]、《巴黎茶花女遗事》[2]、《海上繁华梦》[3]、《自由花》[4]、《侠恋记》[5]、《海天鸿雪记》[6]、《银山女王》[7]、《忏情记》[8]、《妒之花》[9]、《影之花》[10]、《白云塔》[11] 等。

不过由于“中国人佳人才子之思想”是“中国群治腐败之总根源”[12]

---

① 有《迦因小传》、《迦茵小传》两种。光绪二十八年（1902）正月十五日《励学译编》第十二册连载《迦因小传》毕；光绪二十九年（1903）文明书局出版《迦因小传》，署“蟠溪子（杨紫驎）、天笑生（包天笑）译”；光绪三十一年（1905）二月十三日商务印书馆出版《迦茵小传》，标“言情小说”，署“（英）哈葛德著，林纾、魏易译”。

② 光绪二十九年（1903）五月二十九日文明书局出版林纾、王寿昌合译之《巴黎茶花女遗事》。

③ 光绪二十九年（1903）笑林报馆出版孙家振《海上繁华梦》初集三十回排印本，题“古沪警梦痴仙戏墨”。

④ 光绪三十年（1904）四月初一，《自由花》，标“爱情小说”，连载于《女子世界》第五至七、十期，作者署“非想”。

⑤ 光绪三十年（1904）十一月上海时报馆出版《侠恋记》四十六回，标“多情之侦探”，署“上海时报馆记者（陈景韩）译述”。

⑥ 《游戏报》光绪三十年（1904）广告：“新刊新著言情小说《海天鸿雪记》全书出版。”

⑦ 光绪三十一年（1905）三月二十五日小说林社出版《银山女王》上卷，标“写情小说”，署“（日）押川春浪撰，摩西（黄人）补译”。

⑧ 光绪三十一年（1905）四月三十日商务印书馆出版《忏情记》二卷，标“言情小说”，署“（日）黑岩泪香著，商务印书馆编译所译”。

⑨ 光绪三十一年（1905）五月二十五日小说林社出版《妒之花》，标“艳情小说”，署“（英）洛克司克礼佛著，小说林社译述”。

⑩ 光绪三十一年（1905）五月二十五日小说林社出版《影之花》上卷，标“艳情小说”，署“（法）嘉绿傅兰仪著，竞雄女史译，东亚病夫（曾朴）润”，该书中卷于翌年三月出版。

⑪ 光绪三十一年（1905）九月二十日上海时报馆出版《白云塔》（一名《新红楼》）四十九回，题“上海时报馆记者（陈景韩）译述”，封面题“写情小说白云塔”。徐念慈在《余之小说观》“小说之题名”中曾指出：“《白云塔》之即《银山女王》”。觉我：《余之小说观》，《小说林》第九期，光绪三十四年（1908）正月。

⑫ 梁启超：《论小说与群治之关系》，《新小说》创刊号，光绪二十八年（1902）十月十五日。

的思想仍较为流行，因此直到光绪三十一年（1905），“新小说”开始潮落时，小说理论界关于写情小说的看法仍未有太大改变。写情小说的处境可由当时一段对其贬低话语观之：

“吾读今之新小说而喜，虽然，吾读今之写情小说而惧……男女交际之遏抑，虽非公道，今当开化之会，亦宜稍留余地，使道德法律得持其强弩之末以绳人，又安可设淫词而助之攻也！不然，吾宁主张夫女娲之石，千年后之世界，以为打破情天、毒杀情种之助，谓须眉皆恶物，粉黛尽骷髅，不如一尘不染、六根清净之为愈也。有不然，而吾宁更遵颛顼（颛顼之教，妇人不避男子于路者，拂之于四达之衢）、祖龙（始皇厉行男女之大防，详见会籍石刻）之遗教，厉行专制，起重黎而使绝天地之通也。”①

直至光绪三十二年（1906），吴趼人在《月月小说》中明确提倡写情小说，才为言情类小说打开一片天地。阿英于《晚清小说史》中云，“晚清小说中，又有名为‘写情’者，亦始自吴趼人。”②在同年创作的写情小说《恨海》以及次年的《劫余灰》中，吴趼人反复强调泛情的创作主张。在他眼中，不论是人、社会，还是历史，都以情字为根本，而小说家当然也应全神贯注于情字，这样才能更深刻地反映社会人生。在《恨海》第一回开篇，吴趼人写道：

“我素常立过一个议论，说人之有情，系与生俱来，未解人事之前，便有了情。大抵婴儿一啼一笑，都是情，并不是那俗人说的‘情窦初开’那个情字。要知俗人说的情，单知道儿女私情是情。我

---

①　金松岑：《论写情小说于新社会之关系》，《新小说》第十七号，光绪三十二年（1906）正月。

②　阿英：《晚清小说史》，北京：东方出版社，1996 年版，第 202 页。

说那与生俱来的情，是说先天种在心里，将来长大，没有一处用不着这个情字。但看他如何施展罢了：对于君国施展起来便是忠，对于父母施展起来便是孝，对于子女施展起来便是慈，对于朋友施展起来便是义。可见忠孝大节无不是从情字生出来的。至于那儿女之情，只可叫做痴；更有那不必用情，不应用情，他却浪用其情的，那个只可叫做魔。”①

在《劫余灰》第一回里，作者又写道：

“大约这个情字，是没有一处可少的，也没有一时可离的。上自碧落之下，下自黄泉之上，无非一个大傀儡场；这牵动傀儡的总线索，便是一个情字。大而至于古圣人民胞物与己饥己溺之心，小至于一事一物之嗜好，无非在一个情字范围之内。非独人有情，物亦有情，但是情字也有各种不同之处，即如近来小说家所言艳情、爱情、哀情、侠情之类，也不一而足。据我看去，却是痴情最多。非独人对于人有情，即人对于物，物对于人，亦是有情的。你说这情字，所包广不广呢？自从世风不古以来，一般佻挞少年，只知道男女相悦，独谓之情，非但把情字的范围弄得狭隘了，并且把情字也污蔑了，也算得是情字的劫运。”②

在吴趼人的大力倡导和身体力行的创作实践带动下，光绪三十一年（1905）之后，晚清小说界有《泪珠缘》（天虚我生，《月月小说》）、《爱苓小传》（绮痕，《月月小说》）、《恨海花》（非民，新学

---

① 吴趼人：《恨海·情变》第一回，天津：天津古籍出版社，1987 年版，第 1 页。

② 《劫余灰》第一回，《月月小说》第一年第十号，光绪三十三年（1907）十月十五日。

界图书局，1905）、《瑶瑟夫人》（李涵秋，小说林社，1906）、《双花记》（小说林社，1907）、《鸳鸯碑》（小白，小说林社，1908）、《销金窟》（时报馆，1908）、《可怜虫》（虚我生，集成图书公司，1909）、《十年梦》（十坨，1909）、《女豪杰》（改良小说社，1909）、《禽海石》（符霖，群学社，1910）、《鸳鸯剑》（息观，改良小说社，1910）、《春梦留痕》（佚名，上海小说进步社，1911）、《破镜重圆》（改良小说社，1911）等等一批单行本言情小说纷纷面世。[①] 除这些单行本小说之外，在当时的晚清报载小说中，直接以含“情”词作标示的小说作品，就共计有 113 篇。[②] 可见，晚清的言情小说已经开辟出一片属于自己的天空。

二、晚清言情小说的特点及艺术风格

光绪三十一年（1905）之后，写情小说迅速崛起，蔚为大观，成为晚清最后十年间最主要的小说类型之一。但如果仅从“情”字着眼，笼统地视这一时期的言情小说为“大旨不过谈情”[③] 的作品的话，则失之于皮相，在新的时代和新的文学背景下，与中国源远流长的写情小说相比，此时的言情小说已形成了自己的特有风格。

我国古代小说有着丰富的写情传统。自唐传奇始，就有《会真记》、《李娃传》分别开启了“才子佳人”和“士子与青楼妓女”的言情模式；在宋话本和拟话本中，也出现了《碾玉观音》、《杜十娘怒沉百宝箱》等具有言情内容的小说；明清之际，更是出现了一批以《玉娇梨》、《好逑传》、《平山冷燕》为代表的专事言情的“才子

---

① 阿英：《晚清小说史》，北京：东方出版社，1996 年版，第 8 页。

② 光绪三十一年（1905）至宣统三年（1911）年言情小说目录详见附录 5。

③ 曹雪芹：《红楼梦》卷首。北京：人民文学出版社，2004 年版。

佳人小说”；最后，在此基础上产生言情杰作《红楼梦》。在产生了《红楼梦》这样的高峰之作后，“续作及翻案者即奋起，各竭智巧，使之团圆，久之，乃渐兴尽”①，于是另“改求佳人于倡优”，“另辟情场于北里”②。至19世纪末，写男女两性的小说渐次走入“狭邪”末流。在这批狭邪小说中，“作者对于妓家的写法凡三变，先是溢美，中是近真，临末又溢恶”③。“溢美”的《青楼梦》，着重抒写“公卿大夫竟无一识我之人，反不若青楼女子，竟有慧眼识英雄于未遇时也”④；“近真”的《海上花列传》，感慨于“南部烟花日新月盛，凡冶游子弟倾覆流离于狎邪者，不知凡几”，故以“一过来人为之现身说法”⑤；而“溢恶”的《海上繁华梦》横扫青楼，惩罚无情妓女，“殆亦有功于世道人心，而不仅摹写花天酒地，快一时之意，博过眼之欢者欤”⑥。

20世纪之初的政治危机和民族危机使“新民”、“救国”成为寻求社会变革的话语焦点。在“小说界革命”倡导之初，着力歌颂英雄志士的政治小说，新小说家们出于“小说一道，不着以美人，则索然如啖蜡”⑦ 的考虑，也会穿插一些儿女之情，避免为写情而言

---

① 鲁迅：《中国小说史略》，上海：上海古籍出版社，1998年版，第191页。

② 鲁迅：《中国小说史略》，上海：上海古籍出版社，1998年版，第191页。

③ 鲁迅：《中国小说的历史的变迁》第六讲。《鲁迅全集》第8卷，北京：人民文学出版社，1963年，第351页。

④ 《〈青楼梦〉提纲》。俞达：《青楼梦》，北京：北京大学出版社，1990年版，第1页。

⑤ 《海上花列传》第一回。韩邦庆：《海上花列传》，北京：人民文学出版社，1982年版，第1页。

⑥ 警醒痴仙（孙玉声）：《〈海上繁华梦初集〉序》，《海上繁华梦初集》，笑林报馆，光绪二十九年（1903）。

⑦ 林纾：《〈英孝子火山报仇录〉译余剩语》，《英孝子火山报仇录》，商务印书馆，光绪三十一年（1905）。

情。但创作时又决不会单纯写情，写情也必要与国计民生挂上关系，写情必须“寓爱国之意者乃为有益时局”[①]。在政治小说《自由结婚》[②]、《女狱花》[③]、《女娲石》[④] 中，虽然都有关于男女情感的描写，但小说家突出渲染的是她们的政治活动而非情感生活，男男女女们一心一意闹革命，男女之情的全部内容仅仅是政治上的志同道合。在《自由结婚》中，伴随且推进男女主人公黄祸、关关感情进展的最大助力，并非情感上的心投意合，而是二人在面对国族沦亡危境时共有的志同道合和同仇敌忾。当黄祸之母有意为之缔结婚姻时，关关自己作主，声言“从前曾经发过一誓，说一生不愿嫁人，只顾把此身嫁与爱国”的报国心愿，然后一方面答应婚姻，一方面又约定待爱国光复之日才完婚，“缔姻之事，请自今始，完婚之期，必待那爱国驱除异族，光复旧物的日子。”黄祸也有类似的想法，“你我两人，只要用寻常儿女的情，做那英雄的事已经够了。……爱国独立，你我完婚。”小说把国族光复大业与儿女终身大事结合起来，在复国事业这一旗帜下，两人的携手同游、促膝长谈等行为，“就不单单是幽期密约，儿女情长，而是处处讨论国是，时时发扬民族主义……”。[⑤] 在男女关系中淡化私情爱欲，刻意张扬，甚至夸大国家民族的伟大使命，是光绪三

---

① 《新小说社征文启》，《新民丛报》第十九号，光绪二十八年（1902）十月初一。

② 光绪二十九年（1903）七月初三《自由结婚》初编十回发行，题“犹太遗民万古恨著，震旦女士自由花译”。是书二编十回本年十月十三日发行，题“自由社藏版”，标“政治小说”，作者张肇桐。

③ 光绪三十年（1904）三月刊出，书首序署“光绪甲辰三月既望沧桑寄客”。

④ 光绪三十年（1904）六月东亚编辑局出版《女娲石》甲卷八回铅印本，标“闺秀救国小说”，题“海天独啸子著，卧虎浪士批”。书共二册十六回，第二册翌年二月出版。

⑤ 董文成、李勤学主编：《中国近代珍稀本小说》第6册，沈阳：春风文艺出版社，1997年版，第279－484页。

十一年（1905）之前写情小说的共同特征。

“新小说”退潮后，重新崛起的言情小说的“情”有了不同的出发点和表达方式。大体说来，光绪三十一年（1905）后的言情小说有三种类型。类型一，由吴趼人的《恨海》所开拓的写情路线及其拓展。受时代背景和“小说界革命”的影响，这类故事大都把个人爱情理想置于历史力量之下，现实力量以具体的社会政治事件的形式扮演了毁灭爱情幸福的角色。类型二，在清末启蒙思潮中，觉醒的两性与具体现实和旧的婚姻制度的矛盾冲突。《鸳鸯碑》和《情天劫》最具代表性。类型三，前期狭邪小说的发展，以《九尾龟》为代表的“溢恶”型写情小说。

吴趼人的代表作《恨海》以庚子事变为背景，叙述了两对未婚青年伯和与棣华、仲蔼与娟娟曲折动人的爱情悲剧。此书自光绪三十二年（1906）九月于上海广智书局出版以后，即受到许多人的赞扬。是书之所以获得如此好评，其主要原因恐怕是小说中“情”的审美功能。光绪三十二年（1906），《月月小说》第一年第三号载署名新庵的评论称：

“故写情小说，人每目之为诲淫之书者，良有以也。是书独出心我，不落窠臼，一往情深，皆于乱离之中得之。夫乱离之情，不特难有少见，而写之亦綦难，故其为情也，如松风明月，如清泉白玉，技洁清华，温和朗润，诚为天地男女之至情哉！夫写情之作，而以《恨海》名之，则其所解示比‘情’字者，可以见矣。故自有写情小说以来，令予读之匪特不能欣欣以喜，转为悁悁以悲者，此其第一本矣。”①

① 新广：《说小说〈恨海〉》，《月月小说》第一年第三号，光绪三十二年（1906）十一月十五日。

简言之，《恨海》纠正了前期新小说在美学方面的缺失，又以其悲剧性言情风格摆脱了旧小说“才子佳人”的窠臼，转出了一个新的面向：以男女“小情”服从家国“大情”，与时代现状结合交融，既沿袭了前期新小说的理论和创作潮流，又为言情作品打开一条通路。吴趼人对“情”字的理解已经超越了儿女之“情”的狭隘之意。他所推崇的广义之“情”已经提高到我们今人所言的“人性”的高度。在新小说运动的激荡之下，吴趼人在对政治功用性小说之批判与反思中，已然对小说的本性有了更具“现代”意识的理解。

而以《鸳鸯碑》和《情天劫》为代表的第二类作品中所表现的“人”的爱情意识的复苏，则更多的是受到了来自域外的翻译言情小说的影响。晚清的翻译小说浪潮可以说是由林纾翻译的一部“言情小说”——《巴黎茶花女遗事》为始的。虽然此前也有人翻译了一些外国小说，但是却始终未能形成气候。自1899年夏，倡言报馆将《巴黎茶花女遗事》和新译包探案《长生术》合册发行，“一时纸贵洛阳，风行海内外”①，以至严复有“可怜一卷茶花女，断尽支那荡子肠”② 之叹。而林纾于光绪三十一年（1905）出版的全译本《迦茵小传》，译出了迦茵与亨利热恋怀孕并有一私生子的情节，将主人公完整而动人的艺术形象展现在读者面前，更是一石激起千层浪，在引起了共鸣的同时也遭到了很多人的攻击。正是这两部最具代表性的言情类翻译小说，以及林译言情小说中的其他隽永之作，如《红礁画桨录》、《洪罕女郎传》、《离恨天》、《不如归》等，对光绪三十一年（1905）之后崛起的言情小说，产生了极其重要的影响。

---

① 寒光：《林琴南》，上海：中华书局，1935年。

② 严复：《甲辰出都呈同里诸公》，《严复集》，北京：中华书局，1986年版，第365页。

一方面，以二者为代表的林译小说在旧派的言情小说之外，为后期的言情小说在创作手段上提供了有益的启示，如三角恋爱关系的描写，非大团圆的结局等。另一方面，更重要的是，它们诉说的凄婉动人的浪漫爱情故事及其所包含的“爱情神圣”、“恋爱自由”的进步观念，受到了作家和读者的激赏，更新了传统的婚姻价值观念。例如，《小说林》第七期发表了觚庵的一篇文章，其中谈到了阅读西方小说所获得的价值观念，“余向持一论，谓男子而鳏，不妨再娶；女子而寡，何妨重嫁？胡以妇人守节，若为天经地义，不能越此范围然？及阅西国小说，则结婚自由，妇人再嫁，绝无社会习惯之裁判，为之一快。”① 此外，加上和西方文化的五十年接触已经大大开拓了许多受过教育的中国人的文化视野，西方进步的婚姻伦理观念已越来越为人们所认可。在如此舆论环境的影响下，一部分重新崛起的言情小说家在创作上，将主题直指几千年传统婚姻伦理观念，呈现出启蒙思潮时期个性解放的色彩。这些作品中，具有代表性的有《禽海石》②、《情天劫》③、《鸳鸯碑》④、《竟如何》⑤、《情变》⑥、《断肠草》⑦ 等。

《禽海石》全书共十回，标识“哀情小说禽海石”，最早刊本由上海群学社出版于光绪三十二年（1906）排印。小说以第一人称讲

---

① 《小说林》第七期，光绪三十三年（1907）十二月。

② 《禽海石》，符霖撰，十回，清光绪三十二年（1906）群学社刊行。

③ 《情天劫》（又名《文明新小说自由结婚》），题“东亚寄生撰，四明陈小楼校阅”，八回。宣统元年（1900）上海蒋春记书庄石印本。

④ 小白：《鸳鸯碑》，光绪三十四年（1908），上海小说林出版社。

⑤ 俗士：《竟如何》，全书十回，宣统二年（1910）时务报出版。

⑥ 吴趼人：《情变》，连载八回，未完，宣统二年（1910）舆论时事报连载。

⑦ 《断肠草》（一名《苏州现形记》，共五册，光绪三十四年（1908）上海改良小说社刊印。）

述了发生在庚子事变这一宏大社会背景下主人公秦如华与其恋人顾纽芬经历的一桩刻骨铭心的爱情悲剧。其中倾诉了对旧的婚姻制度、伦理观念的不满：

“看官，可晓得我和我这意中人是被那个害的？咳！说起来也可怜，却不想是被周朝的孟夫子害的！看官，孟夫子在生的时，到了现在已是两千几百年了，他如何能来害我？却不想孟夫子当时曾说了几句无情无理的话，传留至今。他说：世界上男婚女嫁，都要凭父母之命，媒妁之言。否则父母国人皆残之。嚷，他全不想男婚女嫁的事，在男女两面都有自主之权，岂是父母媒妁所能强来干涉的？只要男女都循规蹈矩，一个愿婚，一个愿嫁，到了将婚将嫁的时候，都各人禀明了各个的父母，不要去干那钻穴逾墙的勾当罢了，如何为父母的可以一厢情愿去撮合他？我真不解孟夫子这样一个专讲平权自由的人，如何一时心地糊涂，说出来这几句无情无理的话，世界上一般好端端的男女，只为这件事被父母专制政体所压倒，弄得一百个当中倒有九十九个成了怨偶。不论是男是女，因此送了性命到枉死城中去的，这两千余年以来，何止恒河沙数，只为是父令的权太重了，所以两情不遂的，是气死；两情不遂，没奈何去干那钻穴逾墙的勾当的，是羞死；两情不遂，又被父母捉牢配了一个性情不投、容貌不称的人，勉强成了一对儿的，是闷死。自古至今，死千死万，害死了多少男女？就是我与我那意中人，也是被孟夫子害的！咳，我若晓得现在文明国一般自由结婚的规矩，我与我那意中人也不至受孟夫子的愚，被他害得这般地步了。”①

① 《禽海石》第一回“恨海难填病中寻往迹”。董文成，李勤学主编：《中国近代珍稀本小说》第6册，沈阳：春风文艺出版社，1997年版，第137-224页。

宣统元年出版的中篇言情小说《情天劫》叙述了两个受过新学教育的“文明青年”余光中、史湘纹追求婚姻幸福、终至破灭的故事。书中的主人公已不再像《恨海》中的主人公那样满足于父母指定的婚姻。男主人公余光中认为“婚姻大事万不可造次”，他决意“自由结婚”，并要按照自己的理想，选择中意的伴侣，“若不能如愿，宁可终身鳏居”。[①] 女主人公史湘纹具有与旧女性不同的气质，她拥护新事物，反对缠足，敢于在大庭广众之下发表自己的看法。两人为了追求婚姻幸福，奋起抗争。小说虽以悲剧告结，但他们对封建礼教的反抗态度比《禽海石》中的主人公更加坚决，闪现了新的爱情和婚姻理想。

至于第三类作品，以《九尾龟》为代表的“溢恶”型写情小说，历来褒贬不一。《九尾龟》既是狭邪小说“溢恶”类的代表作，又是“才子＋流氓”[②] 的典型人物的诞生地。该书叙写嫖客妓女间的风月情事，借嫖学大师章秋谷主讲一整套的嫖学理论，教习嫖友们成为本领出众的行家里手，游刃有余地横行于花街柳巷。虽然作者在点石斋初版本封面标识“醒世小说”。在书中作者不断声称，“在下这部书，一半是寓言醒世，所以上半部形容嫖界；下半部叫醒官场，处处都隐寓着劝惩的意思，好叫列位看官，看看在下的这部小说，或者有回头警醒的人。这也总算是在下编书的一片苦心，一腔热血，并不是闲着笔墨、旷着功夫，去做那嫖界的指南、花丛的历史。”[③]此言一出，恰似欲盖弥彰，因而非议依然颇多。胡适就评

---

① 《情天劫》（又名《文明新小说自由结婚》），宣统元年（1900）上海蒋春记书庄石印本。

② 鲁迅：《二心集·上海文艺之一瞥》，《鲁迅全集》，北京：人民文学出版社，1981 年版，第 291－307 页。

③ 张春帆：《九尾龟》第三十三回。北京：中国文史出版社，2003 年版。

论说，“《海上繁花梦》与《九尾龟》所以能风行一时，正因为他们都只刚刚够得上‘嫖界指南’的资格，而都没有文学的价值，都没有深沉的见解，与深刻的描写，这些书都只是供一般读者消遣的书，读时无所用心，读过毫无余味”。[①] 对于此书风行的原因，鲁迅有相同的见解，“因为可以做嫖学教科书去读。”[②]但就是如此诲淫诲盗的作品，在当时却十分风行。阿英在《晚清小说史》中说，“当时这一类的小说很流行，有用吴语的，也有不用吴语的。以繁梦痴仙《海上繁花梦》一百回、漱六山房《九尾龟》一百九十二回，最为有名。”[③]秦瘦鸥的《小说纵横谈》中有《闲话“狭邪小说”》篇，文中写道，“我清楚地记得，抗战前不久，走进上海那些大学或中学的宿舍，还可以在不少同学的枕边发现这部‘巨著’（指《九尾龟》，作者按）”。[④] 1922 年 11 月 14 日，北京高等师范举行了“民意测验”，“你最喜欢读的中国旧小说是哪一本”一题的投票结果，有数票写的是《九尾龟》[⑤]，其影响之深且远可以见矣。

《九尾龟》之后又出现了诸多狭邪小说，大抵顺着“溢恶”路子走下去。如《九尾狐》，评花主人著，光绪三十四年至宣统二年（1908—1910）社会小说社刊；《海上新繁华梦》，老上海著，宣统元年（1909）自印单行本；《苏州老骚》，题“井山郎编辑”，宣统二年（1910）东文书社印行；《九尾鳖》，顾曲周郎著，宣统二年

---

① 阿英：《晚清小说史》，北京：东方出版社，1996 年版，第 197 页。

② 鲁迅：《二心集·上海文艺之一瞥》，《鲁迅全集》，北京：人民文学出版社，1981 年版，第 291－307 页。

③ 阿英：《晚清小说史》，北京：东方出版社，1996 年版，第 201 页。

④ 秦瘦鸥：《小说纵横谈·闲话“狭邪小说”》，广州：花城出版社，1986 年版，第 73－76 页。

⑤ 《晨报》副刊，1923 年 1 月 5－1 月 9 日。

（1910）文艺逍遥所印行。但至民国前后，这类小说呈下降趋势。鲁迅在《上海文艺之一瞥》一文中指出，“才子+流氓的小说，但也渐渐地衰退了。那原因，我想，一则因为总是老调子——妓女要钱，嫖客用手段，原不会写不完的；二则因为所用的是苏白，如什么倪=我，耐=你，阿是=是否之类，除了老上海和江浙的人们之外，谁也看不懂。”①相反，晚清最后五年间以倡导“婚姻神圣”、“恋爱自由”的《禽海石》和《情天劫》一类的作品再次激起高潮，成为民初言情小说的流行特色。此已超出本书的研究时限，因而不再详述。

第三节　侦探小说的风行与繁盛

一、晚清侦探小说发展概况

为新民救国，带着强烈的政治功用性，从《清议报》刊登《译印政治小说序》开始，到《新小说》创刊，梁启超一直赞叹西方小说改良社会的功绩，并以此作为参照，改变中国小说“诲淫诲盗”的局面补救之方“必自输入政治小说、侦探小说、科学小说始……此三者，尤为小说全体之关键也。”② 但是，人们对小说政治功用的期待和读者对小说的接受并不完全一致。

在“新小说”所提倡的三种用以救国的小说类型中，“政治小说”创作实践与理论倡导的错位与落差最大。政治小说由于承载过多饱满而激进的演说，被赋予太多的政治功用性，缺乏具体的艺术

---

① 鲁迅：《二心集·上海文艺之一瞥》，《鲁迅全集》，北京：人民文学出版社，1981年版，第291－307页。

② 《小说丛话》中定一之论，《新小说》第十五号，光绪三十一年（1905）六月。

想象，在很大程度上失去了小说之所为小说的品质，从而处于读者缺失的状态。《新小说》只刊登过《新中国未来记》、《回天绮谈》两部政治小说，且都还半途而废，从第八期开始，就已不见“政治小说”踪迹。创刊于光绪三十二年（1906）的《月月小说》和光绪三十三年（1907）的《小说林》基本置“政治小说”于不顾，《月月小说》刊载的小说中，写情小说与侦探小说比例最大，分别为9部（篇）和17部（篇），政治小说只有1部；《小说林》对政治小说与科学小说干脆置若罔闻，其最大比重的是侦探小说3部（篇），其次是写情小说。科学小说和政治小说的命运非常相似。科学小说引入中国，是因为这是一个全新的小说类型，更是因为其使人“能于不知不觉间，获一斑之智识”，具有“破遗传之迷信，改良思想，补助文明”的特色，可以为新小说家“新民救国”所用，所以除政治小说外，“新小说”理论家对科学小说青眼有加。但实际情况是，四大期刊刊登的科学小说译述和创作合计只有3部，自“小说界革命”起至宣统三年间以单行本发行的科学小说也屈指可数①。在稀疏寥寥的科学小说作品中，较为成熟也较为典型的创作当为徐念慈的《法螺先生传》、《新法螺先生传》，而其通篇充斥着诸如“离心力”、“循环系统”、“脑电”之类的新名词和对这些名词的解释，很难想

---

① 据郭延礼统计，自1900—1911年间，译入的科学小说有《八十日环游记》（光绪二十六年（1900）经史文社刊）、《海底旅行》（光绪二十八年（1902）《新小说》本）、《十五小豪杰》（光绪二十八年（1902）《新民丛报》本）、《铁世界》（光绪二十九年（1903）文明书局刊）、《月界旅行》（光绪二十九年（1903）进化社刊）、《空中旅行记》（光绪二十九年（1903）《江苏》本）、《环游月球》（商务印书馆刊）、《秘密海岛》（光绪三十一年（1905）小说林社刊）、《地心旅行》（光绪三十二年（1906）广智书局刊）、《飞行记》（光绪三十三年（1907）小说林社刊）。郭延礼著：《中国近代翻译文学概论》，武汉：湖北教育出版社，1998年版，第167－183页。

象面对如此多的学理介绍和概念剖析，作者和读者还会有关注故事情节和人物的精力甚至心情。新小说家以科学小说代政治教科书的尝试无疑也是不成功的。在“小说界革命”所提倡的几种小说中，只有侦探小说最为幸运，历经波澜、经久不衰，以其在作品数量、创作人数、阅读群体等方面的优势成为晚清乃至近代最流行的小说种类之一。侦探小说之所以能如此流行与繁盛，自与其所具有的娱乐消遣性有着密切关系。

侦探小说的产生和发展有着特殊的经历。它来自对外国侦探小说的译述，倡导于“小说界革命”，最后在读者和市场的考验下兴旺发达起来。

我国翻译西方侦探小说的历史，可以追溯到19世纪末期。光绪二十二年至光绪二十三年（1896—1897），上海出版的《时务报》发表了五篇福尔摩斯探案的译作：《英包探访喀迭医生案》、《英包探勘盗密约案》、《记讴者复仇事》、《继父诳女破案》和《呵尔唔斯辑案被戕》。《时务报》是当时维新派创办的一份影响最大、销量最多、发行最广的刊物，侦探小说刊登在这样一家报刊上，对其在中国的传播无疑具有积极影响。光绪二十五年（1899），《时务报》上刊登的这几篇作品，由素隐书屋刊行，题名《新译包探案》，和林纾翻译的《巴黎茶花女遗事》编在同一书中出版。林纾回忆起当时《新译包探案》出版的情况时说道，“当日汪穰卿舍人为余刊《茶花女遗事》，即附入《华生包探案》，风行一时，后此续出者至于数易版”。①

侦探小说中惊险的情节、紧张的场面、别致的结构和科学严谨

① 林纾：《〈歇洛克奇案开场〉序》，光绪三十四年（1908），北京：商务印书馆；载陈平原、夏晓虹编：《20世纪中国小说理论资料》第一卷，北京：北京大学出版社，1989年版，第328页。

的推理方法，不仅使看惯了传统公案侠义小说的读者耳目一新，而且引起了知识阶层的兴趣。在“小说界革命”中，侦探小说作为可以承载改良群治的工具，被新小说家提倡起来。

“探侦小说，其奇情怪想，往往出人意表”①。如若政治小说、科学小说有利于促进社会改革、培养爱国精神或者传播科学知识，那么侦探小说在中国何以成为社会改良的“功臣”，何以让新小说家青眼有加。要言之，其因有三。首先，言情小说我们有《红楼梦》，社会小说我们有《金瓶梅》，政治小说我们有《水浒传》；而侦探小说情况如何呢？“吾祖国文字，在五洲万国中，真可以自豪耳”，中国小说远胜西洋小说，“唯侦探一门，为西洋小说家专长”②。其次，在引入新智识，输入新文明的鼓荡下，既然“侦探小说，为我国所绝乏”，自然“不能不让彼独步”。更何况侦探小说有助于我国律法的完备，康有为就认为应以外国侦探小说来治“本国律治”③。相同的，周桂笙又把侦探小说跟中国的“刑律讼狱”拉上了关系。“盖吾国刑律讼狱，大异泰西各国”，“互市以来，外人伸张治外法权于租界，设立警察，亦有包探名目，然学无专门，徒为狐鼠城社。会审之案，又复瞻徇顾忌，加以时间有限，研究无心。至于内地谳案，动以刑求，暗无天日者，更不必论。如是，复安用侦探之劳其心血哉！全若泰西各国，最尊人权，涉讼者例得请人为辩护，故苟非证据确凿，不能妄入人罪。此侦探学之作用所由广也。而其人又皆深

① 新小说报社：《中国唯一之文学报〈新小说〉》，《新民丛报》第十四号，光绪二十八年（1902）七月十五日。

② 《小说丛话》中定一之论，《新小说》第十五号，光绪三十一年（1905）六月。

③ 康有为：《〈日本书目志〉识语》。载陈平原、夏晓虹编：《20世纪中国小说理论资料》第一卷，北京：北京大学出版社，1989年版，第13－14页。

思好学之士，非徒以盗窃充摘投，无赖当公差者，所可同日语”①。可以说，“小说界革命”提倡晚清翻译侦探小说的原因之一，便是本国律治不明，而“泰西各国”之所以能兵强国富，也是因为它们有侦探，法制健全。因此，为了救亡图存，必须翻译外国侦探小说以“输入文明”和“介绍法制”②。再次，侦探小说“本以布局曲折见长”③，“凭空落墨，恍如奇峰突兀，从天外飞来；又如燃放花炮，火星乱起。然细察之，皆有条理，自非能手不能出此”，而此种“此种穿插变化之本领，实非他人所能及”④，却是“欧西小说家之常态”⑤。而相比之下，“我国小说，起笔多平铺，结笔多圆满”⑥，“往往先将书中主人翁之姓氏来历叙述一番，然后详其事于后书；或亦有楔子、引子、词章、言论之属，以为之冠者，盖非如是则无处下手矣。陈陈相因，几于千篇一律”⑦，“叙此等事，往往凿空不近人情，且亦无此层出不穷境界，真瞠乎其后矣”⑧。再加上侦探小说“迭破奇案，诡秘神妙，不可思议，偶有记我，传诵一时”⑨。故而，

---

① 周桂笙：《歇洛克复生侦探案·弁言》，《新民丛报》第五十五号，光绪三十年（1904）。

② 陈福康：《中国译学理论史稿》，上海：上海外语教育出版社，2000 年版，第 158 页。

③ 觚庵：《觚庵漫笔》，《小说林》第七期，光绪三十三年（1907）十一月。

④ 半侬：《福尔摩斯侦探案全集·跋》，《福尔摩斯侦探案全集》，北京：中华书局，1916 年版。

⑤ 知新室主人（周桂笙）：《毒蛇圈·译者语》，《新小说》第八号，光绪二十九年（1903）五月。

⑥ 觉我：《电冠·赘语》，《小说林》第八期，光绪三十三年（1907）十二月。

⑦ 周桂笙：《歇洛克复生侦探案·弁言》，《新民丛报》第五十五号，光绪三十年（1904）。

⑧ 《小说丛话》中侠人之语，《新小说》第十三号，光绪三十一年（1905）二月。

⑨ 《歇洛克复生侦探案·弁言》，《新民丛报》第五十五号，光绪三十年（1904）九月十五日。

作为能够有效承载新思想的工具，侦探小说被新小说家选中，大张旗鼓地发展起来。

虽然侦探小说在翻译过程中被赋予强烈的政治功用性，新小说家也坚信自己的译本能够启迪民智，灌输西方的法制律治，有利于救亡图存，但是侦探小说的特性却是以情节曲折离奇取胜，主要是一种娱乐型小说。至于新小说家何以取其“一起之突兀”的叙事技巧，而且从中读出“坚忍沈挚，百折不挠，则何事不可成，何侮之足虑”，“亦足以感发其志气激昂、情义缠绵之真性”[①]，只能归因于新小说家一厢情愿的政治热情了。对此，当时就有一些小说评论者指出，“夫侦探诸书，恒与法律有密切关系。我国公民之资格未完备，法律之思想未普及，其乐于观侦探各书也，巧诈机械浸淫心目间，余知其欲得善果，是必不能”[②]。即使侦探小说与法律有密切关系，但局限于大多数读者的整体阅读欣赏水平和阅读目的，侦探小说受到重视的并不是“文明”或“律治”，而是“巧诈机械”。就连当时的新小说作家也喜欢翻译“机警活泼”的侦探小说。[③]

据笔者统计，光绪三十一年（1905）之前所出侦探小说单行本9种，之后为143种，报刊刊载的侦探小说在此前后则分别为28种

---

① 陈熙绩：《〈歇洛克奇案开场〉叙》，光绪三十四年（1908）上海商务印书馆。载陈平原、夏晓虹编：《20世纪中国小说理论资料》第一卷，北京：北京大学出版社，1989年版，第327－328页。黄伯耀：《学校教育当以小说为钥智之利导》，《中外小说林》第一年第八期，光绪三十三年（1907）。载陈平原、夏晓虹编：《20世纪中国小说理论资料》第一卷，北京：北京大学出版社，1989年版，第210－213页。

② 觉我：《余之小说观》，《小说林》第九期，光绪三十四年（1908）正月。

③ 周桂笙：《歇洛克复生侦探案·弁言》，《新民丛报》第五十五号，光绪三十年（1904）九月十五日。

和143种。[①]"在约一千一百部的清末小说里，翻译侦探小说及具侦探小说要素的作品占了三分之一左右。"[②] 就主要报刊言，在《新小说》连续刊载了《离魂病》、《毒蛇圈》、《毒药案》和《双公使》四种侦探小说后，《绣像小说》紧随其后，刊登了柯南道尔所著的《华生包探案》等系列短篇；《月月小说》和《小说林》更是以刊译侦探小说为主，在各自所刊登的翻译小说比例中占有绝对优势：《月月小说》发表了三种长篇侦探小说如《三玻璃眼》、《盗侦探》、《海底沉珠》，以及"巴黎五大奇案"、"海谟侦探案"、"威林笔记"、"高龙侦探"等十五篇系列短篇侦探小说；《小说林》上所连载的《一百十三案》、《黑蛇奇谈》也都是优秀的长篇侦探小说。至于四大报纸，侦探小说的数量更胜一筹，《时报》一开张，第一天刊载的小说便是"多情之侦探"《伯爵与美人》，截至宣统三年（1911）该报共刊译侦探小说20余种；从未登载过小说的《新闻报》，刊登的第一篇小说《眼中留影》，以及《申报》复登小说之后最先选择的《杀父奇冤》，都是精彩的译本侦探小说。就光绪三十一年（1905）之后的小说市场而言，据徐念慈统计，小说林社出版的书，销路最好的是侦探小说，"记侦探者最佳，约十之七八。"[③] 以至于时人慨叹道，"近日所译侦探案，不知凡几，充塞坊间，而犹有不足以应购求者之虑。"[④]

---

① 光绪二十五年至宣统三年（1899—1911）侦探小说单行本详见附录6，光绪二十二年至宣统三年（1896—1911）报刊刊载的侦探小说详见附录7。

② 中村忠行：《清末探侦小说史稿》（三），转引自陈平原：《中国小说叙事模式的转变》，北京：北京大学出版社，2003年版，第44页。

③ 觉我：《余之小说观》，《小说林》第九期，光绪三十四年（1908）正月。

④ 中国老少年：《〈中国侦探案〉弁言》，《新世界小说报社》第二期，光绪三十二年（1906）。载陈平原、夏晓虹编：《20世纪中国小说理论资料》第一卷，北京：北京大学出版社，1989年版，第192页。

数量众多的作品的产生，自然离不开具有一定规模的创作队伍。“当时译家，与侦探小说不发生关系的，到后来简直可以说没有。”①不仅周桂笙、陈景韩、包天笑、罗季芳、陈洪璧、杨心一等译者构成了庞大的侦探小说翻译群，就连林纾、吴梼等相对严肃的翻译文学家，也先后加入侦探小说的翻译队伍。

二、晚清侦探小说的特点及艺术风格

光绪三十一年（1905）之后的侦探小说与其他种类的小说相比，具有涉及范围广，翻译速度快等特点。最后五年间，除柯南道尔的作品外，世界各国著名或流行的侦探小说家的作品几乎都有翻译。具有代表性的作家有被称为侦探小说鼻祖的美国作家爱伦·坡，法国作家埃米尔·加博里奥、鲍福、佛蔡斯，英国作家亚阿·瑟·毛利森、葛威廉、般福德仑纳，美国作家乐林司朗治、麦枯准尔特、威登以及日本作家黑岩泪香。除了这些欧美著名侦探小说家的作品被不断译入外，侦探小说在光绪三十一年（1905）之后，又多以系列形式出现。如英国狄克多那文的《多那文包探案》系列②，白髭拜的《巴黎五大奇案》系列③，法国纪善的《高龙侦探案》系列④，哈华德的《海漠侦探案》⑤ 系列，特别是美国尼科拙司·卡特《聂

① 阿英：《晚清小说史》，北京：东方出版社，1996 年版，第 217 页。

② 商务印书馆编译所译，光绪三十三年（1907）。此系列包括如下：《猫眼石》、《骷髅饮器》、《兄弟会》、《银匕首》、《隔帘影》、《花中蠹》、《考林社》、《剧场弹》、《机器炉》、《瘢手印》、《惨爱情》等。

③ 仙友译，光绪三十三年（1907）。此系列包括《双尸记》、《断袖》、《珠宫合》、《情姬》、《盗马》。

④ 周桂笙译，光绪三十三年（1907）。包括《妒妇谋夫案》、《红痣案》二种。

⑤ 杨心一译，光绪三十三年（1907）。该系列包括的《剑术家被杀案》、《守钱虏再生案》、《墓中尸案》。

格卡脱侦探案》系列①，收入探案专集的作品和单行本达30余种之多。②

翻译速度快的特点表现在，很多侦探小说的翻译紧随原作之后，几乎与创作同步。马克丹诺·保德庆的《贝克侦探案》初编，创作于光绪三十四年（1908），宣统元年（1909）就有了林纾和陈家麟的中译本；英国歇福克的小说《剧场奇案》创作于光绪三十一年（1905），次年即由商务印书馆翻译出版。而他的《二俑案》的发表和中译本竟在同年，即光绪三十二年（1906）。当时"所译侦探案，不知凡几，充塞坊间，而尤有不足以应购求者之虑"③，以至于在近代翻译领域内，独树一帜，"抛开日本这个中转站，直接取法欧美，步伐甚至走得比日本还快……基本上与世界文学潮流同步"④。

"翻译者如前锋，自著者为后劲"虽然侦探小说的发展"不能不

① 华子才等译，光绪三十二年至光绪三十四年（1906—1908）。包括以下篇目：《银行主人被杀案》、《猪太拒捕案》（第1册）、《双生案》、《觊产案》（第2册）、《车尸案》、《蓄音案》（第3册）、《复仇案》（第4册）、《宝刀影案》（第5册）、《奇窟案》（第6册）、《大里斯案》（第7册）、《戕姊案》（第8册）、《假面女子案》、《续假面女子案》（第9册）、《疯子劫杀案》、《飞刀案》（第10册）、《戕父劫女案》、《假王案》（第11册）、《雷护所案》、《炸弹案》（第12册）、《姓名名姓案》、《姓名名姓案解决案》（第13册）、《红面党案》（第14册）、《一钱酬劳案》、《五玉黍案》（第15册）、《飞箭案》、《飞艇案》（第16册）。参见郭延礼：《中国近代翻译文学概论》，武汉：湖北教育出版社，1998年版，第164-165页。

② 参见郭延礼：《中国近代翻译文学概论》，武汉：湖北教育出版社，1998年版，第156-160页。

③ 周桂笙：《歇洛克复生侦探案·弁言》，《新民丛报》第五十五号，光绪三十年（1904）九月十五日。

④ 中村忠行：《清末探侦小说史稿》（三），转引自陈平原：《中国小说叙事模式的转变》，北京：北京大学出版社，2003年版，第44页。

以译本小说为开道之骅骝"[①]，但中国小说的发展只能依靠自己创作水平的提高。晚清侦探小说的创作可分为两种类型：一种是浅层次的借鉴，借用西方侦探小说的技法突破传统小说的固定写作模式；一种是直接师法西洋，邯郸学步，创作中国式的侦探小说。

新小说家创作真正的侦探小说者不多，可在小说中穿插一两个准侦探人物或类侦探故事，却是常有的事。[②] 具体表现在，一些小说作家在创作时有意借鉴西方侦探小说的叙事手法与结构方式，或者在小说作品中插入一些侦探故事片断，或者以新的手法重写改造传统公案小说，使作品呈现出新的文本形态。前者如刘鹗的《老残游记》，该书除了称小说主人公为福尔摩斯外，作者还用了六回的篇幅来写白子寿、老残对魏谦父子冤案的侦破与纠正，若单独将其抽出就是一篇中国式的侦探故事，该书曾被誉为"现代侦破小说的开端"[③]。后者如吴趼人的《九命奇冤》，其在传统公案小说的基础上，"用西洋侦探小说的布局来做一个总结构"，较为成功地借鉴了对话开头，以对话补充情节、倒叙手法等侦探小说技巧，被誉为晚清最佳小说之一，当属晚清自创侦探小说中最娴熟的一部。[④]

虽然晚清小说家在翻译侦探小说的影响下，也出现了尝试性的创作，但由于缺乏社会文化和文学背景，中国自创的侦探小说显得

---

① 世：《小说风尚之进步以翻译说部为风气之先》，《中外小说林》第二年第四期，光绪三十四年（1908）。载陈平原、夏晓虹编：《20世纪中国小说理论资料》第一卷，北京：北京大学出版社，1989年版，第298－301页。

② 陈平原：《中国现代小说的起点》，北京：北京大学出版社，2005年版，第12页。

③ 陈辽：《现代侦破小说的开端》，《东岳论丛》，1993年第1期。

④ 胡适：《五十年来中国之文学》，《胡适古典文学研究论集》，上海：上海古籍出版社，1988年版。

格外步履蹒跚。不但读来生硬，模仿痕迹明显，而且有些甚至就是西方侦探小说的改写，“如今的那班小说家，每每著什么中国侦探小说，那里头缉案的情节和那国家的法律，侦探的序文都和泰西的侦探小说差不多”①。发表于《月月小说》第二年（1908）第十期的《两头蛇》，虽云是“自撰小说”，但实际上系由柯南道尔的《斑点带子案》改写而来，人名地名虽有改变，但故事情节基本相同。署名星如，刊于《新小说丛》第一期（1908）的《窃书》更是与爱伦·坡的小说《窃信案》如出一辙。其他侦探小说如《女侦探》、《失珠》、《汽车盗》、《侦探误》等不过是比葫芦画瓢，显得比较幼稚，乏善可陈。

除此，大部分自创的“中国侦探小说”并不是纯粹的侦探小说，而是掺杂着公案、官场、言情、侦探等多种因素的混搭之作。以《申报》连载的《绣衣盗》（十回）为例。② 该作在第一回比照中西侦探的不同之后，并未直写案件，而是转入描写致仕回乡的老尚书在元宵夜观灯时被误捉，引出有大盗窃案发生。在第四回突出小说主要人物陆雄识人的本领后，讲述的是盗案一再发生，陆雄与各巡捕为此奔走不停。然后小说就转到江西候补道姚嘉祖在姑苏的奢侈生活，中间穿插众官员的贪欲和各种丑态。最后陆雄凭借自己的推断，将姚嘉祖列为嫌疑对象，将其抓捕。小说在写作过程中并未注重采用模仿西方侦探小说的路数，在叙事上毫无悬念，缺乏翻译侦探小说环环相扣、引人入胜的吸引力。反而，小说着重描述了官场官员贪婪卑鄙、忘恩负义、落井下石的丑恶嘴脸，文末揭示道貌岸然的候补道居然是个江湖巨盗，绝妙讽刺了晚清官场的阴暗。

① 《绣衣盗》，《申报》，宣统二年（1910）四月二十一日。

② 《绣衣盗》，《申报》，宣统二年（1910）四月二十一日。

另一部自创侦探小说《金氏》，直接取材于社会新闻。小说着墨于金氏，以第三人称的全新视角来描写金氏的生活和行迹，其中描写叙述了上海的妓院、商人、流氓、强盗等各个社会阶层的人物及其事件，却并无所谓的案发和侦探一事。该部叙述虽然被报纸宣称“阅者作侦探小说读也可，作上海风俗史读亦无不可”[①]；但实际上，却应反过来说，作上海风俗史读还能说得过去，作侦探小说读，则有点莫名其妙。并且该小说在行文中逻辑并不严谨，已经提到常石任与金氏之死有关，且暗指被刺缘由及策划者，尽管小说并未刊完，案件是否能被侦破不得而知，但小说已经毫无悬念可言。

晚清自著的短篇小说亦有涉及侦探题材的，但是和翻译之作仍相差极大，其目的不是探侦，而是借外国侦探讽刺社会，嘲弄中国侦探的无能。如自著之作《歇洛克来游上海第一案》开篇所述，“歇洛克系英国包探名人。前自时务报上译行《滑震包探案》后，又有启文社、文明书局等继译华生（即滑震）包探案，又有商务印书馆继译《补译华生包探案》，又有新民丛报继译《歇洛克再生第一案》、《第二案》，均道歇洛克包探事。读之大有趣味，大可发人心思，自是大家文字。若此作特游戏耳，借题目耳，与前种种无涉。阅者不必笑我效颦。”[②] 该作共写四案，但并未探侦过程，重点反是讲述歇洛克在中国碰壁的经过，他一贯用来分析判断的办法在中国居然行不通，以此讽刺中国社会的不正常现象，暴露国人的糜烂生活，疾首鸦片的流毒。至于《时报》在光绪三十三年（1907）刊载的“侦探之侦探”系列，则充满了对中国侦探的揶揄和嘲讽，其中《某客栈》居然出现“我辈以为党人捕党人也，而孰知乃侦探捕侦

---

① 《特别启事》，《神州日报》，宣统二年（1910）十月七日。

② 《歇洛克来游上海第一案》，《时报》，光绪三十年（1904）十一月十二日。

探”的离奇局面[①]。

这些作品体现出晚清小说家在学习过程中的摸索和尝试，虽然谈不上成功之作，但毕竟是中国侦探自著小说的开始和先声。而且从当时小说演进的角度讲，它已渐次走出传统公案小说的藩篱。小说不再歌颂清官的明察秋毫、料事如神，而以直接侦破案件的巡捕为中心；抛弃了鬼神因素，纯粹以现实生活为背景，肯定个人的能力在破案过程中的重要作用。但因为这些自创的侦探小说质量不高、片言短制，所以晚清小说在市上流行的侦探小说仍以译述为主，并且翻译之风愈演愈热。至光绪三十三年（1907）之后，竟形成了一股侦探热潮。据保守估计，仅翻译作品言，光绪三十三年（1907）之后的侦探小说就在400篇以上[②]。可见，虽然被赋予强烈的政治功用色彩，但不同于政治小说和科学小说的消歇，侦探小说非但没有没落，反而发展迅猛、愈演愈烈。这样看来，侦探小说的流行并非因其具有“改良群治”的政治功用性，它的蓬勃发展和兴盛繁荣，只能归结之于自身的文学特性，即强烈的娱乐消遣性。

首先，侦探小说情节惊险神秘，跌宕起伏，迂回曲折，一波未平，一波又起。在严谨的情节中充满悬念和疑点，激发了读者的好奇心，使其迫不及待地要探明究竟。紧张、神秘，甚至恐怖的气氛，强烈地震撼着读者的心灵，给人一种锐利的刺激感。优秀的侦探小说，特别是柯南·道尔等人的推理侦探小说，在侦破过程中，侦探和助手们表现出的惊人智慧、周密的逻辑推理、惊人的洞察力、时

---

① 《某客栈》，《时报》，光绪三十三年（1907）十月初二。

② 此数据参考自郭延礼：《中国近代翻译文学概论》，武汉：湖北教育出版社，1998年版，第159页。

而幽默风趣时而一针见血的犀利语言，都使读者心折。

其次，侦探小说的题材大致不出遗产争夺、强盗行凶、奸情谋杀、谋财害命之范围，所描写的犯罪问题都是人们所关注的社会焦点。在阅读过程中，社会的污秽黑暗、道德沦丧、贫富不均、人性的贪婪和好色都一一被折射出来，满足了读者的猎奇心理。

再次，侦探小说在内容上与我国的侠义公案小说又有相通之处。它们的基本主题大多是揭露、鞭挞社会上的黑暗邪恶势力，张扬正义和道德，同情弱者而惩办罪犯。这类的题材又正是我国读者最乐于接受的。在清末这样一个极度动荡、公理难伸的社会里，侦探故事的主人翁维护法纪，有如古代的著名清官包青天，但又比包青天更胜一筹，因为他查案用的是现代的科学方法。这种传统道德价值和现代西方科技的配合，实在令晚清读者难以抗拒。

另外，翻译侦探小说不论内容和形式都是新奇的。侦探小说有“令读者骇其前而必绎其后”① 故事结构；行文中经常提及新科技——火车、地铁、电报等，全是当时被人们羡慕的事物；故事主人翁以逻辑推理和有规律的行动屡破奇案，表现出当时国人被视为欠缺的素质——坚强的体能和智能。假如翻译小说的作用是填补中国当时被视为有所欠缺的地方，那么上面提到的各种因素就足以保证侦探小说广泛地被接受了。②

总之，与其他小说或由兴盛转为消退、或由压抑转而崛起的潮

---

① 林纾：《〈歇洛克奇案开场〉序》，光绪三十四年（1908），北京：商务印书馆。载陈平原、夏晓虹编：《20世纪中国小说理论资料》第一卷，北京：北京大学出版社，1989年版，第328页。

② 关于侦探小说的特点参考了郭延礼之《中国近代翻译侦探小说》中文字。郭延礼著：《中国近代翻译文学概论》，武汉：湖北教育出版社，1998年版，第164－166页。

起潮落相比，侦探小说一经引入便经久不衰。其以译入时间最早、译介规模大、在输入过程中几乎没有遇到任何抵制和反对的优势特点，成为近代中国最流行、最畅销的小说品种。而读者大众的欣赏和消费市场的认可则无疑是侦探小说由流行而至繁盛的重要外在原因。

第四节　消费市场与娱乐大众

小说界革命的发生和发展，“新小说”的出现，在很大程度上取决于两种外力的推动。其一，是中国制度改革追求受挫后，社会改革欲望向小说领域的转移；其二，是外国文化和文学的强大冲击。[①] 在这两种外力的交互作用下，“新小说”被赋予强烈的政治功用性，成为启蒙运动与政治改革的利器，其在文坛的地位急剧提升，小说市场也得到迅速拓展。当然，晚清小说的发展，并不仅仅依靠政治革命思潮的激荡，它还有赖于市民阅读取向的凝定、都市文化背景下职业小说家的形成、新教育的发展等重要因素。市民的阅读趣向制约、规范着以卖文为生的职业小说家的创作倾向，新教育的发展孕育出一批新的小说作家和小说读者。在整个文化背景发生变迁的情况下，与光绪三十一年（1905）前启蒙、新民、救国占据着主流话语权不同，光绪三十一年（1905）之后，小说的商品化属性迅速介入小说家的创作过程，直接影响了这一时期的小说发展趋向，营造了小说创作中的娱乐压倒启蒙之势。

---

① 这在梁启超的“小说界革命”阶段，主要表现为对日本近代文学、对日本所有的西方文学的借鉴。

一、文化消费与阅读趣向

晚清小说异乎寻常繁荣的原因，除基于晚清政治的腐败、“小说界革命”的倡导、经济的新变、印刷出版的发达等因素外；也应归功于近代新型市民阶层的崛起与壮大。他们的审美需求、阅读趣向，对近代小说的发展和演变起到了举足轻重的作用。近代市民已不再是传统意义上的城市居民，他们是由近代社会经济的发展、社会生活的繁荣催生出的庞大的知识群体。

从历史和文化的角度来看，市民阶层是伴随着城市的发展而出现的。随着商品经济的发展，中国最早的市民阶层出现在北宋时期，“北宋初期在民户中将坊郭户和乡村户区分开来，以户籍形式将全国普通居民分为城市居民和乡村居民，坊郭户的单独列籍定等是中国历史上市民阶层兴起的标志。”①近代意义上的市民阶层则是在世界潮流推动下，近代商品经济勃兴的产物。近代商品经济的勃兴，大大改变了传统的城市形象，以这些商业城市为中心，一个初具规模的工商经济社会在清末逐渐形成。在城市经济繁盛的同时，依赖工商业、与新的生活方式相联系的城市市民群体不断发展壮大。“在晚清小农经济的不断衰微以及连年的灾荒、战乱的逼迫下，从乡绅富商到破产农民，农村社会各色人口向城市持续流动，寻求谋生机会。这在带来了城市繁荣的同时，也促使城市人口迅速膨胀。随着生活空间的扩展和生活方式的变化，与近代文明发生紧密接触的城市人群体率先在沿海、沿江等一批新的工商城市里成长起来，成为市民

---

①　谢桃坊：《中国市民文学史》，成都：四川人民出版社，1997 年版，第 8 页。

文化兴起和发展的最重基础”[1]。

以上海为例，其在开埠之后迅速发展成为一个具有浓厚商业化氛围的城市。1858 年，移居上海近十年之久的晚清名士王韬在日记中感叹，“沪虽弹丸之地，而禺荚所骈罗，中外所亘市，肩摩毂击，金气熏灼，苍牛青虎之间，沧海横流，耳闻目见，书不胜书”。[2] 社会的急速商业化和人们谋生方式的改变，催生了城市人群的分化：既有“自居于士类者”[3] 的士绅阶层，从传统儒生退脱出来的新型知识分子、新式学堂学生，也有“出入于商与士之间者”[4]；既有民族企业家、买办、帮办，也有中小商人、医生、公职人员、洋行商行职员、报业人员以及靠教读和秉笔为生的江南文人学士[5]；更多的组成者则是由农民转化而来以产业工人、下层店员、低级职员为主体的劳动者；此外，还包括会党、马贼、盐枭、娼妓、江湖术士、无业游民在内的庞大的社会边缘群体。在这些社会群体中，前两者分属于市民阶层的上等和中等人员，后者则属于下等人员。上等人

---

① 田涛、樊仰泉：《清末市民文化的兴起》，《山西煤炭管理干部学院学报》，2002 年 4 期。

② 《王韬日记》，北京：中华书局，1987 年版，第 19 页。

③ 陈旭麓：《近代中国社会的新陈代谢》，上海：上海人民出版社，1992 年版，第 258－261 页。

④ 陈旭麓：《近代中国社会的新陈代谢》，上海：上海人民出版社，1992 年版，第 261－264 页。

⑤ 市民阶层人员的构成依据商务印书馆在宣统元年（1909）出版的《上海指南》。（一）供职于大中小各式学校的人员。（二）从业于报刊的人员。（三）上海有挂牌营业洋人律师雇佣的翻译、文案、帮办。（四）从业于藏书楼、博物院、天文台的人员。（五）从业于商务印书馆等出版机构与仪器馆的人员。（六）供职于医院的正式医生和辅助人员。（七）供职于有各类学会的专职人员。（八）从业于教堂的人员。（九）有挂牌卖画的画家。（十）在官府、海关、会审公廨、洋务局、电报局、保险、慈善等机构从业的人员。共计十类，合计 4069 人。

员在地域行业组织和经济活动中起着主导作用；市民社会的中等人员，则大多读过书，有比较稳定的职业和收入，有着能够维持温饱的生活，并有一定的余资可以享受一般的文化消费。特别是那些饱读诗书、惯于舞文弄墨的文人学士，有不少还取过生员甚至举人的功名，他们的生活方式代表着市民生活的主流，对于市民文化和社会风习具有较大的影响力。至于处于市民阶层的下等人员，虽然人数众多，但在城市经济的发展下，开始对正统价值观念发生某种偏离，沾染上注重物质的习气。不过由于他们或受雇于商家，或依附于业主，没有社会地位，对社会文化不可能产生主动的影响。这三类社会群体大体构成了近代城市的市民阶层，是晚清小说的主要阅读群体。①

由于商品经济飞速发展，商业精神也从各种渠道影响着社会心态的总体格局，并渗透到人们生活的具体细节中。有学者指出，人口高度密集的大城市，缩小了人际空间距离，但拉大了人们的心理距离。市民不像乡民那样，既是邻居，又是劳动同行，有的还是亲戚，容易相识相知。市民分工很细，繁忙、快节奏的劳动冷漠疏离了人际关系，这一特点使他们与以消闲、娱情为目的的大众文化结下了不解之缘。② 中国传统的娱乐文化带有家庭性、自娱性、非商业化特征，而近代城市大众娱乐文化则具有商业性、集团化的特点。③晚清上海市民最热衷的娱乐活动主要有七事：戏园也，酒楼也，茶

---

① 陈旭麓：《近代中国社会的新陈代谢》，上海：上海人民出版社，1992 年版，第 257－276 页。

② 熊月之：《上海在中国与世界的地位》，《上海通史》第一卷“导论”，上海：上海人民出版社，1999 年版，第 10 页。

③ 涂文学：《中国城市文化近代化的多重路径》，《浙江学刊》，1996 年第 4 期。

馆也，烟间也，书场也，马车也，堂子也。[①] 可以说，市民文化兴起的标志便是消费性和娱乐性产品的繁盛。就文艺作品而言，“小说界革命”之前的各种切合市民口味的，谈风月、说勾栏、评花榜、供人娱乐消遣小报便是作为市民的文化消费品的主要类型之一。市民阶层的趣味、爱好和情感方向引导着小说家们的笔墨，调遣着他们的才情。市民们喜读小说，小说家为市民们写作，这便是晚清小说市场的客观现实。并且从根本上讲，文学作品是为读者创作的，其生命也只能依靠读者的阅读而延续。很难想象离开了读者的阅读，作品将以何种状态存在。所以，文学作品的创作也必须考虑读者的需求和审美期待。

在“小说界革命”开展初期，以梁启超为代表的新小说理论家也并非只是纸上谈兵，他们对小说的读者群体亦有着十分清醒的认识，而且目标明确。虽然整个社会，所有阶层都有小说读者，包括“官场中人、维新党、历史家、实业家、妇女”[②]，“演剧弹词家”[③]，“髫发学僮，峨眉居士，上至建牙张翼之尊严，下迄雕面糊容之琐贱”[④] 各项人等，“指头儿一时也数不清，秃笔儿一时也写不尽”[⑤]。但是，针对中国“通人少而愚人多，深入文学之人少，而粗识之人、

---

① 《沪游记略》，《申报》光绪十四年（1888）四月三十日。

② 报癖：《论看〈月月小说〉的益处》，《月月小说》第二年第一号，光绪三十四年（1908）正月初七。

③ 恽铁樵：《〈小说丛考〉赘言》，《小说月报》第四卷第一号，1913。载陈平原、夏晓虹编：《20 世纪中国小说理论资料》第一卷，北京：北京大学出版社，1989 年版，第 396 页。

④ 黄摩西：《〈小说林〉发刊词》，《小说林》第一期，光绪三十三年（1907）正月。

⑤ 报癖：《论看〈月月小说〉的益处》，《月月小说》第二年第一号，光绪三十四年（1908）正月初七。

无知之人多”的现实，愚民百姓在他们看来应是“新小说”所主要关注的群体。梁启超率先将“新小说”的读者范围圈定为“辍学之子，……下而兵丁、而市侩、而农氓、而工匠、而车夫马卒、而妇女、而童孺”①；邱菽园小说读者无外于“农工商贩”②；夏曾佑则定位小说的读者为“妇女与粗人”。“中国之小说，亦分一二派：一以应学士大夫之用，一则应妇女与粗人之用……今值学界展宽，士大夫正日不暇给之时，不必再以小说耗其目力。惟妇女与粗人，无书可读，欲求输入文化，除小说更无他途。”③ 直到光绪三十二年（1906），还有人坚持“小说者，所以供中下社会者也”。④

但遗憾的是，“小说界革命”所提倡的“新”小说、“新”民、“新”国的思路，决定了它对小说政治功用性的绝对强调，而忽视小说之为小说的本质特征。在进行小说创作时，受高昂的政治激情和急迫的救亡热情的驱动，新小说家们过高地赋予小说“启蒙新民”的内涵，将太多的笔墨投诸于政治理念的宣传，在阅读上对读者提出了过高的要求。“吾所谓能读小说者，非粗识几字，了解其中事实如何也”⑤；读小说者要掌握“急读、缓读之二法”⑥，急读一气呵

---

① 梁启超：《译印政治小说序》，《清议报》第一册，光绪二十四年（1898）。

② 邱炜萲：《小说与民智关系》，光绪二十一年（1901）。载陈平原、夏晓虹编：《二十世纪中国小说理论资料》（第一卷），北京：北京大学出版社，1989年版，第31页。

③ 严复、夏曾佑：《本馆附印说部缘起》，《国闻报》光绪二十三年（1897）十月十六日至十一月十八日。载陈平原、夏晓虹编：《二十世纪中国小说理论资料》（第一卷），北京：北京大学出版社，1989年版，第1-12页。

④ 陈光辉：《陈光辉先生来函》，《小说月报》第七卷第一号，1916年。载陈平原、夏晓虹编：《二十世纪中国小说理论资料》（第一卷），北京：北京大学出版社，1989年版，第534-535页。

⑤ 觚庵：《觚庵漫笔》，《小说林》第七期，光绪三十三年（1907）十一月。

⑥ 觚庵：《觚庵漫笔》，《小说林》第七期，光绪三十三年（1907）十一月。

成、领悟顿悟，缓读则能细心领会、体会入微。更有甚者，要求读新小说者，将新小说作史读、作子读、作志读、作经读，要求读者要有格致学、警察学、生理学、音律学、政治学和论理学诸方面的知识准备。[①] 与过分专注于小说承载的政治功能相比，新小说家对小说人物形象塑造、叙述语言、话语方式要素忽略太多。漠视了读者对“男女、英雄”主题的钟情，对“不费心思”的阅读，对去劳求逸的需求。这样一来，“新小说”就有点自说自话的意思了，既有点像是启蒙者不看对象的说教，又像是知识分子的自言自语。事实上，光绪三十年（1904）小说市场的低徊也证明了这一点。

在“议论多而事实少，不合小说体裁”[②] 的“新小说”阅读过程中，读者不能得其乐，“新小说”的销售开始成为问题[③]。“新小说”实际读者的缺失，启蒙者与被启蒙者双方的隔膜，创作者的传播意图和读者接受期望的错位，使得“新小说”处于自说自话的尴尬地位。在光绪二十九年（1903）的小说创作高峰之后，小说在创作数量出现跌落和徘徊。相较之下，光绪三十一年（1905）之后的小说，因为有效地考虑了读者的阅读需求，创作的小说更易被读者接受，进而占有了更多的小说市场，逐渐呈现繁荣景象。

事实表明，读者对“新小说”的发展产生了巨大影响，并在

---

① 《读新小说法》，《新世界小说月报》第六期、第七期，光绪三十三年（1907）。载陈平原、夏晓虹编：《二十世纪中国小说理论资料》（第一卷），北京：北京大学出版社，1989 年版，第 273 – 297 页。

② 俞佩兰：《〈女狱花〉序》，光绪三十年（1904）。载陈平原、夏晓虹编：《二十世纪中国小说理论资料》（第一卷），北京：北京大学出版社，1989 年版，第 121 – 122 页。

③ 公奴：《金陵卖书记》，光绪二十八年（1902）。载陈平原、夏晓虹编：《二十世纪中国小说理论资料》（第一卷），北京：北京大学出版社，1989 年版，第 48 页。

一定程度上成为“娱乐压倒启蒙”的执行者和“新小说”的终结者。

二、职业创作群体的形成和近代稿酬制度的确立

晚清小说的转型与近代商业社会的进程基本同步。在浓厚的商业氛围下，近代文化也开始了发展的新时代。文化机构变成了某种经营性实体，文化最终成为一种商品，追求它的市场交换价值。作为商业市场一分子的晚清报刊，包括专门的小说期刊、文学性期刊、大报、小报，它们办刊办报的目的虽有差别，但追求商业效益都是其存在之根本。在此背景下，小说作为文艺产品与商品，必然按照商品的供给、需求、竞争等市场原则，运作于生活领域，以供受众购买、消费。

当小说被作为一种可盈利性的商品在经营时，讲究趣味，适应市民口味，自然是情理之中的。小说既然是一种消费品，可用来盈利，那么提供小说的人，理所当然应该得到报酬。晚清小说家，除了少数职业政治宣传家外，大都身处知识分子下层，很多人离乡背井的最初目的就是谋生。晚清社会现实提供了文化作品交流的环境和市场，有人愿出资购买和阅读小说作品，小说家愿意根据读者需求决定自己的创作内容。稿酬制度在晚清中国逐步确立起来。

在中国古代社会，虽不乏作文受谢的记载，但从总体上讲，只是酬谢馈赠之意，且当时的文化传播者并不依赖创作传播文化产品而生存，故不可能形成相关规制。进入 20 世纪，随着印刷技术的提高和新闻出版事业的繁荣，报刊用稿大为增加，支付稿酬才逐渐变成具有社会契约性的规定。即便如此，小说稿酬制度在晚清的确立也经历了一个过程。

最初，征求稿件是一律不付稿酬的。以中国近代出版史中发行时间最长，发行数量较大的《申报》为例。在其创刊条例中，它对稿件的征求是一律不付稿酬的，直到《瀛寰琐记》刊行时，这种情况才稍有改变。同治十一年（1872）十一月十七日，《申报》刊登广告，“拟奉赠《瀛寰琐纪》，请附刊大著诸君饬人通名来取启”①，即投稿的文人可以得到该刊物以作回报。同治十三年（1874）十月初五，申报馆又刊登了一则“搜书”告白：

“本馆现在搜求新奇、艳异、幽僻、瑰玮之书，拟各陆续摆印汇作丛书，惟见闻有限，藏弃不多。如有藏书之家珍庋秘本者，幸勿宝之帐中，概允公之海内。函达本馆，即当代为印行，其原本自必珍惜宝护，不使伤损，竣工后封识缴还，并可奉赠新书，以为分贻亲友之用也。专望检之邺架，命彼邮筒，实为切盼。”②

可以看出，时隔两年后，《申报》报馆仍然以赠书的形式支付实物报酬。即便如此，这一举动仍得到当时读者的积极响应，纷纷来信荐书③。

光绪元年（1875）九月二十日，《申报》开风气之先，刊载“觅书”告白，首次开始支付酬金：

“启者：本馆以刷印各书籍发售为常，如远近诸君子有已成未刊之著作拟将问世，本馆愿出价购稿，代为排印，抑或俟装订好后，

① 《申报》，同治十一年（1872）十一月十七日。

② 《申报》，同治十三年（1874）十月初五。

③ 尊闻阁主人在报纸上刊登了对读者西泠梯霞馆主的回复信函：“昨荷西泠慕陶居士来函，云及大著有《续聊斋志异》八卷，闻见既广，笔墨弥佳，既承雅意，请即抄示剛墨，以便公诸同好，幸勿秘之枕中也。藉报奉复，即希鉴及。”《答西泠梯霞馆主书》，《申报》同治十三年十二月十五日（1875年1月22日）。

送书数百部以申酬谢之意亦无不可，总视书之易售与否而斟酌焉。再如藏有世上罕见之本宜于重刊者，本馆亦可以价买，或送数十部新印之书籍以报谢。原本于刊成后仍可璧缴也。”①

在这则觅书告白中，《申报》不但提出“出价”，而且进一步提出买断书稿。这似可被视为中国近代出版机构要求拥有小说版权的开始。自此，赠书、“善价相酬”、“价买”等表述就屡屡出现，成为包括小说在内的书稿的主要支付方式。

之后，个人征稿也陆续出现偿以酬金的举措。署名“寓沪远客”之人曾在《申报》发布广告，面向社会为其图画广泛征求小说，并应允“择其文理尤佳者一卷，愿送润笔洋二十元，次卷送洋十元”。② 傅兰雅发布的“求著时新小说启”，给出的报酬是“首名酬洋五十元，次名三十元，三名二十元，四名十六元，五名十四元，六名十二元，七名八元”。③ 但个人征求小说毕竟影响力小，未能形成风气。

中国近代第一份具有社会契约性质、宗旨明确、内容详备的小说征文启事——《新小说社征文启》，出现在清光绪二十八年（1902）十月初一《新民丛报》第十九号上。半个月后，又在《新小说》创刊号上刊出，题为《本社征文启》，具体内容如下：

“小说为文学之上乘，于社会之风气关系最巨，本社为提倡斯学，开发国民起见，除社员自著自译外，兹特广征海内名流杰作绍介于世，谨布征文例及润格如下：

① 《觅书》，《申报》，光绪元年（1875）九月二十日。

② 《有图求说出售》，《申报》，光绪三年（1877）十月十七日。

③ 《求著时新小说启》，《申报》，光绪二十一年（1895）五月初二。

第一类：章回体小说在十数回以上者及传奇曲本在十数出以上者。

自著本甲等每千字酬金四元；

同　　乙等同　　　　三元；

同　　丙等同　　　　二元；

同　　丁等同　　　　一元五角。

译本甲等每千字酬金二元五角；

同　　乙等同　　　　一元六角；

同　　丙等同　　　　一元二角。”①

从这则征文广告中可以看到，《新小说》的稿酬范围只限于自著和翻译的十数回以上的小说及传奇，其他文稿还是一律不付酬金。包天笑也曾印证过这种情况，“当时报纸，除小说以外，别无稿酬，写稿的人，亦动于兴趣，并不索稿酬。”② 在《新小说》的示范下，但凡小说就“写稿付酬”的风气渐次打开。例如，《时报》征求短篇小说的稿酬为“每篇赠洋三元至六元”③。之后还发布了小说悬赏，稿酬为一等每千字十元，二等每千字七元，三等每千字五元。④《月月小说》在创刊后的第二号上也刊出了《月月小说征文启》，“如有佳作小说，愿交本社刊行者，本社当报以相当之酬劳……一经入选，润资从丰”。⑤《小说林》杂志募集小说告白曰：凡小说入选

---

① 《本社征文启》，《新小说》，光绪二十八年（1902）十月十五日。

② 包天笑：《钏影楼回忆录·时报的编制》，香港：香港大华出版社，1971 年版，第 349 页。

③ 《时报》，光绪三十年（1904）九月二十一日。

④ 《小说大悬赏》，《时报》，光绪三十三（1907）年二月十六日。

⑤ 《月月小说征文启》，《月月小说》第一年第二号，光绪三十二年（1906）十月十五日。

者，“甲等每千字五元，乙等每千字三元，丙等每千字二元”。[①]《小说月报》创刊卷首“征文通告”称，来稿“中选者当分四等酬谢，甲等每千字酬银五元，乙等每千字酬银四元，丙等每千字酬银三元，丁等每千字酬银二元”[②]。其他诸如《绣像小说》、《月月小说》、《小说月报》、《浙江潮》、《河南》等刊物都向小说作者明确表示支付酬金。

与报刊同气相求，书局等出版机构也开始为小说支付酬金。商务印书馆的小说征求付给，“第一名酬洋一百元，二、三名各五十元，四、五名各三十元，六名至十名各念元，十一名至二十名各二十元”[③]；广智书局付给《新小说》小说作者的酬金是，“甲等每千字四元，乙等每千字三元，丙等每千字二元，丁等每千字一元五角”[④]；小说林社付给小说作者的润笔是，“甲等每千字五元，乙等每千字三元，丙等每千字二元”[⑤]。在支付稿酬的做法变得越来越普遍的情况下，清政府于宣统二年（1910）正式颁布了《著作权律》，进一步为文人的创作提供了法律保障。

稿酬制度的诞生和确立的过程，也是近代文化市场发育成熟的过程。在稿酬制度的影响下，小说市场进一步趋于商业化，小说作为文化消费品的特性也愈加突显。光绪三十一年（1905）之后，又一轮小说创作高峰的出现，正是商业经济运行的结果，与政治家的提倡毫无关涉。只有“小说”这一文类能够得取报酬的规则，也吸引了越来越多的创作者加入小说家的行列。而其中最引人注目的群

---

① 《小说林》，光绪三十三年（1907）一月。

② 《小说月报》，宣统二年（1910）七月二十五日。

③ “上海商务印书馆征文”广告，见《申报》，光绪三十年（1904）十月三十日。

④ 《本社征文启》，载《新小说》第一号，光绪二十八年（1902）十月。

⑤ 《募集小说》，载《小说林》第一号，光绪三十三年（1907）正月。

体，当数科举制度废除后转型的文人。

光绪三十二年（1906），清政府宣布废除科举。科举制度的废除，不啻一场不流血的革命，引起了社会系统的全面震荡，对中国社会产生了极其深远的影响。仅对近代小说而言，科举制度的废除改变了文人的传统谋生之道。小说稿酬制度的建立，更使得一大批文人快速摆脱鄙视小说的传统偏见，积极投身于小说创作之中，将在报刊上发表著译小说作为安身立命的工作和资本。那么，写小说卖文为生，能否糊口呢？

据包天笑回忆，光绪三十二年（1906）他到上海加入时报馆时，“上海的小说市价，普通是每千字二元为标准”，“也有每千字一元的，甚至有每千字五角的”。[①] 他为时报馆撰写论说和小说，每月薪水八十元，其中小说占了五十元[②]。除此，他为小说林社删改、润色小说稿件，每月可得报酬四十元。同时，他还另写小说发表在《小说时报》、《新新小说》、《月月小说》等刊物上，也得稿费不少。而且在当时，如果小说家名气较大，稿费还会格外优待。包天笑成名之后称，“我的小说，后来涨到每千字三元，那是商务印书馆要我在他们的教育杂志上写教育小说而加价的……这算是特别优待。”[③] 至于晚清翻译小说的领军人物林纾，自《巴黎茶花女遗事》一举成名后，林译小说受到读者的广泛欢迎，商务印书馆为此几乎包揽了他的所有译作，其稿酬很可能是中国近代小说界最高的了。关于林纾

---

① 包天笑：《钏影楼回忆录·在小说林》，香港：香港大华出版社，1971 年版，第 325 页。

② 他的同乡孙东吴在申报馆做编辑，薪水只有二十八元。包天笑：《钏影楼回忆录·新闻记者开场》，香港：香港大华出版社，1971 年版，第 317 页。

③ 包天笑：《钏影楼回忆录·在小说林》，香港：香港大华出版社，1971 年版，第 325 页。

的稿费多寡说法不一，最高有说千字十元者，而包天笑在《钏影楼回忆录》中说是千字五元，“其时林琴南先生已在商务印书馆及其他出版社译写小说，商务送他每千字五元，……后来商务印书馆给林先生每千字六元。”① 据曾亲自计算过林纾稿费的商务印书馆的工作人员谢菊曾先生的回忆，林纾译稿的稿酬是千字六元②。若以千字六元计，林纾通常是每天译书4小时，一小时译1500字，计6000字，可得稿费36元。如按林纾一个月工作20天计算，月收入可达720元，除去分一部分给口译者，林纾的稿费月收入亦可相当于当时一般中学校长月收入的十倍。③ 吴趼人写《恨海》，全书约5万字，脱稿付广智书局按中上等稿费千字3元计算，这部十天完成的小说可得稿费150元，相当于他在上海江南制造局当雇员时18个月的薪金。④ 包天笑译《三千里寻亲记》和《铁世界》，这两种小说约四五万字，卖给文明书局，共得稿费100元，就“当时的生活程度，除了到上海的旅费以外，我可以供几个月的家用”。⑤ 写小说既是生财之道，通过赚取稿酬可以安身立命。于是，小说史上产生了第一批大量的固定的职业作家群体。

为卖文求金，“昔之为小说者……穷十年或数十年之力，以成一巨册，……今则不然，朝脱稿而夕印行……盖操觚之始，视为利薮，

① 包天笑：《钏影楼回忆录·在小说林》，香港：香港大华出版社，1971年版，第325页。

② 谢菊曾：《十里洋场的侧影》，广州：花城出版社，1983年版，第18页。

③ 王玉琦：《近现代之交中国文学传播模式转换研究1902—1927》，南昌：江西人民出版社，2005年版，第147页。

④ 王俊年：《吴趼人全集》第10卷，哈尔滨：北方文艺出版社，1998年版，第16页。

⑤ 包天笑：《钏影楼回忆录·译小说的开始》，香港：香港大华出版社，1971年版，第174页。

苟成一书，售诸书贾，可博数十金，于愿已足”①；他们依托报馆生活，为“求获薮水之资”② 不断进行写作，“一个人一年里头，可以编撰到五六部”③。从“借小说以自娱”到视小说“为利薮”，文人对待小说的态度发生了极大的变化，“十年前之世界为八股世界，近则忽变为小说世界，盖昔之肆力于八股者，今则斗心角智，无不以小说家自命”④。

因此，小说的发行量和作品的可读性成为他们追求的终极目标。他们虽然也随声附和“小说界革命”的主张，但实际上更多的作家选择了迎合读者趣味的方式来创作。读者是他们的衣食父母，经济利益和读者市场是他们考虑的最为重要的因素。既然作为小说读者最多数的市民阶层喜欢读那些消闲娱乐之作，小说家自然为市场利益所驱动。随着小说创作中的铜锈气息日益浓厚，即便较为严肃的小说家也为之屈从。如吴趼人的小说创作曾领一时之先，他的短篇小说更是在中国小说史中占有重要地位，不过在小说文化消费品特性日益凸显的晚清最后五年，就是这样一位曾经蜚声沪上的文坛骁将，却为了卖文做了一件让他斯文扫地的事，即创作了《还我灵魂记》这篇广告小说。吴趼人文名大盛之后，为求得名人效应，上海中法药房的老板黄楚九请他撰文为艾罗补脑汁做广告。吴趼人即作《还我魂灵记》凡七百八十字，为其鼓吹，得酬金三百元。⑤ 此事颇

① 寅半生：《〈小说闲评〉叙》，《游戏世界》第一期，光绪三十二年（1906）。

② 儒冠和尚：《读〈闺中剑〉书后》，《闺中剑》，小说林社，光绪三十二年（1906）。

③ 陆士谔：《新上海》，上海：上海古籍出版社，1997 年版，第 58 页。

④ 寅半生：《〈小说闲评〉叙》，《游戏世界》第一期，光绪三十二年（1906）。

⑤ 见《申报》宣统二年（1910）五月二十三日广告及《汉口中西报》宣统二年（1910）七月二十二日广告。

受时人责难，吴趼人去世后，有人曾作挽联讽刺到："百战文坛真福将，十年前死是完人"[①]，指的即是此事。想当初吴趼人不顾"家本寒素，橐笔四方，以糊其口，固无一日可失馆者"[②]，为抗议知府梁鼎芬将报纸收归官办，"不欲为公之手段所提挚舞弄"[③] 毅然辞馆，多么正气凛然、气冲霄汉。而如今却在小说市场化的情况下为五斗米折腰，授人以柄，不能不让人为其惋惜；但这也鲜明体现了当时消费市场的强大腐蚀性和巨大影响力。

市民阶层读者的需求、稿酬制度的确立，卖文为生的职业小说家三者的彼此相依，在推动晚清小说繁荣的同时，也对小说的娱乐性高度强调，并迅速促成了小说的商品化。曾经极大地冲击传统文坛的启蒙新民的新小说，很快就流变成真正意义上的通俗文学。小说的娱乐需求已然压倒启蒙追求。

本章小结

自光绪三十一年（1905）起，晚清小说格局开始发生变化，新小说在实际创作上与"小说界革命"的理论主张渐行渐远。在新小说家的提倡下，小说的情节被冲淡，教诲色彩一再加强。这种小说是不可能被粗识文字的妇人粗人、文化水平不高、以阅读小说为消遣的市民所能接受的。以政治小说为代表的新小说在地位不断提升的同时，也在不断流失阅读群体。正是由于这种弊端才导致政治功用性小说不断势微，并最终淡出。新小说所具有的"重价值宣讲，

---

① 魏绍昌：《"芋香印谱"和〈还我魂灵记〉》，《齐鲁学刊》，1980 年第 1 期。

② 吴趼人：《与梁鼎芬书》，《吴趼人全集》第八卷，哈尔滨：北方文艺出版社，1998 年版，第 211 – 212 页。

③ 吴趼人：《与梁鼎芬书》，《吴趼人全集》第八卷，哈尔滨：北方文艺出版社，1998 年版，第 211 – 212 页。

轻故事情节”的痼疾也一再被小说创作者所诟病，小说家的创作态度开始发生转变。

光绪三十一年（1905）之后，娱乐性的消闲之作压倒了以启蒙为目的带有强烈政治功用性的小说。以“消遣”为旨归的小说观念相当流行且显著，娱乐性的小说类型成为市场的主流。尽管小说理论家和部分作家依然试图强调通过艺术感染力的方式，传理念、导读者、塑新民；但是更多的作家却选择了迎合读者趣味的方式进行创作，晚清小说呈现娱乐压倒启蒙之势。晚清言情小说的重新崛起及侦探小说的风行与繁盛即是对这一趋势的最好体现。

读者、稿酬制度、职业小说家的相互牵连，迅速促成了小说的商品化。启蒙新民的新小说，很快就流变成真正意义上的通俗文学。曾经过分“介入”小说本体，忽略故事情节的政治功用性小说，必须进行自我调整，找寻小说的审美性及艺术性与社会政治生活之间应有的平衡与张力，求索一条合适的发展道路。

第五章

从介入到关怀：晚清小说政治功用性的新变

光绪三十一年（1905）后，晚清小说呈现出新的格局，开口见喉咙的政治小说逐渐淡出，更具通俗娱乐性的小说逐渐兴起，表现为“娱乐压倒启蒙”；但小说的政治功用性，“小说救国论”并未就此消失，而是与小说的娱乐性一直处于博弈状态，最终形成了“立意高尚之书”与“消闲娱乐之书”既对立又互融的并存局面。以小说为政治变革之工具的观念逐渐得以修正和完善，小说从作为工具性的直接介入，发展为对社会政治生活的潜在关怀，具有现代意义上的写实主义小说自此在中国开始。本章将首先介绍晚清留日学生刊物中政治功用性小说的刊载情况，然后分析光绪三十一年（1905）后，国内政治小说的流变及社会小说的兴起，最后揭示晚清小说中的写实主义品格。

第一节　晚清留日学生刊物与小说刊载

尽管光绪三十一年（1905）后，带有明显政治功用性的政治小说逐渐淡出，以侦探小说、言情小说为代表的一批更具娱乐性和消闲性的通俗小说逐渐兴起，呈现出“娱乐压倒启蒙”之势。但倡导

“小说救国论”，从强调小说的功用性出发，创作、刊载小说的人和报刊在以商业化报刊为主导的晚清报界中仍占有一定比例。其中尤以留日学生创办的刊物最具代表性。这些创刊于日本，兼及发行国内的刊物带有浓厚的理想色彩，其不以盈利为目的。因而在光绪三十一年（1905）前后，其小说刊载情况并未呈现太大变化。强烈的社会使命感和激进的政治态度使得他们刊登的小说依然表现出浓厚的政治功用色彩。

一、晚清留日学生所办报刊概况

自光绪二十四年（1898）十一月第一份留日学生期刊——《清议报》创办以来，至宣统三年（1911）清朝灭亡为止，留日学生创办并登载过小说的报刊约有40种。[①] 如此众多刊物的创办，与留学生群体的形成有很大关系。清政府虽然早在19世纪70年代初就开始向美国、德国和英国派学童出洋留学，但他们基本上是仅学习西方的科技知识。甲午战争之后，留学教育得到进一步发展。在一些维新派人士如康有为、梁启超、谭嗣同等人的积极宣传下，留学之风日涨，并基本上形成了以欧、美、日为主的“三足鼎立”局面。维新变法的失败，留学运动转入低潮，有识之士也开始纷纷寻求新的救国之路。日本明治维新的成功为国人树起了学习西方的典范，因而向日本学习渐成热潮，清政府及各省政府都开始向日本大量派遣留学生。据四川学务处光绪三十一年（1905）二月创办的学务官报《四川学报》统计，至光绪三十二年（1906），在日本的留学生共有1.2337万人；这些数字尚不包括联队及振武

① 晚清时期，留学生在日本创办的刊物情况可参见附录8，留日学生刊物所载小说之目录可参见附录9。

学校学生六百余人，其有未到使署报名及不用介绍之学堂各学生[①]。

与前往欧美的留学生相比，留日学生研修范围更加广泛，具有强烈的爱国求强意识，是一个朝气蓬勃、思想活跃的接受群体。前赴欧洲的留学生，主要学习的是西方科学技术，以官费为主，虽不乏宣扬政论的期刊[②]，但更主要的以介绍西方文明为主[③]。相比之下，留日学生报刊热情风发、朝气蓬勃，留日学生更愿意将谋求自强的热血和复兴的渴望通过报刊表达出来。因而，留日学生报刊不仅在数量、质量和内容等方面较之欧美留学生报刊丰富，而且政治色彩更为浓厚。

当然，留日学生创办的报刊虽多倡言自强自新，但并不是说它们具有共同的政治倾向。留日学生身份复杂、思想各异，改良者有之、革命者有之、不谈政治者有之，反帝排满者有之、主张立宪者有之、维护清朝统治之人亦有之。以留日学界具体情形来看，光绪辛丑、壬寅年间的一部分人虽怀革命情绪，但主导性的政治倾向仍是与清政府调整关系。因为，“当时留日学生总共不过400人，其中辛丑十二月以前东渡的仅有272人”[④]，“从辛丑十二月至壬寅三月间新到者134人，后一部分以官费陆军生居多，政治倾向保守”，“壬寅、癸卯间，东京学生杂志风起，高谈民族主义，倡言革命，而讳

---

① 《留学日本各省学生人数表》和《自六月十九日至九月十七日送学人数》，《四川学报》第一期，光绪三十三年（1907）。

② 早期赴法学生创办的《新世纪》在揭露帝国主义、批判清朝统治者、宣传革命形势方面做了不少努力。

③ 《留美学生月报》（英文）和《留美学生季报》（中文）主要介绍留学生的情况以及西方文明；《科学》、《实业界》则以刊登一些科技方面的知识为主。

④ 《日本留学生调查录》，《选报》第十期，光绪二十八年（1902）二月十一日。

言排满”[1]；刊载内容亦仅涉及“游学、教育和爱国，而没有革命色彩”[2]。光绪二十八年（1902）以后，留日学生人数增多，对政治活动的兴趣不断提高，留日学界崇尚革命的倾向才比较明显化和普遍公开化，其与清政府的矛盾也逐渐激化。[3] 光绪二十八年（1902）初，蔡钧上书外务部，指留学生受康梁影响，“熟闻邪说，沾染恶习，遂入歧邪，竟有流荡忘返之势”，“学业未成而根本已失，宗旨一变，则心术全乖”，加上日方“暗中引诱学生以作乱之谋，以便从而取利”，“将来学生等卒业回华，散布各省，情为心腹，假以事权”，则“曼岁湖北之变，难免不复见于南北各省”，特建议各省自设学堂，少派留学。[4] 与留学日本的学生革命情绪逐渐蔓延的同时，国内学界风潮渐兴，许多怀抱民主思想和反清意向的学生东渡寻求救国之道。他们宣称，“我辈到东，非为学而来，为我国民而来也”，“孜孜焉求其革命之起点，维新之初步”[5]，“取彼之长，补我之短，庶几将来可以独立于竞争最烈之大舞台也。”[6] 东渡学子与原有激进分子相结合，共同推动了留日学界的革命化。光绪二十九年（1903）的旧历新年，东京清国留学生会馆举行了有政治影响的排满演说。

---

① 刘成禺：《先总理旧德录》，南京：《国史馆馆刊》创刊号，1942 年 12 月，第 46 页。

② 桑兵：《清末新知识界的社团与活动》，北京：三联书店，1995 年版，第 172 页。

③ 桑兵：《清末新知识界的社团与活动》，北京：三联书店，1995 年版，第 161－172 页。

④ 《蔡星使致外务部书》，《新民丛报》第五号，光绪二十八年（1902）三月初一。

⑤ 云间陆规亮：《译〈日本维新之活历史〉序》，《政艺通报》第二十期，光绪二十八年（1902）十一月朔日。

⑥ 《东京留学生赵君世琅与曾君鹏云书》，《苏报》，光绪二十九年（1903）四月三十日。

这在留日学界和国内引起不小的反响，进一步激发了革命思潮的高涨。在辛亥革命的编年史上不容忽视的癸卯年中[①]，湖南留日同乡会前一年创办的《游学译编》、湖北留日学生同乡会在日本东京创办的《湖北学生界》、浙江留日同乡会创办的《浙江潮》、江苏留日同乡会创办的《江苏》四刊，不仅在各省留日学生中扮演了重要的角色，而且也直接带动了其他留学生刊物的创办。

二、留日学生报刊上的报载小说

“报馆有益于国事”[②]、“小说有不可思议之力支配人道故”[③] 的思想深入人心，那些怀抱满腔革命激情的留日学生纷纷创办报刊，撰写宣传小册子，传播排满革命思想，充分利用小说传播思想且易且快的优势，宣传各种主义。

《开智录》鼓吹“倡自由之言论，申独立之民权，启上中下之脑筋，采中、东、西之善法”[④]。刊载伟人小说《摩西传》[⑤]，以摩西引领以色列人出埃及奔向自由之地，赞誉追求自由的意志，讲明要开启民智，必先培育追求自由之决心与意志。《游学译编》“专以输入文明，增益民智为本”[⑥]，刊载小说《黑龙江》述俄国为占领黑龙

---

① 章开沅：《论光绪二十九年（1903）江浙知识界的新觉醒》：“在辛亥革命的编年史上，癸卯（1903）是很值得重视的一年。”《章开沅学术论著选》，武汉：华中师范大学出版社，2000年版，第184页。

② 李华兴、吴嘉勋编：《梁启超选集》，上海：上海人民出版社，1984年版，第23页。

③ 梁启超：《论小说与群治之关系》，《新小说》创刊号，光绪二十八年（1902）十月十五日。

④ 《开智录》，光绪二十六年（1900）九月初十。

⑤ 《开智录》，光绪二十六年（1900）九月初十。

⑥ 《游学译编》第一册，光绪二十八年（1902）十月十五日。

江，将黑龙江沿岸男女一起赶下江将其溺死，痛心疾首于“眼看着好同胞都要杀完”，却无奈于黎民只能“小哭一声，光绪皇太软，丑骂一声，西太后太无心肝”[①]，以激起同胞爱国良心。于是乎在《黄人世界》里满怀抱负，同俄国交战，要建立一黄种人世界。[②]《湖北学生界》以“输入东西之学说……养成中国将来之国民……愿为吾民族上作一运送家”为办刊宗旨[③]，流《血泪痕》于“黑奴遭受欺压”[④]，讲述普法战争时一法国孤儿不惜牺牲自己自愿爬上树为军队侦察敌情；而期待爱国精神于《天半忠魂》[⑤]。后又在《扬州梦》中提醒国人不要忘典，“俺乃故明死难扬州人姓宗名祖，……，鞑子陷城，……，无贵无贱十万同膺惨刑，……，恰好今夜扬州城内极为读书人因俄据东三省事，留学日本学生电达各省学生协助拒俄。这几位百思无策，排置乩坛求仙，指示方略，俺想趁此机会，把他们现在的皇帝祖宗昔年在扬州杀他们祖宗的惨状说给他们一听。……要尔们知报复俄人且先排去满人才是。……天荒地老情无尽，要二百年前冤魂目儿瞑，除非是十八行省齐革命”[⑥]，誓要反帝排满。

当时同盟会的机关报——《民报》公开宣称，“驱除鞑虏，恢复中华，创立民国，平均地权”，以“主张我国种族革命、政治革命和社会革命为目的”[⑦]。以《狮子吼》，喻满洲人为野蛮人侵吞中华两

---

① 《黑龙江》，《游学译编》第十册，光绪二十九年（1903）七月十五日。

② 《黄人世界》，《游学译编》第十二册，光绪二十九年（1903）九月十五日。

③ 《湖北学生界简章》，《湖北学生界》第二期，光绪二十九年（1903）二月十五日。

④ 《血泪痕》，《湖北学生界》第五期（《汉声》第一期），光绪二十九年（1903）五月十五日。

⑤ 《天半忠魂》，《湖北学生界》第六期，光绪二十九年（1903）六月十五日。

⑥ 《扬州梦》，《湖北学生界》第六期，光绪二十九年（1903）六月十五日。

⑦ 孙文：《发刊词》，《民报》第一号，光绪三十一年（1905）十月二十日。

百余年，又喻中华为睡狮，还幻想了一次“光复五十年纪念会”，“相待何年，修种族战史，不图今日，见汉官威仪”，虚拟中华强大之盛世来鼓荡人心；[①] 又“喷血挥汗滴泪呕心”作《崖山哀》专写胡元亡宋之惨状，写异族之猖獗，宋廷之昏聩，刀兵屠戮之暴，人民流离之苦类，“无非以使我国民，引古鉴今，明夷辨夏，激动种族之观念，唤醒社会之良知为目的”，“我国民其欲报复异族屠毒黄汉沦夷之大痛，而博我中国前途之无量，数大块呼，则请视兹剧”。[②]

倡言“诛暴君、除盗臣”[③] 之《醒狮》载小说《仇史》极力描写本族之丧心病狂与异族之野蛮狂悖，列“仇史凡例八条”，“专欲使我四万万同胞洞悉前明亡国之惨状，充溢其排外思想，复我三百年来之大仇”，“伸庄论，寓微言，盖欲我民族引古鉴今”，期待“其或能成自由魂、革命军之价值”。[④]《云南》“以揭露清廷黑暗，宣传民主主义，反对帝国主义侵略”为宗旨[⑤]，连载长篇历史小说《死中求活》，讲安南亡国之历史，影射对清政府丧权辱国的不满。[⑥]《豫报》要“以改良风俗，开通民智，提倡地方自治，唤起国民思想为唯一目的”[⑦]，载短篇小说《池上谈》（一名缠足痛）论缠足之害，疾首“有因缠足而终身凭其父母者，有一生不出户者，有悲极而自断其双趺者”，“茫茫孽海，日陷万人”，“为同胞一哭”，意在唤醒

① 《狮子吼》，《民报》第二号，光绪三十一年（1905）十月三十日。

② 《崖山哀》，《民报》第二号，光绪三十一年（1905）十月三十日。

③ 《醒狮》第一号，光绪三十一年（1905）九月初一。

④ 痛哭生第二：《仇史·凡例》，《醒狮》第一期，光绪三十一年（1905）九月初一。

⑤ 《云南》第一号，光绪三十二年（1906）八月二十八日。

⑥ 《死中求活》，《云南》第二号，光绪三十二年（1906）十月十五日。

⑦ 《豫报》第一号，光绪三十二年（1906）十一月。

时人改革社会时弊；[1] 又戏说三国，让张飞、刘玄德、关羽在陆军学堂学习，学习变法精神，“变法则强，不变法则亡，变法得其人则强，不得其人则亡”。[2]《汉帜》则声称，“光复祖国、防护人权、唤起黄帝种魂，扫除白山靼虏，建二十世纪民国，还五千年神州，而尤以维持各国公共安宁，鼓吹汉人实行革命为最大要素”。[3] 叹“华夷之界不析，戎夏之防不辨，汉儿尽作胡儿”，搜求满虏侵入扬州嘉定时其名淹没弗彰为士君子所不敢道之畸民烈士、胜国遗孽、奔走开关尽瘁国事者为《亡国余痛书》“启吾民之发愤自力者”；[4] 又作轻快之短篇小说《清快丸》，“供世人谑谈”；[5] 作《恭祝立宪》嘲弄立宪之虚假，不过如傀儡之登场。[6]《河南》亦以“牖启民智，阐扬公理”为宗旨，激愤昂扬道，“外患之迫于燃眉，遂不能赴汤蹈火”，“为生为死，即在今日，为奴为主，即在今日”。[7] 在所刊小说《巾帼魂传奇》中，来自中原的女学生吴茗姒着和服翠袖红裙，右执书左按剑唱道，“学生自幼稳处深闺，朝政民情结少知晓。自欧风美雨卷地飞来，于是顽梦初醒，决计苦功，冀于各种学科……中原腐败，一言女教则层层阻力，……，间有一二处兴女教办学堂者，又徒务虚名未崇实验，视人权一语如蛇蝎用温柔二字作保障，似此办法无论不能早就人才，即令偶有成效亦不过是一种完全的双料奴隶了，

---

① 《池上谈》，《豫报》第一号，光绪三十二年（1906）十一月。

② 《新三国》，《豫报》第四号，光绪三十三年（1907）九月二十六日。

③ 章炳麟：《发刊词》，《汉帜》第一期，光绪三十二年（1906）十二月十二日。

④ 《亡国余痛书》，《汉帜》第一期，光绪三十二年十二月十二日（1907年1月25日）。

⑤ 《清快丸》，《汉帜》第一期，光绪三十二年十二月十二日（1907年1月25日）。

⑥ 《恭祝立宪》，《汉帜》第二期，光绪三十三年（1907）。

⑦ 《河南》第一期，光绪三十三年（1907）十一月十六日。

遂乃乘轮远出，东渡扶桑，……，求独立人格”，特“将女界遗事，……，演出兴亡调”，以此大改革于中国女界。①

在既怀有强烈不满和愤慨情绪，又怀有挽救民族危亡和振兴国家的宏大抱负的留学生报刊中，小说成了留日学生高喊政治话语的传声筒；有效地成为宣传变革，鼓动情绪，传播外来新思想，为救亡、立国、发展探寻新路的强大武器；成为他们从事政治变革活动的天然盟友。这些作品以宣传启蒙思想为己任，以火一样的激情鼓吹民族民主革命，宣传自由平等人权，用资产阶级民主共和国的前景召唤人们从睡梦中醒来去进行反帝反封建斗争，“另建一个好好的政府，这才算尽了国民的责任”②。虽然作品往往说教多于描写，这些青年学生作为一个新生群体，还尚不能够把自己的思想形象化起来，但这些虽在艺术上未臻完善的作品，对读者的政治影响却是巨大的。那些诸如“夷夏之辨”，“非我族类，其心必异”、“大汉天声”、“驱除异族”等词就曾借助这些小说才得以广泛地在学堂和学生中传播开来。何也？杨度曾如此评说小说的政治功用：

“自儒者观之，以为文章者，经国之伟事，小说戏曲，败坏风俗，何足算也。然如孔云亭之《桃花扇》亦何尝不本三百篇之旨而断以春秋之大义哉？由此谕之，则我国民之不进化，文字障其，亦一大原因也。夫小说之所以优者，为其近于语言而能唤起国民之精神。故耳意大利之诗人当的编国语以教民族。日本维新之名儒福泽谕吉著书教人，必先令其妻读之，有不解者辄复更易，以求人人能读。此皆小说之意也，岂非以作一字而非为国民之全体谋公益者，

① 《巾帼魂传奇》，《河南》第一期，光绪三十三年（1907）十一月十六日。

② 《狮子吼》，《民报》第二号，光绪三十一年（1905）十月三十日。

则必不为之乎。然今日竟有意大利统一，日本振兴之实效，则有谓二君不能列于文学界，而称为名儒者其国民能听之否耶？我中国于前者已矣，自今以往，吾诚不知后事之如何，吾亦不知下回之当作何分解也。国民乎，其有以《西游记》话活泼不羁之自由主义，《水浒传》慷慨义侠之平等主义，而为《三国演义》竞争剧烈之独立主义者乎？吾知他日小说家之为新中国者，必以为第一回之人物，亦是我民族之幸也。”①

三、留日报刊报载小说的发行与影响

在艺术品格上，留日报刊报载小说只是据理想以演成故事，“以符小说定制”②，自然可读性不是很强。但这些刊物非以盈利为目的，自不会轻易为商业目的而改变办报初衷。况且其办报资金自有来源。

留日学生创办的报刊，一方面多由个人出资认捐和国内士人的捐资，各报刊也常常登出《本社名誉赞成员题名》来答谢捐助者。以《湖北学生界》为例，其在创办之初就曾得到内地士绅的捐助，根据该杂志第1期、第4期、第5期所刊登的名誉赞成员题名进行统计，该杂志一共得到31名士绅的捐助，捐款日洋525圆、英洋100圆、大洋230圆，资金可谓不菲。另一方面，各报在争取社会捐助的同时，也积极开拓筹集资金的渠道，其中充分利用各自报刊的优长，最突出的莫过于扩大本报的广告业务了。事实上各报在创办之初，就十分注重广告业务，它们几乎在一开始就为自己的广告业务登出广告价位，诚征广告代理。如《湖北学生界》（包

---

① 杨度：《游学译编叙》，《游学译编》第一册，光绪二十八年（1902）十月十五日。

② 《狮子吼》楔子，《民报》第二号，光绪三十一年（1905）十月三十日。

括《汉声》）第1至6期中，共对外登出的广告达37页之多，如果按其自定每页广告费5元大洋计算，其广告总收入达185圆，这也是一笔不少的收入。所以，这类报刊中的小说和国内小说发展呈现出了不大相同的轨迹，带有强烈政治功用色彩的小说一直持续到辛亥革命时期。

发展虽不同步，但并不表明这些刊物茕茕孤立于海外。反而因为创办于国外，它们更加注重与国内的联系。这些报刊除委托日本各书局书店在日本代派外，更在国内各地纷纷设立代办处，以求达到最广泛的传播效果。如《汉帜》就由日本的中国留学生会馆、中国书局、富山房、三省堂、田中屋书店、同文书店、大华书局、启文书局、谭发洋服店、麟图阁代派。[①]《游学译编》除在东京印刷发行外，还由设在上海四马路惠福里明权社的上海湖南编译社、设在长沙金线街矿务总局的湖南游学译编分社代为发行。[②]《湖北学生界》也由上海广智书局、南京启新书局、四川广益书局、湖北武昌新化邹氏寄庐、湖南长沙矿务总局、四川成都石牌坊隔壁张寓代派发行。[③]《江苏》由上海文明书局总发行[④]，《醒狮》由上海新智社代发行[⑤]，《民报》在日本发行外，还于香港中国日报馆、新加坡南洋总汇报馆、美国旧金山大同日报社、上海新智社、澳门时兴号建立了代派关系。[⑥]《中国新女界杂志》也由烟台图书仪器公司、天津利

① 封底，《汉帜》第一号，光绪三十二年十二月十二日（1907年1月25日）。
② 封底，《游学译编》第一册，光绪二十八年（1902）十月十五日。
③ 封底，《湖北学生界》第一期，光绪二十九年（1903）正月。
④ 封底，《江苏》第一期，光绪二十九年（1903）四月。
⑤ 封底，《醒狮》第一期，光绪三十一年（1905）八月。
⑥ 封底，《民报》第一号，光绪三十一年（1905）十月三十日。

亚书局、上海普及书局代派。[①]《学报》除在上海棋盘街中市设置总发行所外，还在北京浣花书局、公慎书局、第一书局、保定官书局、萃英山房、天津普及书局、南京启新书局、长沙集益书局、山西书业昌记、江西开智书局、成都博学社、输文社、安庆萃新社、河南茹古山房、广东开明书局、广智分局、香港商报局设有分售处。[②]《河南》在国内保定府北大街官书局、天津北马路官书局、天津法政学堂、上海神州日报馆、上海四马路正利厚公司、上海四马路群益书社、上海中国公学、河南省城优级师范学堂、河南巩县示范传习所、信仰师范学堂都设立了代派处。[③]《夏声》在陕西省城公益书局、陕西三原县存惠堂、陕西同州府、北京大学堂、山西教育总会、山西晋新书局、甘肃省城高等学堂、河南大河书社、云南省城杂志社支部、四川省城四川杂志社支部、广西省城粤西杂志社支部、上海公学等处均有代派。[④]

一份刊物能否有效发行除了要建立良好的传播网络外，一定数量的受众也必不可少。而国内日益增多的学堂学生作为这些刊物的主要读者，无疑为其运营提供了保障。

清末最后十年，随着清末新政和科举废止，中国出现了大规模兴办新式学堂的热潮。光绪二十七年至光绪三十一年（1901—1905），由于清政府采取变通科举而不是废科举，新学堂的实际学生人数还并不多：光绪二十八年（1902）为6912人，光绪二十九年（1903）为31428人，光绪三十年（1904）为99475人，光绪三十一

① 封二，《中国新女界杂志》第一期，光绪三十二年十二月二十三日（1907年2月5日）

② 封底，《学报》第一号，光绪三十三年正月初一（1907年2月13日）

③ 封底，《河南》第一号，光绪三十三年（1907）十一月十六日。

④ 封底，《夏声》第一号，光绪三十四年（1908）正月二十五日。

年（1905）为258876人。[①] 光绪三十一年（1905）八月初三，直隶总督兼北洋大臣袁世凯等奏请立停科举，推广学堂。清政府随即不久发布上谕，"着即自丙午科（1906）为始，所有乡、会试一律停止，各省岁科考试，亦即停止。"[②] 同时，清廷责成各省督抚遍设学堂。随着新式学制的建立，新式学堂蓬勃发展起来。据记载，"宣统二年（1910），全国学堂数为42696所，学生数1300739人。仅天津而言，光绪三十一年（1905），不包括非国立及女学堂，天津学堂39所，学生4178人。"[③] 到光绪三十二年（1906），天津的学生数量就达7986人，若包括女学堂及私立学堂则达8519人。[④] 新式学生逐渐成为一支重要的社会力量。

凭借广泛的代售网络，以及阅读群体的大量增加，留日学生创办的刊物得以在国内维持一定的传播规模。一般而言，发行范围的大小和销量的多少，大体可以反映一份报刊的内容与影响。在20世纪初年，报刊销量达5000份已属可观，上万份的屈指可数，大部分报刊通常在3000份左右，一些地方性报刊则只有千余份甚至数百份[⑤]。试以一些留日学生刊物发行量为例。《湖北学生界》第一期出

---

① 周予同：《中国现代教育史》，上海：上海良友图书印刷公司，1934年版，第137页。

② 舒新城编：《中国近代教育史资料》（上），北京：人民教育出版社，1961年版，第66页。

③ 据《天津学堂调查表》统计，《大公报》，光绪三十一年（1905）正月初十。

④ 据《直隶全省各学堂学生名数全单调查表》统计，《大公报》，光绪三十二年五月五日至廿七（1906年6月26日－7月18日）。上述有关晚清学堂材料均引自李斌：《顿挫与嬗变：晚清社会变革研究》，成都：四川大学出版社，2006年版，第273－274页。

⑤ 桑兵：《清末民初传播业的民间化与社会变迁》，《近代史研究》，1991年第6期。

版后经过几个月发行努力，销量至七千份以上①。《浙江潮》出版后风行一时，第一期第二期再版后未及一月又经售罄，第三期前虽增印，亦已无存，索购者犹复纷纷不绝，同人竟无以报。② 根据《浙江潮》第八期三版再版广告称每一版印五千部之多，而《浙江潮》第一、二期都印有三版以上，故其总销量当达万份以上。③ 这种发行量在当时的确屈指可数。另据郭沫若回忆，癸卯年（1903）清廷实行新学制后，在成都就读东文学堂的大哥将许多新学的书籍采集回家，其中"《启蒙画报》、《经国美谈》、《新小说》、《浙江潮》等书报差不多是源源不绝地寄来，这是我们课外的书籍。"④ 连偏远的小城都有远在日本发行的刊物传播，可见这些刊物的实际传播效果确实很好。除此之外，为了加强与国内的互动，这些远在东瀛的刊物还向国内征文，《江苏》第二期便向海内外发起征文广告，"同人等负笈海外，见闻既短，心力有尽，左列诸事不得不仰赖海内外同志伏乞不吝金玉时赐匡助至幸至盼。"⑤ 为了打消投稿者的邮资问题，一些杂志甚至特别在"社告"中强调，"本社为疏通声气，故特于本支部内，附设通信部，凡欲投函于本同乡会及投函于本社者赐交本支部，一切邮费由本社担当。"⑥

因此，借助上述条件和措施，这些创办于海外的留日刊物得以十分有效地参与到中国社会发展中来，呈现出与中国近代社会相协

① 《〈湖北学生界〉特别大广告》，《湖北学生界》第五期，（《汉声》第一期），光绪二十九年（1903）五月十五日。

② 《告本志紧要广》，《浙江潮》第六期，光绪二十九年（1903）六月二十日。

③ 《浙江潮》第八期，光绪二十九年（1903）八月二十二日。

④ 郭沫若：《少年时代》，北京：人民文学出版社，1979 年版，第 36 – 37 页。

⑤ 《江苏》第二期，光绪二十九年（1903）五月一日。

⑥ 《云南》第一号，光绪三十二年（1906）八月二十八日。

调的态势。其办报内容也从早期的仅仅涉及游学、教育和爱国的领域，发展到宣传坚持爱国救亡，反对君主专制，追求民主自由等。这些报刊多从反对民族歧视，维护争取民族权利起步，由爱国走向革命，呈现出“新知识界在从浑沌到有序的过渡期的主导倾向”。[①]据笔者统计，在这40种留日学生刊物中，有接近三分之二的刊物属于资产阶级革命派刊物。而这与维新派和革命派对待留学生的不同态度是直接相关的。

资产阶级革命派领袖孙中山十分重视留学生这一群体，他视知识分子为革命的领导者，“历朝成功，谋士功业在战士之上”，“士大夫以为然，中国革命成矣”[②]。此外，当时保皇派在海外办有多种报刊，占据了舆论阵地，“革命党对之，实属相形见绌”[③]。迫切需要宣传鼓动人才，当是孙中山和革命派积极争取留学生的一个直接原因，之后冯自由、刘成禺、郑贯一等均被推荐为革命报刊的编辑。与此相对照，同样流亡海外的保皇派首领康有为、梁启超对留日学生的态度有所不同。康有为专注于向华侨筹款，无论在财政还是宣传上，对留学生的态度都似乎认为其无足轻重。而梁启超则变化不定：他少年成名，不免自傲，对后生学子心怀轻视。杨衡云和梁启超会谈后函告谢缵泰，“康党素来夜郎自大，常卑视留学生及吾党”。[④] 胡汉民也说，“梁启超初以能为时文，轻视学界”，“留学界

① 桑兵：《清末新知识界的社团与活动》，北京：三联书店，1995年版，第172页。

② 宋教仁：《程家柽烈士革命大事略》，《国史馆馆刊》第1卷第3期，1948年。

③ 冯自由：《革命逸史》初集，北京：中华书局，1981年版，第10－11页。

④ 冯自由：《中华民国开国前革命史》上册，上海：中华文化服务社，1946年版，第38页。

间有发表反对保皇之言论，如《浙江潮》、《江苏》者，梁亦不以为意”。[1] 光绪二十七年（1901）及光绪二十九年（1903）间，梁启超曾两度对留日学界所办刊物发表评论，并与《清议报》、《新民丛报》相比照，俨然以言论领袖自居，悍倪之意，溢于笔端。[2] 加上他政治上受制于康有为，思想徘徊于排满保皇之间，虽称留学生为“最敬最爱之中国将来主人翁”[3]，但整体上对激进学生的言行相对消极，对待留学生的态度也前后反复、摇摆不定。所以，留日学生于光绪二十九年（1903）后渐趋革命一派，也在情理之中。

但必须指出的是，这些由留学生在日本创办的刊物并非只倡言革命。盖因维新变法失败后，大量的人前往国外留学，改良者有之，革命者有之。总之，留学生群体身份复杂，思想有别，怀有不同信仰的留学生创办的刊物自然也风貌各异。在反帝排满的革命思想之外，维护清朝统治，主张立宪也是当时一部分留学生的思想倾向。如由杨度主编的《中国新报》[4] 力主立宪，反对革命排满，从爱国反侵略立场出发，希望通过和平改革，实现君主立宪。杨度认为，“君民之间，久无所谓满汉问题，自咸同时而已然，至今日利害相关尤其甚。则满汉问题云云者，不能及于皇室，皇室直立于满汉问题之外耳。”[5] 该刊物政治态度温和，言论却极富鼓动性，出版后畅销

---

① 《胡汉民自传》，《近代史资料》，1981 年第 2 期，第 16 - 17 页。

② 任公：《本馆第一百册祝辞并论报馆之责任及本馆之经历》，《清议报》第一百册，光绪二十七年（1901）十一月十一日；《丛报之进步》《新民丛报》第二十六号，光绪二十九年（1903）二月二十八日。

③ 《饮冰室合集·文集》之十一，北京：中华书局，1989 年版，第 22 页。

④ 《中国新报》，光绪三十二年十二月初七（1907 年 1 月 20 日）在日本东京创刊。

⑤ 杨度：《国会与旗人》，《中国新报》第七号，光绪三十三年（1907）九月初八。

海内外。其立场和观点也得到了其他同类刊物的声援。《大同报》[①]的创办者恒钧，乌泽声等人虽为旗人，反对排满革命，但由于其广泛地接触了新思想，他们也主张君主立宪，主张满汉平等。由右翼留学生团体创办的《宪政新志》[②]称“致力于国家组织，非可言政策之进行，故于持论立说，始终持一公平之眼光，勿敢有所偏向，以误我国家大政，兼以污吾国民舆论”[③]。此外，像《学海》之类的综合性学术刊物，“以讲求实学，输入文明供政界之研究，增国民之知识”为宗旨，政治态度不偏不倚。从第一号到第五号刊登的小说——《德意志皇帝传记》，并无太多政治色彩，只是一般性地表达了爱国强国的愿望。而像由清廷派出的海陆军部留学生创办的刊物——《远东见闻录》、《武学》、《海军》等或“汇集日本诸报而选其关系吾国者，译之输入吾国，以广见闻”周知“列邦对我之阴谋”[④]，或“翼以改良军政，振起民力，使我国军界民界悉改从前之旧观，而以尚武之精神自励”[⑤]，或者“讨论振兴海军方式，普及国民海上知识”[⑥]。刊登的小说如“研究兵器小说”《英雄社》，故事情节淡薄，主要靠几个人或请教或探讨各种兵器和炸药的制作使用来推进，表达了在近来军事日新月异下，“新世界愈以军备为急务”，“整顿海军整顿陆军”以保全国土的急切心情。[⑦]这类刊物也和那些

① 《大同报》，光绪三十三年（1907）五月十九日在日本东京创刊。

② 《宪政新志》，宣统元年（1909）八月初一在日本东京创刊。

③ 《本会〈咨议局事务调查会〉开会记事》，《宪政新志》，丁守和主编：《辛亥革命时期期刊介绍》第一集，北京：人民出版社，1982年版，第559－560页。

④ 《远东见闻录》第一期，光绪三十三年（1907）六月初十。

⑤ 《武学》第一期，光绪三十四年（1908）五月初一。

⑥ 《海军》第一期，宣统元年（1909）四月十四日。

⑦ 《英雄社》，《武学》第四期～第十期（残缺未完）。

表达政见的刊物一样，不以盈利为目的，资金来源也以捐助为主，且捐助人大都为清廷官员。这可从《海军》创刊号上的“本社概捐题名”窥见一斑，“本社概捐题名：留日海陆军学生监督周家树、军咨处军咨使哈汉章、日本长崎领事王斯沅、驻日钦使胡维德……。”①

由此可见，留日学生创办的刊物多彩斑斓，性质各异。尽管如此，它们却又都无一例外地受到了梁启超新小说理论的影响，利用小说来宣扬各自的政治理念，创办报刊，利用小说造就变革思想成为当时留学生界一种普遍行为。这些秉持不同政治态度的留日学生在各自创作的小说中，建构了一个虚拟的政治空间：以观点来编排情节，聚焦时代最瞩目的问题；抨击清廷官员的腐败、苟且、顽固和落后，揭露批判政府的黑暗腐朽和没落。这些小说充分展现了他们的时代视界、思想观念，产生了广泛的社会舆论影响；使得救亡思想、国家意识、民族观念明晰与发展起来；进而和其他文字宣传工具一起最大化地发挥了语言的能量，影响了一代或几代人的信仰和行为。可以说，这些留日学生刊物极大地开拓了小说与中国政治之间的契合关系。小说作为变革的喉舌、变革的利器的观念被注入到政治活动之中，小说的政治功用性得到了前所未有的广泛应用，而这恰恰与光绪三十一年（1905）后国内小说发展轨迹的变化形成了鲜明的对比。当这些留日学生创办的刊物还在大张旗鼓、兴致勃勃地运用小说来为各自的理想摇旗呐喊之时，国内小说界却已是“娱乐压倒启蒙”、消闲之书日益昌盛。

① 《海军》第一期，宣统元年（1909）四月十四日。

第二节　晚清社会小说的兴起

据陈大康先生统计，光绪二十九年（1903）以降，在202种有标识的1075篇小说中①，社会小说185篇②、言情小说123篇、侦探小说98篇，历史小说58篇③，其他可归为娱乐消闲性的小说156篇（其中诙谐小说43篇、家庭伦理小说32篇、英雄侠义小说30篇、冒险小说28篇、述异小说23篇），政治小说和科学小说分别为45篇和21篇。由上述信息可以看出，光绪三十一年（1905）后晚清小说格局已经发生变化。占据小说市场份额较多的小说类型依次为社会小说、侦探小说、言情小说、历史小说。在晚清政治小说的流变过程中，社会小说已悄然兴起。

---

① 据陈大康先生考证，晚清小说有标示始于光绪二十三年（1897）九月上海《求是报》第二册连载三乘搓客（陈季同）翻译的法国贾雨的《卓舒及马格利小说》，其标识为“泰西稗编”，但这在当时并没有引起反响，经过《新小说》的推广，直到光绪二十九年（1903）以后，各报刊刊载的小说才基本上都有了标示。参见陈大康：《关于“晚清”小说的标识》，《明清小说研究》，2004年第2期。

② 笔者认为《关于“晚清”小说的标识》一文中所统计的世情小说164篇，实际上就是广义上的社会小说。该文归为世情小说类的小说如下：社会小说（77篇）、改良社会小说（1篇）、醒世社会小说（1篇）、广州社会小说（5篇）、海内外社会小说（4篇）、讽刺小说（11篇）、官场讽刺小说（1篇）、官场小说（2篇）、贬俗小说（1篇）、现形小说（1篇）、警世小说（29篇）、警世奇话（4篇）、醒世小说（10篇）、讽世小说（3篇）、惊世小说（1篇）、发奸小说（1篇）、风俗小说（1篇）、戒烟小说（3篇）、狡骗小说（1篇）、义愤小说（1篇）、义烈小说（1篇）、刑狱小说（1篇）、广东民族迁徙，绣像小说珠现巷（1篇）、录国语（1篇）、新年小说（2篇）。参见陈大康《关于“晚清”小说的标识》，《明清小说研究》，2004年第2期。

③ 据《关于“晚清”小说的标识》一文统计，历史小说37篇、时事小说21篇。笔者认为，“时事小说”不是严格意义上的小说类型，新小说家之所以另立名目，目的无非是强调其所表现的历史事件就在眼前或刚刚发生不久，不同于以往历史小说的喜谈古事。

一、晚清社会小说概况

社会小说作为光绪三十一年（1905）后最活跃的小说类型，在“小说界革命”之始并没有出现在新小说家最初的设想中。梁启超在谈论《中国唯一之文学报〈新小说〉》的内容设置时，似乎未考虑过这种小说类型。直至光绪二十九年（1903）八月十五日《新小说》第八期，社会小说才作为一个栏目首次出现。“政治小说者，著者欲借以吐露其所怀抱之政治思想也。其立论皆以中国为主，事实全由于幻想”①，以提倡新思想为己任。尽管社会小说并非梁启超预想的小说类型之一，但社会小说以批判旧社会为目标，其与政治小说的关系却比任何其他小说类型都要密切。社会小说虽然不像纯政治小说那样出于政治家、思想家之手，不以对未来的憧憬为题材框架，非“专欲发表区区政见”；但李伯元、吴趼人、曾朴、刘鹗等晚清社会小说创作的主力都极力响应梁启超的号召，希望从谴责、批判社会腐朽的角度，达到促进社会变革的政治目的。而且在实际创作和编辑中，政治小说和社会小说也很难界限分明。如颐琐著《黄绣球》描写黄绣球等人在“自由村”的种种改革，实为“幻想”，应该归入政治小说，却发表于“社会小说”栏；晚清名作《孽海花》最初在广告中被称为“政治小说”，曾朴接手续写之后，又将其发表在《小说林》“社会小说”栏中。即便如此，社会小说的类型特征依然很明确：主题和内容上侧重于反映社会问题，揭示落后现象；结构上倾向于采取《儒林外史》式的结构。

---

① 新小说报社：《中国唯一之文学报〈新小说〉》，《新民丛报》第十四号，光绪二十八年（1902）七月十五日。

从社会小说成为一种小说类型开始，其基本情况可以光绪三十一年（1905）为界，分为前后两期。前期的社会小说以“四大谴责小说”为主要代表。自光绪二十九年（1903）八月十五日《新小说》第八期以“社会小说”标示我佛山人之《二十年目睹之怪现状》后，社会小说开始在晚清小说界流行，一批重要的创作者和代表作品相继出现。光绪二十九年（1903），被习惯称为谴责类型的社会小说开始形成创作高潮。是年四月二十日《世界繁华报》开始连载《官场现形记》，五月初一《绣像小说》开始连载《文明小史》和《活地狱》，六月十五日《绣像小说》开始连载《邻女语》、《负曝闲谈》，八月十五日《新小说》开始连载《二十年目睹之怪现状》，十月初一《江苏》刊载《孽海花》，十二月二十九日《绣像小说》开始连载《老残游记》。由此可见，谴责类社会小说中最出色的作品均集中在光绪二十九年（1903）问世。

社会小说数量一路上扬的第二个阶段始于光绪三十一年（1905）之后。其中仅以“社会小说”为直接标示的小说作品就有 79 种。①除此之外，报刊刊载之社会小说尚有未直接标以“社会小说”而采用其他称谓的，譬如“警世小说”、“醒世小说”、“惊世小说”、“讽世小说”、“官场讽刺小说”等等；再加上一些单行本，如惠天啸侬之《宦海风波》（《小说图画报》，光绪三十三年，1907）、冷泉亭长《绘图后官场现形记》甲编八回（小说保存会，光绪三十四年，1908）、新冷血热人《新官场现形记》一二集（改良小说社，光绪三十四年，1908）、傀儡山人《官场笑话》二卷（改良小说社，光绪三十四年，1908）、李韵《官场风流案》十三回（改良小说社，光绪

---

① 光绪三十一年（1905）后以“社会小说”为直接标示的小说作品目录可参见附录 10。

三十四年，1908）、苏同《傀儡记》十六回《无耻奴》十二回（自印，光绪三十四年，1908）、延陵隐叟《特别新官场现形记》十二回（文明小说社，宣统元年，1909）、张春帆《宦海》四卷二十回（环球社，宣统元年，1909）、佚名《绿林变相》（改良小说社，宣统元年，1909）、黄小配《宦海升沉录》二十二回（香港实报馆，宣统元年，1909）、天公《最新官场秘密史》前后编三十二回（新新小说社，宣统二年，1910）、天梦《官场离婚案》十二回（改良小说社，宣统二年，1910）、《乌龟变相》（改良小说社，宣统二年，1910）、陆士谔《六路财神》（改良小说社，宣统二年，1910）、陆士谔《官场怪现状》初集十回（大声小说社，宣统三年，1911）①，以及不可考者，更不知其数多少。

光绪三十一年（1905）以后的社会小说数量虽然很多，但与前期社会小说相比，良莠混杂、质量也参差不齐，虽然鲁迅曾不满吴趼人、李伯元等人的作品，认为其“辞气浮露，笔无藏锋，甚且过甚其辞，以合时人嗜好”，“其度量技术”与讽刺小说“相去甚远”。② 但李伯元等人的作品与光绪三十一年（1905）之后的小说作品相比，其质量却要好过很多。前期小说酣畅淋漓的笔法完全不同于中国传统小说欲语还休，吞吞吐吐的表达方式，它们给读者带来了完全陌生的阅读感受，一时好评如潮，效仿跟风之作也纷来沓至。例如后期社会小说往往冠以某某现形记、某某怪现状之名，均显示了对《官场现形记》、《二十年目睹之怪现状》等作品谴责批判精神和创作方法的模仿。但随着同样笔调、同样口吻、同样题材作品的批量面世，审美疲惫由之而来，“社会小说，愈含蓄愈有味，……，

① 阿英：《晚清小说史》，北京：东方出版社，1996 年版，第 147 页。

② 鲁迅：《中国小说史略》，上海：上海古籍出版社，1998 年版，第 203 页。

今社会小说多矣，有同病焉，病在于尽”①。各色人等都来撰写此类小说，邯郸学步、东施效颦者之作不仅力有不逮，“徒作谯呵之文”，“其下者乃至丑诋私敌，等于谤书”，“又或有谩骂之志而无书写之才”② 者亦充斥其中，晚清社会小说的质量江河日下。

随着社会小说读者市场的扩大，社会小说的内涵也在不断延展。光绪三十年（1904）十月三十日《申报》刊载“上海商务印书馆征文”启事时，对社会小说的定义还只是包含“述风水、算命、烧香、求签及一切禁忌厌胜之事”，以“形容其愚惑，以发明格致真理”为主旨③。待到宣统三年（1911）时，社会小说则几乎无所不包，以警世小说绘图《魑魅魍魉记》出版广告为例，“是书描写近年社会上奇怪之情形、秘密之事实、妖狐鬼怪之手段、澜污龌龊之历史。如某富翁之被骗，某美人之失身，某太守之媚外，某教习之龌龊，并卖尼姑之新法，造伪洋之结果，种种出人意外之事实，为吾人闻所未闻，见所未见者”。④ 与之相同，是时其他的社会小说也不出其右。社会小说的写作内容不断扩大，笔墨不再局限于官场，描写他界如商界、学界、女界、伶界、妓界等“现形”之书纷纷接踵而起。书局报馆也在后推波助澜，“特延小说著名家编撰官场、女界、社会秘密史三种，另有专人侦得一二年内真正秘密确实之事外人所不及知者，穿插贯串，摹写尽致。奇奇怪怪、鬼鬼祟祟之情形活现纸上，非从前许多小说所有”⑤。现于众所周知作品之外，介绍光绪三十一年（1905）之后普遍刊行之社会小说一二如下。

---

① 浴血生：《小说小话》，《新小说》第十七号，光绪三十二年（1906）正月。

② 鲁迅：《中国小说史略》，上海：上海古籍出版社，1998 年版，第 215 页。

③ 《申报》光绪三十年（1904）十月三十日。

④ 《民立报》宣统三年（1911）正月初十。

⑤ 《民立报》宣统二年（1910）十一月二十日。

《后官场现形记》，“李南亭《官场现形记》出版时，远近传诵，极一时之盛。今去南亭著书时已近十载，而官场怪状愈演愈奇，愈变愈幻。是编中某军机之黄收贿赂，某督抚之秘密运动，某侍郎之夫妻反目，某道之橡皮营业，某府之瞎闹，某令之私姘，种种怪事，实较南亭当时愈觉怪异。文更序述尽致，效董狐之直笔，阅者参观之可以知其大概矣。”①

《最近上海秘密史》，“橡皮风潮，实起海上，金融界受此冲折，酿成两次之大恐慌，影响遍及全国。推厥祸始，由于商界巨蠹肆其鬼蜮手段，操纵市面，愚弄众商所致。陆君士谔多商界友，备悉情形，因撰是书。橡皮界卖空买空，钱庄鬼偷天换日，某观察之昵比恶煞，资本家之东倒西倾，搅坏市面，妨害商业。一以隽快淋漓之笔写之，趣味浓厚，事实详确。”②

《聪明误》，“是书为寓沪医隐所撰。上半描写旧时社会之弊病，如读《儒林外史》，状态逼真；下半绘摹吴下花丛之情景，如观《嫖界现形记》，口吻确肖。名之曰《聪明误》，盖因歧路亡羊，章台走马，翻是聪明人易于误入，故藉此名以醒世。”③

《最近社会龌龊史》，“所记多近十年社会上怪怪奇奇意外情状，而寻常起居，宛转叙入，又若人人心目中恒有之事，读之不啻身游其境，令人生无限感慨，增不少阅历，固不独解忧忘倦已也。且书中一人一事皆有来历，有心人见之自知其妙。”④

《绘图最近女界现形记》，“是书为南浦慧珠女史所著，摹写近年来种种女社会之状态，大要如世家妇女、良家妇女、女豪杰、女教

① 后又易名为《最近官场秘密史》，《民立报》宣统二年（1910）十一月二十日。

② 又名《四凶之恶史》，《民立报》宣统二年（1910）十一月二十日。

③ 《民吁日报》宣统朝元年（1909）九月二十一日。

④ 《申报》宣统二年（1910）十月二十八日。

习、女学生，以及小家妇女如缫湖丝、拣鸡毛、轧棉花、拣茶叶等，甚至缝穷、乞妇，旁及女道士、女巫医、女伎、女优，贞淫贵贱，罔不毕具，会众美于一区，聚百怪于一室。时而堂堂正正，时而鬼鬼祟祟，时而轰轰烈烈，时而伣伣伈伈，其上者足资劝勉，其下者亦足引为龟鉴。”①

《最近嫖界秘密史》，“一名嫖界之大怪物。东三省非吾国现今至急至紧、危在累卵、防备整顿不可须臾之边疆地乎？呜呼！一般无心肝、真冷血之贪官污吏，非惟不知竭力从公，冀期报国卫民于万一，尚俾夜作花天酒地，悖出悖入之金钱，实成种种目不忍视、耳不忍闻之污秽事，岂非东亚之大辱点乎！此书乃在场嫖界个中人揭其秘密之黑幕，用口吻逼真之白话撰成之。或男女颠倒，扑朔迷离，或衣冠优孟，变幻荒谬。”②

《十尾龟》，“专纪京津各部及上海之最新最近之艳闻轶事，如某京员之借艳妻为骗局，某观察献侍妾为进阶，某公子与某太守之易妻奇闻。英王加冕之夜，上海之痴男怨女借此为幽约密约之佳期，而浪子荡妇沿路卖俏，肆意调戏。作者侦探所及，就事直书，……真正新闻，为各报所未及载者。姓名姑隐，聊示劝惩。”③

但这并不是说，社会小说之末流作品已经等同于民国之后“简直可称作杀人放火奸淫拐骗的讲义”④ 的“黑幕小说”⑤。它们尚且

① 《民立报》宣统三年（1911）正月十五日。

② 《民立报》宣统三年（1911）五月二十二日。

③ 《民立报》宣统三年（1911）六月初八。

④ 魏绍昌编：《鸳鸯蝴蝶派研究资料》上卷，上海：上海文艺出版社，1984 年版，第 103 页。

⑤ 实际上，李伯元、吴趼人的作品也曾被视为黑幕小说。如罗家伦（志希）《今日中国之小说界》称：“第一派是罪恶最深的界幕派。这一种风气，在前清末年已经有一点萌蘖。……《官场现形记》、《留东外史》也是这一类的。”载严家炎编：《二十世纪中国小说资料》第二卷，北京：北京大学出版社，1997 年版，第 67 页。

意存劝诫，“在下作书的特地把这些蛇神牛鬼的情形，争名夺利的现状，一桩桩一件件的搜集拢来，成了一部小说，也不过是个形容怪状、唤醒痴迷的意思”①，更何况末流小说还未占据主流位置。在李伯元、吴趼人、刘鹗、曾朴等人的引领下，光绪三十一后还是创作出一批优秀的社会小说。如最新社会小说《时髦现形记》，“专写旧学、绅界之丑态，大权独揽，趋附如蝇，唯利是图，算无遗策。观其卑鄙龌龊，令人愤恨悲怜，观其百计营谋，转辗受骗，又足令人喷饭。口右揽权而权利被夺，贪利而利不克保，足有劝戒之意寓乎其中”。② 社会小说《滑稽生》，“借滑稽生口舌摹写一般新社恶德，世风日坏，人心不古，大可作一部社会史读，益人神智非浅鲜矣”。③简言之，光绪三十一年（1905）之后的社会小说鲜有超出光绪二十九年（1903）的优秀作品，但也远未堕落成民国时期的黑幕小说。

二、晚清社会小说的创作手法与艺术品格

为了降低读者的阅读障碍，增添阅读兴趣，社会小说作家们很少采用像《儒林外史》那样“词隐而意彰，言简而味永，按而不断，弦外有声”④，“感而能谐，婉而多讽”⑤ 的表现手法；而更多的是直接采用词意浅露的斥责和嘲骂。一个最典型的例子，就是当时社会小说中人物的命名，如“薛务耻”、“赵布义”、“桑良蜻”、“伏世

---

① 张春帆：《宦海》第一回，北京：中国文史出版社，2003 年版。

② 《申报》光绪三十三年（1907）九月初七。

③ 《申报》宣统元年（1909）十二月十六日。

④ 李有琴：《〈新上海〉评语》，宣统二年（1910）改良小说社版。载陈平原、夏晓虹编：《二十世纪中国小说理论资料》（第一卷），北京：北京大学出版社，1989 年版，第 362 页。

⑤ 鲁迅：《中国小说史略》，上海：上海古籍出版社，1998 年版，第 155 页。

仁”之对“无耻”、“不义”、“丧良心”和“不是人”（《中国现在记》①），“王天戍”和“周猳类”、“臧狻”、“喻豹”、“臧祖鼋”之对狗、猪、狻、豹、鼋等各种畜生（《人面兽》②），“贾惟馨”和“卜承仁”之对“假维新”和“不成人”（《春梦痕》③），“赵尧”、“赵业”、“贾馨”之对“造谣”、“造孽”、“假新”（《家庭痛》④），“贾斯文”、“费勿”、“单片任”、“史暇骝”、“胡图淡”之对应“假斯文”、“废物”、“善骗人”、“死下流”、“糊涂蛋”（《伤心人语》⑤），“时筱仁”、“吴仁新”之对应“是小人”、“无人心”（《真因果》⑥）。这种直观性很强的写法使读者甚至不用深入阅读，只看人名就能对作者的写作意图一目了然。

这种尖锐的写作方式，在后期的社会小说创作中甚为风行。如果说前期的社会小说作品侧重揭露公共生活领域的落后腐败现象，那么后期社会小说则侧重于描写展示个人私生活领域的“怪现状”。社会小说已由因揭露而产生良好社会效应的作品，扩展到囊括诸如“嫖学教科书”、“嫖界指南”⑦之类的作品。变早期“揭发伏藏，显

---

① 《中国现在记》，十二回，最初发表于上海《时报》创刊号至第172号。光绪三十年五月（1904）至十月（1904）印行。未完。原不题撰人。

② 《人面兽》，《申报》光绪三十三年（1907）年十一月七日至十二月七日，撰者肝若，标时事小说。

③ 《春梦痕》，《神州日报》光绪三十四年（1908）十一月七日。

④ 《家庭痛》，《新闻报》宣统二年（1910）十一月十日至宣统三年（1911）闰六月二十日，撰者化民，标社会小说。

⑤ 《伤心人语》，《神州日报》宣统元年（1909）七月十五日至十二月二日，撰者僇，标社会小说。

⑥ 《真因果》，《神州日报》宣统元年（1909）十二月三日至宣统二年（1910）十二月二十五日。撰者叜，标警世小说。

⑦ 鲁迅称其为“嫖学教科书”，见《鲁迅全集》第4卷，北京：人民文学出版社，1981年版，第292页；胡适称其为“嫖界指南”，见《胡适文存》第3卷，合肥：黄山书社，1996年版，第367页。

其弊恶。而于时政，严加纠弹，或更扩充，并及风俗”① 之作，逐渐扩大到揭露丑类、攻人隐私、诲淫诲盗、渲染情色、描绘细节、刺激感官②，用以“揭出真形”，“说破种种奸险情形，俾得世界同胞不落其毒计也”③；谴责越少，暴露益多。

除此，采用寓言的形式或者滑稽的手法来组织作品，也是招徕读者的有效手段。如在社会小说《春梦痕》，作者借梦游华胥国的经历，来影射中国的社会现状。据华胥国的睡长黄梦民介绍：

“我们国里的人，除了吃饭，就是睡觉，再没有第三件事做的。你看这些行的、坐的、打盹的、呵欠的，都是我国的人民。朝也是睡，暮也是睡，寒也是睡，暑也是睡，愁也是睡，喜也是睡，穷也是睡，富也是睡，老也是睡，少也是睡，男也是睡，女也是睡。越是睡的安静，越要算的是良民。一万人之中，就有九千九百九十八人都是这样。这乃是我国数千年来的风气，万万不能改革的。所以国家特地颁行了许多的睡律，纯以教民安睡为宗旨。现在忽然有一辈少年子弟，不知犯了什么狂易的心病，好好的觉不睡，偏要狂呼怪喊的，扰乱我们的治安。幸亏我们大家睡的程度很深，倒也还不甚在意。但是他们做官的，为着这一辈人却很有些睡不安枕呢。”④

实际上，小说《春梦痕》讲到华胥国的人除了吃饭、睡觉，只有第三件事，便是弄钱。做买卖就是对外卖国，对内则卖官、卖友。

---

① 新小说报社：《中国唯一之文学报〈新小说〉》，《新民丛报》第十四号，光绪二十八年（1902）七月十五日。

② 此等意图也可从报馆书局售书广告中获知，如“《最近女界秘密史》……此书所叙事实……均从妪婢口中道出，极秘密，极新鲜，姓名从隐，阅者如确知其门第者，幸勿宣播，致乖本书隐恶扬善之深意。”《民立报》，宣统二年（1910）十一月二十日。

③ 《民立报》，宣统三年（1911）五月初十。

④ 《春梦痕》，《神州日报》光绪三十四年（1908）十一月七日。

梦境中华胥国的各种魑魅魍魉，其实就是对现实社会中的各种怪现状的展示。

与采取寓言手法相比，某些创作者在写作当中还不时加入轶闻笑话，力求滑稽、诙谐、顽皮[①]。这种通过滑稽、戏谑嬉笑怒骂的方式，来批评社会的写法在当时似乎更受欢迎。如社会小说《天上春秋》借用神话传说，通过天上官制改革后各界的反应来影射中国的社会状况：

“天上自从改了官制，诏内有一切照旧供职等语。这班精灵古怪的畜生同声呼立宪万岁，真所谓喜出望外了。不过其中恰有一件极大的难处。因当时这些手握大权的种族，很不一派，有是天神，有是仙家，有是佛祖，还有一班恰是精灵，教他们如何融洽得来？虽天帝下来的旨意说要彼此调和，说要不分畛域，他们不过当作耳边风罢了。所以大家见面的时候还是称兄道弟，谈年谊叙交情。暗地里恰只顾争权夺柄，各树党援。”[②]

此一小说中的人物均为历代神话传说、史书或前代小说中的人物，如吕洞宾是度支部大臣，鲁班是工部大臣，哪吒是邮传部大臣，文昌帝君是学部大臣。各帮各派争权夺利，涉及赈灾、学堂、铁路、选举、立宪、自治、科举、留学、外交、报律等诸多方面，影射了不少晚清社会的重大事件。

---

① 陆士谔自序“《新上海》主文谲谏，旨在醒谜；涉笔滑稽，岂徒骂世”，陆士谔：《〈新上海〉自序》，《新上海》，改良小说社，宣统二年（1910）；彭俞自评《泡影录》“诙谐滑稽，顽皮无比”，儒冠和尚：《〈泡影录〉弁言》，《泡影录》，小说林社，光绪三十二年（1906）。

② 《天上春秋》，《新闻报》光绪三十三年（1907）十二月一日至十二月二十四日。

再如《新西游记》以唐僧师徒游历上海的所见所闻，来反映晚清上海社会生活之变化。上海物质层面到精神层面的种种新变，衣食器物、交通住宿和社会交往的诱人景象，深深吸引了唐僧师徒。他们很快改变了呆头呆脑的外地人形象，迅速融入到这个纸醉金迷的花花世界。甚至连尊为师父的唐僧也吸食上了大烟，爱上了叉麻雀，还和八戒策划对策，想方设法、千方百计地应对反对吸食鸦片的孙悟空。小说中描写了孙悟空所见唐僧、猪八戒吸食鸦片后的惊人变化：

“不好了，怎么他们两人变了形状了。看师父时，见他的面色渐渐的由红变白，由白变青，由青变灰，由灰变黑了。见他的面庞而渐渐的由圆而长，由长而削，由肉而骨，由骨而筋，由筋而骷髅了。见他的背渐渐的由直而弯弯，而曲曲，而折折了，见他的肩愈高，他的头愈低了，见他的唇愈白，他的眼愈红了。忙又看八戒时，见他硕瓢般的大腹，早也渐渐的小了，好似才产了小犬的母犬了。见他蒲扇般的两只大耳，也早渐渐的缩了，缩了像猫耳一般的叉了起来了。”①

心质纯净、一心向佛的唐僧在物欲横流的城市尚且不能自持，普通人又何来坚定的信念而洁身自好？小说在貌似诙谐轻松的氛围中，嘲讽、抨击了社会的各种恶习。

此外，还有借鉴自西方小说“第一人称”的叙事方式，如《易魂新术》淋漓尽致地描绘了“我”易魂后的感受，以及与扮演他人角色的错位感。小说中“我”借助易魂药丸，分别变成嚣张的巡捕，

---

① 《新西游记》，《时报》光绪三十二年（1906）二月十四至光绪三十四年（1908）九月二十七日，未完。

年轻美貌但是嫁给老头的新娘以及县老爷等人。由于新身份与“我”自身存在极大差异，“我”变成他人后极力想符合新身份却出尽洋相，笑话百出。这些因素交织在一起，在众多描述社会现象的小说中，有着难得一见的诙谐和轻松。[①]

对于上述写作手法，吴趼人特别称之为“谐谑”[②]，并在《二十年目睹之怪现状》评语中，对“谐谑”所采取的夸张式对比手法、所具有的轰动效应及先笑后哭、喜而后悲的辛辣的讽刺特色进行了大量点评。如“绘影绘声，神情毕现，无殊抉此辈之心肝而表暴之。指陈弊窦处，竟是一面显微镜”（14 回评语）、“笑肠欲断”（37 回评语）、“盖看正面意思浅，看反面意思乃深也”（47 回评语）、“诙谐百出”（57 回评语）、“一举目一投足，无非怪现状”（69 回评语）、“情节极变幻离奇，令人读之失惊。描写极淋漓痛快，令人读之失笑”（84 回评语）。“谐谑”以其强烈的引人发笑的艺术效果为特色，专以揭露、鞭挞丑恶的社会现象、锐利地批判人性弱点为其终极目的。社会小说创作者追求“谐谑”效果的意图十分明显，就是要让小说能引人先笑后哭、喜而后悲，进而充分调动读者的阅读兴趣，吸引读者争相购买。一时间风尚所致，不仅冷眼旁观、嬉笑怒骂、诙谐滑稽成为当时小说家们自许或许人之词；就连其他类型的小说也以此等字眼招徕读者。如宣统元年五月《民呼日报》刊载“最新小说出版”广告，称“林译《黑太子南征录》是书……嬉笑怒骂，皆成文章”，[③] 以起宣传之效。

除作者在创作手法上的努力之外，出版商为了好上加好，进一

---

① 《易魂新术》，《时报》光绪三十四年（1908）四月八日至五月三十日，未完。

② 《俏皮话》，《月月小说》第一年第一号，光绪三十二年（1906）九月十五日。

③ 《民呼报》，宣统元年（1909）五月二十一日。

步推动小说销量，也刊印了很多绘图类的社会小说，“以名手精图数十帧弁诸卷首，形容布置，无异真境。装潢华丽，尤其特色”，“使阅者如入众香国，声色宛然，如探百花丛目不暇给”。[①] 再加上社会小说一类的文字，由于“凡所叙述，皆迎合、钻营、蒙混，罗掘、倾轧等故事，兼及士人至热心于作吏，及官吏闺中之隐情”[②]，故事性、趣味性和娱乐性都比较强。看社会小说不但能够满足读者的猎奇心理，还能够发泄他们心头的怨恨，满足了人们特别是下层民众一般的文化消费需求。而且社会小说中由于作者有意大量穿插的官场轶闻、家庭丑闻、怪事、奇事、丑事、笑话，使小说显得更加轻松、有趣，绝不至于枯燥死板。

因此，虽然光绪三十一年（1905）之后的社会小说鱼龙混杂，无法比拟“用写实的手法，结合着讽刺的手段，不乏夸张地暴露现实的社会统治秩序的各个方面的黑暗腐败现象，从中也比较明确地表达作者的政治思想立场，或主张革命，或鼓吹改良”[③] 的光绪二十九年（1903）之作品，但其读者却并未因此减少，反而一经出版便很快博得了读者的好感，风靡一时。总之，晚清政治小说在流变之时，社会小说也渐次兴起。

第三节　关怀社会：晚清小说现实主义品格的显现

在晚清最后十年间的小说创作进程中，光绪三十一年（1905）

---

① 《民立报》，宣统三年（1911）五月二十二日。

② 鲁迅：《中国小说史略》，上海：上海古籍出版社，1998 年版，第 206 页。

③ 朱文华：《晚清各体文学的走向和中国文学的古今演变》，《复旦学报》，2003 年第 5 期。

之后的晚清小说文坛一度呈现出超越前期的繁盛景象。其中最直观的表现即是，小说数量的进一步攀升和小说题材类型的更趋多样。从侦探到言情、从社会到科幻、从政治宣传到革命演义，桃红柳绿，姹紫嫣红开遍。小说内容更是无所不包，几乎涉及那个巨变年代社会生活的各个方面。虽然对于其“果能合于吾国之社会与否，不能一概而论定之；其能改良吾国社会与否，尤不能一概而论定之”①；虽然在这些种类不一、多元驳杂的小说类型中，其小说趣向，小说归旨相差相别，甚至相去甚远，但有一点却是可以明确的，那就是在最后十年间，晚清小说开始逐渐显现出现实主义的品格。

源自西方的现实主义是文学批评和文学研究中最常见的术语之一。狭义的现实主义是一个历史性概念，特指发生在19世纪的现实主义运动；广义的现实主义泛指文学艺术对自然的忠诚，其最根本的意义是真实客观地再现社会现实，强调的是文学对现实的忠诚和责任，具有素朴的人间情怀和人道精神。在梁启超提倡的政治小说高潮过后，有人哀怨于情网、有人踟蹰于官场，有人注目于黑幕，有人依旧寄情于政治小说创作。与光绪三十一年（1905）前小说汹涌澎湃的激进浪潮相比，光绪三十一年（1905）后的小说文坛未免步履缓慢，声势微弱。但其中仍有一条主线贯穿始末，晚清小说或多或少、或隐或现地表现出了以倾向性、时代性、社会性为特点的现实主义的发展态势。晚清小说步入了更复杂、更曲折，却也更真实的发展阶段。

具体说来，光绪三十一年（1905）后占据小说主流的侦探小说

---

① 中国老少年：《〈中国侦探案〉弁言》，《新世界小说报社》第二期，光绪三十二年（1906）。载陈平原、夏晓虹编：《20世纪中国小说理论资料》第一卷，北京：北京大学出版社，1989年版，第192页。

虽然“奇情怪想、出人意表”[①]，情节惊险、场面紧张，题材大致不出遗产争夺、强盗行凶、奸情谋杀、谋财害命之范围；但它的基本主题，大多是揭露、鞭挞社会上的黑暗邪恶势力，张扬正义和道德，同情弱者而惩办罪犯，所描写的问题也都是人们所关注的社会焦点。中国人自著的侦探小说在这方面的特点更为突出。

晚清自著的侦探题材作品与翻译作品最大的不同，就是其目的不在“探侦”，而是借外国侦探讽刺嘲弄晚清社会。如自著之作《歇洛克来游上海第一案》以及《时报》在光绪三十三年（1907）刊载的“侦探之侦探”系列等，都充满了对中国探侦的揶揄和嘲讽，讽刺晚清社会的糜烂腐朽。[②] 至于在侦探故事中经常被提及的新科技，如火车、地铁、电报，主人公的逻辑推理能力和坚强的体能智能等，都表现出当时中国和中国人被视为欠缺的素质。或许，正像侦探小说的提倡者所称的那样，“泰西各国”之所以能兵强国富，是因为它们有侦探，法制健全。因此，翻译外国侦探小说，“输入文明”和“介绍法制”，有助于改变我国“律治不明”的现状，可以救亡图存。[③]

而写儿女之情的言情小说，受时代背景和“小说界革命”的影响，大部分写情作品必“寓爱国之意者乃为有益时局”[④]，必与国计民生挂上关系，避免单纯的为写情而写情，把情爱置于社会政治事

---

① 新小说报社：《中国唯一之文学报〈新小说〉》，《新民丛报》第十四号，光绪二十八年（1902）七月十五日。

② 详见第三章第三节《经久不衰的侦探小说》中相关文字的论述。

③ 陈福康：《中国译学理论史稿》，上海：上海外语教育出版社，2000年版，第158页。

④ 《新小说社征文启》，《新民丛报》第十九号，光绪二十八年（1902）十月初一。

件、历史力量之下，成了晚清言情小说的通用模式。至于其他小说类型，社会的、政治的、历史的、科学的等等更不用说，均是如此，行文必贯以“转移性情，改造社会”[①] 之希望，“隐寓国势盛衰之感情”[②]。

以如是方法创作之小说，必然不会单纯地属于某种特定类型。例如觉我就某一小说言评论道：

“侦探、言情等种种标目，似无不妥，然小说之所以耐人寻索，而助人兴味者，端在其事之变幻，其情之离奇，其人之复杂。大都一书中，有生者，有死者，有男子，有妇人，有种种色目人；其事有常者，有变者。举一端以概之，恒有失之疏略者。余于是见有以言情、侦探、冒险名其一小说者矣，有以历史、科学、军事、地理名其一小说者矣。观其内容，窃恐此数者，尚不足以概之也。”[③]

于是，这就造成了光绪三十一年（1905）之后小说类多且杂的局面。一部小说往往掺杂着社会、历史、公案、官场、言情、侦探等多种因素，既有娱乐，又有启蒙和说教。小说被同时冠以多种类型，被标为“理想科学寓言讽刺诙谐小说”[④] 的做法屡见不鲜。以至于当时小说家也习惯于用此方法，品评前人之作。燕南尚生评《水浒传》是社会小说、政治小说、军事小说、侦探小说、伦理小说、冒险小说，是“祖国之第一小说”[⑤] 即为一例。相应的，此种

---

① 鲁迅：《〈域外小说集〉序》。《鲁迅译文集》第1卷，北京：人民文学出版社，1958年版，第581页。

② 《〈宦海潮〉凡例》，《中外小说林》第五期，光绪三十三年（1907）六月二十一日。

③ 觉我：《余之小说观》，《小说林》第九期，光绪三十四年（1908）正月。

④ 《光绪万年》，《月月小说》第二年第一号，光绪三十四年（1908）正月初七。

⑤ 燕南尚生：《〈新评水浒传〉叙》，光绪三十四年（1908）。载陈平原、夏晓虹编：《20世纪中国小说理论资料》第一卷，北京：北京大学出版社，1989年版，第334页。

影响亦波及小说广告。各报刊杂志争相标榜自己刊载之小说紧切社会问题，内容无所不包；唯恐因为遗漏了某种小说类型而错掉了一批读者。如《神州日报》之《仇情记》广告示，“自明日起，改送政治侦探小说《仇情记》，叙述英亲王加来与女优美丽结婚及为俄政府侦探虚无党。情节离奇，极有意味，阅者诸君幸注目焉”①。又如《民立报》刊载《快睹!! 惟一奇特新新小说〈环游地球旅行记〉出版》之广告称：

“是书以说部体裁，记载专门学术，为某名孝廉夫妇出洋留学时所编译，包括全球海埠山川、风景胜迹、宗教及天算、地理、测绘、驾驶、法程、航陆、探险、走兽、铁道无不详载靡遗……至其文笔雅洁，叙事详赡，光怪陆离，奇情异趣，可称无美不备。加以社会、历史、侦探、滑稽、艳情、侠义、科学诸小说之特质。区区稗史能具其大，真近来空前绝后、惟一无二之小说杰作，诚有益学术，增长智识，人人不可不先睹为快之奇书也。”②

其实，我们只要比较周详地对整个晚清小说巡视一番，就可发现晚清小说并非亦步亦趋地按照梁启超设定的路线发展，而是经由了秉承“小说救国论”的“立意高尚之书”与“消闲娱乐之书”的潮起潮落，博弈并存的状态，形成了一个极其复杂的多元混合状态。其间的创作理念既蕴有改良主义观点，也有民主革命派的倡见，还有不属派系而倾向于进步的小说创作者的见解，当然也有一些毫无创作主旨只为谋生糊口的小说作品；尽管瑕瑜并存，优秀者少，芜杂者多；但是，在这四棱八角、鱼龙丛聚的作品之中，应该看到，

① 《本馆特别启事》，《神州日报》光绪三十三年（1907）十月初九。

② 《民立报》，宣统三年（1911）八月十八日。

无论何种小说，不论品级高下，都领受了梁启超提倡之“新小说”的观点，即以小说来抒发政见、理想和爱国热情，进而来新民、来改良群治。

此外，梁启超在提倡“小说界革命”时，也第一次地谈论到了写实小说。他认为写实小说之要义在“摹写”现实生活真相，“和盘托出，彻底而发露之”[1]。也即，在实录“客观”事实中贯注进作者关注现实的“主观”的阐发和批评。这一思想和他的“新小说”理论一样，也渐深入人心。于是，晚清新小说运动以来，文学成就的取得或衡量，与它所竭力承担的启蒙使命紧密联系起来。“揭出病苦，引起疗救的注意”这句话，虽是鲁迅解释他自己从事文学创作的原因，但基本上代表了晚清以来主流文学的文学观念与叙述立场[2]。于是，鼓吹君主立宪的维新派借助小说“开民智、振民气、鼓民力”[3]，以期达到拥君变法强国；意欲推翻清王朝的革命派则利用小说“振大喊之天声”，以期实现民主共和；倾向于进步的小说家则着意于抨击谴责现实龌龊之社会；而纯粹卖文为生者则也于文中狗尾续貂地加上若干嘲弄现实的笔墨。可以毫不夸张地说，正是政治的介入，为近代小说带来了转变的契机，中国小说开始摆脱前人描写才子佳人、美化清官侠客、歌颂忠孝节义、远离现实的传统小说模式；转而着眼反映现实，赋予小说以社会关怀以及民族国家意识。晚清小说开始步履蹒跚地践行其关怀社会的现实主义品格。

---

① 梁启超：《论小说与群治之关系》，《新小说》创刊号，光绪二十八年（1902）十月十五日。

② 杨联芬：《晚清至五四：中国文学现代性的发生》，北京：北京大学出版社，2003 年版，第 173 – 174 页。

③ 严复：《原强》，周振甫选注：《严复诗文选》，北京：人民文学出版社，1959 年版，第 27 – 32 页。

以四大谴责小说家及其代表作而论，李伯元作为一个处于封建统治之下的被排斥者和失意者，一方面既不认同维新派，也不认同革命派。他嘲笑改良派的康、梁师徒，不过是“结党营私，邪说惑世”、“敛钱愚人”的政治骗子；革命派则又是依赖外国人，终使国破家亡的败类；诋毁“北拳南革”，认为革命党“破坏天理国法人情”，义和团“几乎送了国家性命”。[①] 但另一方面，他又清醒地看到祖国疮痍满目，病入膏肓。出于爱国心的驱使，他也毫不留情地全面揭露了清末官僚统治机构的腐朽，猛烈抨击了对外献媚屈膝的清王朝。李伯元之《官场现形记》“凡所叙述，皆迎合、钻营、朦混、罗掘、倾轧等故事，兼及士人之热心作吏，及官吏闺中之隐事”[②]，描绘了清末整个官僚阶层，上至军机台阁，下至县吏杂佐一片乌烟瘴气之象。《二十年目睹之怪现状》[③] 的作者吴趼人在晚清西学输入，民主、科学思想影响日深的情况下，仍然固执于传统观念。他看到行文中采用西方标点符号的，恨不得食肉寝皮[④]；听说“物竞天择”、“优胜劣败”及“天赋人权”的言论，就斥之为“谬妄之说”[⑤]。吴趼人在《上海游骖录》[⑥] 中诬蔑革命派，《剖心记》为清

---

① 李伯元在《文明小史》中分别以安绍山、颜轶回来影射康有为、梁启超。《文明小史》写于光绪二十九年（1903）至光绪三十一年（1905）。最初在《绣像小说》上连载，光绪三十三年（1906）由商务印书馆出了单行本，但不久即绝版。上述论述转引自任访秋：《中国近代文学史》，开封：河南大学出版社，1988 年版，第 303 – 304 页。

② 鲁迅：《中国小说史略》，上海：上海古籍出版社，1998 年版，第 206 页。

③ 吴趼人：《二十年目睹之怪现状》，广智书局，光绪三十二年（1906）至宣统二年（1910）。

④ 《最近社会齷齪史・自序》，广智书局，宣统二年（1910）。

⑤ 《贾凫西鼓词序》，《月月小说》第一年第七号，光绪三十三年（1907）三月十五日。

⑥ 光绪三十三年（1907）二月至四月《月月小说》第一年第六至第八号载。光绪三十四年（1908）七月，上海群学社出版单行本。

廷将刺杀恩铭的徐锡麟割心致祭一事粉饰辩解①。尽管受自身思想制约，其创作始终以“拥护旧道德”为基点，但他长期生活于民间，对于现实社会的混浊污秽洞察很深。在《二十年目睹之怪现状》中，作者以自号“九死一生”者为线索，连缀一百八十九件怪现状，叙述其二十年中所遇所见所闻之离奇乖谬之事，生动地描写了家庭的骨肉相残，商场的尔虞我诈，官衙的卑污苟贱，俗流的附庸风雅、欺世盗名等广阔的社会面相，批判了社会腐败、人欲横流、鬼影幢幢，不可收拾。同样的，虽然刘鹗和曾朴的思想立场各不相同，但并无碍于他们作品中现实主义品格的显现。《老残游记》② 通过江湖医生老残的游历见闻，在一定程度上暴露了清廷专制统治的极端残酷黑暗，以象征手法把中国比作航行在汹涌波涛中的破船，寄托了作者补救残局的政治理想。《孽海花》③ 以金受青和傅彩云的风流韵事为主要线索，展开了清末上层社会生活和外交活动的广阔画面，容纳了同治末年到戊戌政变前夕近三十年内的历史大事件，揭露统治阶级的腐朽和帝国主义的侵华野心。所以，尽管当时小说家们思想庞杂，创作目的各不相同；但他们的批判现实都是从爱国、思求变革出发的，与社会前进运动的步伐基本一致。所以，当鲁迅评论晚清谴责小说的功绩时，也曾实事求是地称赞它们“揭发伏藏，显

---

① 《剖心记》第一回。《剖心记》光绪三十三年（1907）竞立社《小说月报》第二期载，标“法律小说”。竞立社《小说月报》杂志出两期即停刊，吴趼人遂未续作。

② 《老残游记》，原署洪都百炼生著，光绪二十九年（1903）始发表于《绣像小说》，至十三回中断，后续载于《天津日日新闻》，共计初编二十回，续编九回。光绪三十二年（1906）初编单行本刊行，1935 年，续编前六回单行本刊行。

③ 《孽海花》最初版本署“爱自由者发起，东亚病夫编述”，后来才改署曾朴著。小说林社，光绪三十一年（1905）出版初、二两集，共二十回。1928 年，真美善书店出版初、二、三集，共三十回。《真美善》上发表的十五回中，后五回未收入。

其弊恶，而于时政，严加纠弹，或更扩充，并及风俗”。[①] 这实际上就是对晚清谴责小说中批判现实主义的进步倾向作了高度概括。

此外，其他一些流传至今的晚清优秀小说中，虽不一定明确宣扬何种政治理想，有呼吁救国的，有主张科学救国的，有主张教育救国的，有主张实业救国的；但大都立足于反映社会，提出问题。忧患余生的《邻女语》[②] 反映了“庚子事变”下，洋人官兵相互勾结，屠戮黎民，展示了乾坤含疮痍、日月惨光晶、千里赤地如烧，山河血染的历史惨状。佚名的《苦社会》[③]，碧荷馆主人的《黄金世界》[④] 反映了“反华工禁约运动”的情况，描写了华工的血泪生活。姬人的《市声》[⑤] 提供了晚清工商业社会生活的一幅风俗画，反映了晚清上海商界在纺织、茶业等方面受外资侵入而日渐萧条的情景以及若干有志之士欲振兴民族工业的豪举，着重谴责了工商界内部种种卑鄙龌龊、尔虞我诈的行为。大桥式羽的《胡雪岩外传》[⑥] 则实录了晚清商界的活动，感慨“中国梦梦，吴山沉沉，安得雪岩再生，鼓舞全浙，以大开商务学堂之实业也”。[⑦]《发财秘诀》[⑧] 以愤慨

---

① 鲁迅：《中国小说史略》，上海：上海古籍出版社，1998 年版，第 203 页。

② 连梦青：《邻女语》，《绣像小说》，光绪二十九年（1903）至光绪三十年（1904）。

③ 《苦社会》48 回，撰者佚名，光绪三十一年（1905）上海图书集成书局印行。

④ 《黄金世界》，二十回，撰者碧荷馆主人，小说林光绪三十三年（1907）刊。

⑤ 《市声》二十五回，标“实业小说”，《绣像小说》第四十三期至第七十二期，光绪三十一年（1905）至光绪三十二年（1906）。作者署“姬文”。光绪三十四年（1908）三月上海商务印书馆出版铅印单行本上下两卷三十六回。

⑥ 《胡雪岩外传》十二回，署“大桥式羽著”，光绪二十九年（1903），发行处则署“日本东京爱善社”。

⑦ “浙东市隐”序，《胡雪岩外传》卷首。《胡雪岩外传》十二回，署“大桥式羽著”，日本东京爱善社 发行，光绪二十九年（1903）五月。

⑧ 《发财秘诀》一名《黄奴外史》，载《月月小说》第一年第十一号和第十二号，及第二年第一号，自光绪三十三年（1907）十一月至光绪三十四年（1908）正月。

之笔，描述揭露了洋奴买办的为虎作伥、出卖民族利益的无耻嘴脸。颐琐的《黄绣球》[①] 以当时最尖锐、敏感的社会问题——妇女解放问题为中心，描写了以普通妇女黄绣球为代表的新女性倡导妇女解放、创办启蒙教育等艰苦活动的真实姿态，较广泛地展示了晚清社会中新旧势力斗争经过，反映了一代之变革。

至于其他数以千计的，散落在各大小报刊杂志中各类小说，虽然良莠不齐，却也尚能从某一角度反映一定的社会生活画面。它们多角度的揭露社会危机：对宫廷的混乱、外交的软弱、国防的窳败、内政的腐朽、官吏的贪婪，以至社会上的诈骗、迷信、吸毒、嫖赌、道德堕落，都作了细致入微的描写。让人们觉察到，这个社会已经疮痍满目，从上到下、由里到外都在糜烂，到了不堪修补的地步。

如“社会小说”《天足引》“为开通风气起见，普劝中国女人脱缠足之苦，享天足之乐”，“书中大意如敦孝友，除迷信，贱势力，贵自立，革旧俗，启新机”，“颇能为女界放一光明”[②]。“社会小说”《凄风苦雨录》[③] 专叙华工苦况，说上海有三个人：蠢物、废物、怪物，讲三人想发达，但三人“既无害人本领，又无谎骗之手段”，所以只能聊度时日。有个极有名的运动家劝怪物谋害他的两个兄弟，称他们为革命或是反叛，即可发财，但怪物不能做。“自知在中国断难得法，只得另寻门路。只因这一转念，遂教柔软书生变作南洋猪仔，穷酸小贩，忽为阶下囚徒”[④]，经历了一番凄惨怨苦的岁月。

---

① 《黄绣球》三十回，初版于清光绪三十一年（1905）梁启超主办的《新小说》第二卷，至二十六回中止；光绪三十三年（1907）由新小说社印成单行本续完。

② 《新世界小说社广告》，《新世界小说社报》第三期，光绪三十二年（1906）。

③ 《凄风苦雨录》，作者署废物，《中外日报》，光绪三十三年（1907）三月二十七日至六月二十六日。

④ 《凄风苦雨录》第一回，《中外日报》，光绪三十三年（1907）三月二十七日。

"读之虽铁石心肝之人，亦当凄然动魄，潸然泪下"，"宗旨盖欲取被诱出洋诸华工之情状贡诸社会，俾海内志士痛心于同胞之受难，勿再任化日光天之下复有魑魅魍魉，其人肆其诱拐之手段"①。"社会小说"《碧血幕》② 则反映了一段历史现实，记述了各地的革命党人纷纷起来争做晚清政府的掘墓人的种种事迹，通过对诸多不屈不挠的革命志士的刻画，向人们宣扬革命党人为民族和人民的解放和自由而浴血奋斗的精神，以引起人们的注意，引起人们对革命和革命者的同情和支持。

又如"英雄小说"《刺客谈》"系述一壮士激于义愤行刺贵官，为同类所误，不成，被获，慷慨激昂，动人心志，可以唤醒吾国人之昏梦，振发吾国人之精神"。③"家庭小说"《亲鉴》④ 写小说以教育，"家庭教育，首重幼稚，卢叟柏氏，咸以小说著名教育界"。⑤中国社会腐败险恶，乌烟瘴气，令人不堪入目，国人又愚昧无知、封建保守，要移风易俗光靠政治演说是不行的，必须找准症结所在。家庭小说就是要从家庭教育着手来医治中国社会。至于如何医治，作者通过小说中沈御史的奏折给出了药方："第一条禁鸦片"、"第二条禁僧尼"、"第三条禁早婚"、"第四条禁浮费"，同时兴办新式学堂，让子弟接受科学文明教育。在这篇小说中，作

① 《添印新著小说启》，《中外日报》，光绪三十三年（1907）三月二十九日。

② 《碧血幕》，吴门天笑生编述，《小说林》，光绪三十三年十月至光绪三十四年正月（1907 年 11 月 - 1908 年 2 月）。

③ 《新世界小说社广告》，《新世界小说社报》第三期，光绪三十二年（1906）。

④ 南支那老骥氏编，上海冷眼人评点：《亲鏗》，《小说林》第五期至第八期，光绪三十三年七月至十二月（1907 年 8 月至 1908 年 1 月）。

⑤ 《谨告小说林社最近之趣意》，光绪三十一年（1905）小说林社版《车中美人》。载陈平原，夏晓虹编：《二十世纪中国小说理论资料》（第一卷），北京：北京大学出版社，1989 年，第 156 页。

者已经不再满足于对世态炎凉的揭露和谴责，而是更加自觉地认识到了小说的教育功能和社会改良的互动关系，试图给这个病态的社会开一剂良方。

“军事小说”《新舞台三》[①] 则直接针对中国正面临的内外交困的窘境。军人是保卫祖国和政局稳定的保证，但是中国军队的表现又让人不得不加以反省，“军人平日，非有物以刺戟激励其心志，必将坚忍、勇往、耐苦、守法诸美德，日即沦丧，而遇事张皇，临机畏葸，贻国家忧者。余谓今后著译家，所当留意，专出军人观览之小说。其形式、体裁、文字、价值，当与学生所需者，同一改良；而其旨趣，则积极、消极兼取。死敌之可荣，降敌之可耻；勇往之可贵，退缩之可鄙；机警者之生存，顽钝者之亡灭，足供军人前车之鉴、后事之师者，一一写之。如是则不啻为军队教育之补助品，而为军界之所欢迎矣。”[②]《新舞台三》即志在塑造民族尚武之精神，振兴民族。“侠客谈”《刀余生传》[③] 讲述的是盗贼的故事。叙一旅客在荒野被盗贼抓捕，坚强不屈，盗首十分欣赏，于是引他参观谷中的“杀人室”、“货币库”、“演习场”、“高等学生教课场”等，向他宣讲优胜劣汰的救国杀人谱，并叙述了自己为救国而相继从士、从商、从政，最终选择从盗来实现救国理想的经历。旅客对盗首的态度从厌恶、愤怒到惊诧、感佩，最后一跃而起，竟自书“刀余生”，毅然加入了盗贼的行列，表现了作者对国家前途命运的思考。《血海孤星录》通过一起冤案展示了官场的腐败无能，作者在愤激之

① 《新舞台三》，《小说林》，光绪三十三年（1907）二月至光绪三十四年（1908）九月。

② 觉我：《余之小说观》，《小说林》第九期，光绪三十四年（1908）正月。

③ 《刀余生传》，著者冷血，批解冷血，《新新小说》第一年第一号，光绪三十年（1904）八月初一。

余对我国旧官制进行了无情地鞭挞：

“吾当今纵论吾国官制矣，旧例法官无专员，历史中未见各级审判厅之制，地方刑讼，寄之牧令，彼守土者，恒集其尖锐眼光，注射征收粮册……偶得民间冤状，亦仅掷入积尘高阁，听群鼠据为茵褥。或赴诉者哀鸣不已，官大怒，立挥群役，四出捉人，得两造擒入署，争张毒吻，痛吮人血，一人尽，弃之更择其肥。迨官吏餍饱，爰书立定，秋审期迫……惨厉入云，闻之使人血冷……呜呼惨矣。”①

此外，采用象征手法来表现晚清颓危之势以及政府的无能和媚外也是当时报刊小说的通常做法。《结核菌物语》② 虽为翻译之作，但既为“译述”，小说中就有很多按照译者意愿所作的发挥，这些发挥成分往往就是译者之所以翻译这篇作品的原因，事关题旨，极为重要。“我”是一个微小的结核菌，小说以第一人称“我”夫子自道，表露了对人类卫生健康状况的担忧。行文夹杂隐喻，小说本来是以国家战争的例子来说明结核菌与人类的战争，但因为作者的真实意图是在前者，喻体反而成了本体。在渲染国家战争时，还不忘顺手一击，“然而像支那老大帝国这样兵械缺乏的人也很多，我们只拣这一班人，向他们进攻猛击，他们如何可以抵敌呢?”小说表面讲述人们不讲卫生，实则讽刺清廷现状，在戏谑的背后隐喻了译者对于国家前途的深忧，包含深切的社会关怀。小说《蛇蝎恨》则将东方蝎族比喻为民族的败类，西方蛇族是入侵者，感慨道：“呜呼东

---

① 遯盦著：《血海孤星录》，《小说时报》第十期，宣统三年（1911）五月望日。

② 吴门天笑生译述：《结核菌物语》，《小说时报》第十四期，宣统三年（1911）十一月二十五。

方！毒气漫天，人间何世！呜呼东方！蛇为患耶？蝎为患耶？呜呼东方！欲靖其患，去蝎耶？去蛇耶？”[①]

被这些报刊小说大力抨击的，还有传统婚姻观念。短篇新作“哀情小说”《邵飞飞》[②] 描写的就是主人公邵飞飞的恋爱和婚姻因为“父母之命”和传统婚姻观念的干预而成为殉葬品。邵飞飞许婚罗家是因为“固纯孝”，“不忍拂母意”。对此作者表达了其愤懑之情，“呜呼，世之拘拘于孝义，而卒贻悔于将来者，良以所见不远为可悲耳……”。短篇小说《樱花恨》[③] 则讲述了苏州某生“与樱娘在日本相爱，新式婚姻行将举行，但为遵循父命只得回国博取功名，某生回国后知父已为己缔姻”，“始大骇愕，即悔且恨”，“何以见樱娘于海外？”他认为，“夙所不欲遽告老父者，徒以自由结婚之制，非彼老人所乐闻也。不图一误再误，以至于此，而今已矣，若毁其议，则有父母之命，媒妁之言在”。由于“孝”，某生的逆来顺受，接受了“父母之命，媒妁之言”的传统婚姻，遂“渐将东瀛之事忘却”。樱娘情深，追随至苏州后方才大悟，喟然曰：“余尝怪十郎薄倖，以为出身稗官之笔，文明时代，必无其人，不图我躬而一遇也。”故事到这里所展现的已不再哀婚姻之不幸，而是提出了一个严肃的时代命题，即新时代的青年面临婚姻爱情应当怎样取舍。而作者，对此并未作答，但在短短的篇幅里我们可以明显感受到作者无法找寻出路的焦灼。

---

① 《蛇蝎恨》，《神州日报》光绪三十四年（1908）二月十七日。

② 《邵飞飞》，著者微，《小说时报》第三期，宣统元年（1909）十二月朔日。

③ 《樱花恨》，著者慰元，《小说时报》第十一期，宣统三年（1911）闰六月初五。

其他小说像《老瘾》[①]、《少妇泪》[②]、《黑籍部》[③]、《芙蓉镜》[④]、《安乐窝欤黑暗乡欤》[⑤] 等篇痛斥鸦片流毒；《豪赌》[⑥]、《博徒恨》[⑦]、《新年之卖女哀》[⑧] 之棒喝赌徒；《女骗》[⑨]、《仙人跳》[⑩]、《念秧余孽》[⑪]、《活罗汉》[⑫]、《美少年奇遇》[⑬] 等揭露各种诡诈骗术；《巫师技穷》[⑭]、《张天师》[⑮] 等抨击迷信，《虚业学堂》[⑯] 讽刺官府办学的假相；《历史教习》[⑰]、《自由学堂》[⑱]、《新教育谈》[⑲]、《学生之怪现状》[⑳]、《某学生与某教员》[㉑] 嘲弄学堂学生和教员“平日以志士自命，视富贵如粪土，薄君相而不为。一旦小得意，面目顿改，醉心利禄，如磁引针，如蛾投火，悍然蹈天下之至可耻而不顾”[㉒]；《志

① 《老瘾》，《申报》，光绪三十四年（1908）二月十九日。
② 《少妇泪》，《时报》，光绪三十四年（1908）七月十七日。
③ 《黑籍部》，《时报》，光绪三十四年（1908）八月十八日。
④ 《芙蓉镜》，《神州日报》，光绪三十四年（1908）十月初七。
⑤ 《安乐窝欤黑暗乡欤》，《申报》，宣统三年（1911）十一月初十。
⑥ 《豪赌》，《申报》，光绪三十四年（1908）二月十七日至十八日。
⑦ 《博徒恨》，《申报》，宣统二年（1910）二月二十四日。
⑧ 《新年之卖女哀》，《申报》，宣统二年（1910）正月初四。
⑨ 《女骗》，《申报》，宣统元年（1909）六月初一至初四。
⑩ 《仙人跳》，《申报》，宣统三年（1911）七月二十一日。
⑪ 《念秧余孽》，《申报》，宣统三年（1911）八月初二至八月初四。
⑫ 《活罗汉》，《申报》，宣统三年（1911）十一月初六。
⑬ 《美少年奇遇》，《申报》，宣统三年（1911）十二月二十五日。
⑭ 《巫师技穷》，《申报》，宣统三年（1911）十二月二十五日。
⑮ 《张天师》，《神州日报》，光绪三十四年（1908）十月二十四日至三十日。
⑯ 《虚业学堂》，《时报》，光绪三十二年（1906）七月七日。
⑰ 《历史教习》，《申报》，光绪三十四年（1908）六月十三日至十四日。
⑱ 《自由学堂》，《神州日报》，宣统二年（1910）十一月二十五日。
⑲ 《新教育谈》，《神州日报》，光绪三十四年（1908）九月初四。
⑳ 《学生之怪现状》，《申报》，宣统二年（1910）五月六日至七日。
㉑ 《某学生与某教员》，《时报》，光绪三十四年（1908）二月二十一日。
㉒ 《学生妻》，《神州日报》，宣统元年（1909）七月二十二日。

士之小影》[1]、《法律家》[2]、《牺牲主义》[3]、《新槐安国》[4]、《新黄粱》[5]、《魑魅镜》[6] 等篇不无鄙夷地嘲笑那些言行不一、追名逐利的假维新人士；《冤狱记》[7]、《梅花女》[8]、《文明鉴》[9]、《颠倒鸳鸯》[10] 则哀叹传统社会女性的不幸命运。

可以说，这些为数众多被历史尘封的晚清报刊小说，尽管参差不齐，珠贝泥沙，瑕瑜并存，优秀者少，芜杂者多；尤其是光绪三十一年（1905）之后小说界呈现娱乐压倒启蒙之势，侦探、滑稽、艳情、侠义、社会、历史等小说更倾向于认同于大众化的欣赏趣味，更倾向于小说的娱乐性、趣味性、休闲性，而不是小说的政治功用性，但晚清小说的精神绳索仍是关怀社会，“娱乐”也总是在国家民族的背景下展开。正所谓，“儿女爱情，私人恩怨，苟可以资炯戒者，犹且不可无记，况关乎国家社会者哉？”[11]。小说主流方面的矛头，是指向腐朽的、不能抵御外侮的晚清政府、朝廷官员以及由此产生的一些道德风习的堕落。晚清小说家们也多多少少地从各个角度，从各界社会环境，大至国家存亡，小至个人命运，来表现这些

① 《志士之小影》，《申报》，光绪三十三年（1907）年二月十九日。

② 《法律家》，《申报》，光绪三十四年（1908）四月二十九日。

③ 《牺牲主义》，《申报》，宣统三年（1911）十二月初九。

④ 《新槐安国》，《神州日报》，光绪三十四年（1908）八月初五至初九。

⑤ 《新黄粱》，《时报》，光绪三十二年（1906）闰四月二十六日。

⑥ 《魑魅镜》，《神州日报》，光绪三十三年（1907）七月二十三日至二十六日。

⑦ 《冤狱记》，《时报》，光绪三十四年（1908）九月七日至八日。

⑧ 《梅花女》，《时报》，光绪三十四年（1908）九月四日。

⑨ 《文明鉴》，《神州日报》，宣统元年（1909）十月初十至十四日。

⑩ 《颠倒鸳鸯》，《申报》，光绪三十四年（1908）十月二十七日至二十九日。

⑪ 焦大：《〈血花一幕——革命外史之一〉后记》，《小说月报》第三年第四号，1912 年。载陈平原，夏晓虹编：《二十世纪中国小说理论资料》（第一卷），北京：北京大学出版社，1989 年，第 371 页。

东西的。有学者就曾指出，“对于中国现代作家来说，所要探究的基本问题不是‘什么是文学’，而是‘它有什么用’”。①

20 世纪的文学主流是功利主义的，晚清最后十年间的小说也是如此。这主要是因为它并非小说内部发展的结果，而是由民族危难所激发，并于一开始就承担起了建立现代民族国家的沉重的道义责任。同时，在如此一个最大的社会变革时代，文学家也不可能做袖手的旁观者。正是抱着这样的观念，上至政治家下至鬻文谋生者，在开始他们的小说创作时，多抱着批判现实、关怀社会的思想，多采社会弊端，揭出病苦，引起疗救的注意，“专在借小说家者言，发起国民政治思想，激励其国精神”②，也就不觉为怪了。这种强烈的社会和时代责任感，或者可以说是左右中国近代文学发展方向的最重要因素之一。

与传统小说基本为“婉而多讽”，根本看不到对时政的直露、激烈的批评，更谈不上对国民精神面貌的探询相比；晚清主流小说的内容或主题基本上紧贴现实社会。加之，晚清小说家大多生活在平民中间，终年目睹混浊的社会，体验动荡的生活，痛恨国运衰微，百姓受难，促使他们形成了批判现实的强烈愿望。于是，在国弱民贫、列强入侵的危难时刻，在晚清时局的动荡中，在政治运动的促进和冲击下，晚清小说抨击时政、揭露官场、曝光社会陋习、描绘人生百态，表现出鲜明的时代特征。故而可以说，现实主义品格正是晚清小说发展的重要趋向。以往我们谈论晚清小说时，往往从艺

① ［美］郑清茂：《日本文学思潮对中国现代作家的影响》，贾植芳编：《中国现代文学的主潮》，上海：复旦大学出版社，1990 年版，第 14 页。

② 新小说报社：《中国唯一之文学报〈新小说〉》，《新民丛报》第十四号，光绪二十八年（1902）七月十五日。

术性出发指摘其缺陷，但当我们转换视角，在整个文学发展史上探寻其文学精神时，就会发现，无论何种小说类型，政治的、社会的、侦探的、言情的，它们背后以及它们之间均存在相牵连的潜在的现实主义品格。并且这种品格逐渐明晰，最终形成了一条主线，贯穿了整个中国文学的发展脉络，中国小说就是在这种变革和涤荡中一步步走向成熟。

本章小结

尽管光绪三十一年（1905）后，带有明显政治功用性的政治小说逐渐淡出文坛，以侦探小说、言情小说为代表等一批更具娱乐性和消闲性的通俗小说逐渐兴起，表现出“娱乐压倒启蒙”之势。但倡导“小说救国论”、从强调小说的功用性出发、创作刊载小说的人和报刊在以商业化报刊为主导的晚清报界中仍占有一定比例，其中尤以留日学生创办的刊物最具代表性。这些创刊于日本，兼及发行国内的刊物不以盈利为目的，带有浓厚的理想色彩。在既怀有强烈不满和愤慨情绪，又怀有挽救民族危亡和振兴国家的宏大抱负的留学生报刊中，小说成了留日学生高喊政治话语的传声筒，成为宣传变革，鼓动情绪，传播外来新思想，为救亡、立国、发展探寻新路的强大武器，成为他们从事政治变革活动的“天然的盟友”。这些留日学生建构了一个由小说编排的政治空间，极大地开拓了小说与中国政治之间的契合关系。

晚清政治小说在流变之时，也伴之以社会小说的兴起。社会小说作为光绪三十一年（1905）后最活跃的小说类型，在“小说界革命”之始并没有出现在新小说家最初的设想中。从社会小说成为一种小说类型开始，其基本情况可以光绪三十一年（1905）为界，分为前后两期。前期的社会小说以“四大谴责小说”为主要代表。而在光绪三十一年（1905）之后，社会小说数量一路上扬，但与前期社会小说相比，其质量却参差不齐。随着社会小说读者市场的扩大，社会小说的内涵也在不断拓展，它们多角度地、细致入微地揭露描写了社会各个层面的危机。

可以说，这些为数众多被历史尘封的晚清报刊小说，尽管参差不齐，各小说类型倾向于认同于大众化的欣赏趣味和小说的娱乐性，而不是小说的政治功用性，但晚清小说的精神绳索仍是关怀社会，“娱乐”也总是在国家民族的背景下展开的。在晚清时局的动荡中，在政治运动的促进和冲击下，晚清小说抨击时政，揭露官场、曝光社会陋习、描绘人生百态，表现出鲜明的时代特征。现实主义品格正是晚清小说发展的重要趋向。

结　语

在对中国文学的基本面貌进行评价时，朱光潜曾言："就大体说，全部中国文学后面都有中国人看重实用和道德的这个偏向做骨子。这是中国文学的短处所在，也是它的长处所在。短处所在，因为它钳制想象，阻碍纯文学的尽量发展；长处所在，因为它把文学和现实人生的关系结得非常紧密。"① 从戊戌变法到20世纪20年代末是中国文学由传统向现代转型和主流文学观念逐渐形成的时期。中国现代性的文学开始形成，并出现新的变数，"'小说界革命'口号下创建的'新小说'，无论内容还是形式，都已经开始接受西方小说的影响，产生许多新的因素。小说总体在量变中发生着局部的质变。"② 其中最突出的质素，即由小说的政治功用性所引发的小说的现实主义品格。

政治功用性的小说观是一种在功利主义的社会、伦理总原则支配下的文学工具论。它认定某种唯一值得追求的社会目的，只把小说视为达到这一目的的手段。这一小说观念，在晚清提出，并非偶然。其一，近代小说萌蘖的晚清中国，世道陵夷、危机四伏、瓜分豆剖之祸迫在眉睫，举国有志之士受到莫大的震撼而因之猛醒。不

---

① 朱光潜：《文艺心理学》，《朱光潜全集》第一卷，合肥：安徽教育出版社，1987年版，第297页。

② 严家炎：《二十世纪中国小说史前言》，陈平原《二十世纪中国小说史》第一卷，北京：北京大学出版社，1989年版，第2页。

只是小说，整个中国文学都在求新、求变、求用，这是中国近代各派倾向进步的文学家的共识，是中国近代文学思想的主要特征，也即所谓的“近代意识”①。其二，“政治先行，文艺后变”②。中国古代小说发展到近代已是日暮途穷，正在逐渐丧失生机和活力。古代小说长期遵循的“资治体、助名教、供谈笑、广见闻”③ 的准则，裨补正史、益于政教、劝善惩恶的信条，已经不起欧风美雨的侵袭，势必改弦易辙。美化清官侠客、迷情才子佳人、歌颂忠孝节义的小说内容，辗转因袭，远离现实生活，跳不出前人的窠臼，尤其在近代文章需要且必须为合时而著时，这种故步自封的态度，只能使小说陷入无所作为的衰颓境地。若要与变革动荡的时代相适用，小说非变不可。政治的介入，恰恰为近代小说提供了转变的契机。

“新小说”感时忧国的精神和为民族为国家的创作宗旨，刷新了旧小说的面貌。为挽救当前危局，由政见不同的朝野人士组成的政治派别，在激烈的矛盾斗争中，纷纷利用小说承载其政治主张，作为宣传工具，争取最大范围的支持者。鼓吹君主立宪的维新派意欲借助文学“开民智、振民气、鼓民力”④，以期达到拥君变法的目的；执意推翻清王朝的革命派意欲利用文学“振大汉之天声”⑤，以期实现民主共和。文学不是政治的附庸，但政治的变革是当时人们

---

① “近代意识”的说法参见上海书店编：《中国近代文学的历史轨迹》，上海：上海书店出版社，1999 年版，第 3 页。

② 鲁迅：《三闲集·现今的新文学的概观》，北京：人民文学出版社，1973 年版，第 109 页。

③ 曾慥：《类说序》，黄霖、韩同文选注：《中国历代小说论著选》（上），南昌：江西人民出版社，1982 年版，第 60 页。

④ 严复：《原强》，周振甫选注：《严复诗文选》，北京：人民文学出版社，1959 年版，第 27 – 32 页。

⑤ 邓实：《正气集序》，《国粹学报》第二年第一期，光绪三十二年（1906）。

迫切期待的，文学随政治的需要进行变革不可避免。

得益于“小说界革命”的提倡，传统小说不但全面转型，一改昔日文学边缘地位的旧貌，而且一跃而为“文学之最上乘”①。可以说，在光绪三十一年（1905）之前的晚清小说界，只要谈到“新小说”，就很难将它与启蒙、救亡、革命这些字眼分开。以政治功用性为显著特征的“新小说”，深深地介入了国人寻求民族解放、社会解放、国富民强的历史进程，对晚清小说的演进产生了极为深刻的影响。

在充分肯定政治功用性的小说观念所带来的成就的同时，也应清楚地看到，由于急功近利，片面地强调小说的功用性，“新小说”忽视了小说之为小说的表达方式和艺术手段，读来几无美的享受，很难吸引读者。何况“小说固不足生社会，而唯有社会始成小说”②。同时，在日趋成熟的稿费制和文学商业化的冲击下，小说既是精神产品又是文化商品的双重属性使得晚清小说在接下来的进程中，并未按照梁启超的预想发展。光绪三十一年（1905）后，政治小说逐渐被侦探、言情、社会小说挤出主导地位，娱乐压倒启蒙，政治小说潮落，立意高尚之书与娱乐消闲之作裹挟前行。

但必须指出的是，在经过了“小说界革命”的洗礼后，晚清小说创作已全然不同于传统的旧小说了。在中国，提倡“小说界革命”的梁启超也第一次谈论到了写实派小说。其要义在“摹写”现实生活真相，“和盘托出，彻底而发露之”，在实录“客观”事实中贯注进作者“主观”的阐发和批评。③ 梁启超虽然只是抽象地倡导小说

① 梁启超：《论小说与群治之关系》，《新小说》创刊号，光绪二十八年（1902）十月十五日。

② 觉我：《余之小说观》，《小说林》第九期，光绪三十四年（1908）正月。

③ 梁启超：《论小说与群治之关系》，《新小说》创刊号，光绪二十八年（1902）十月十五日。

应创新祛旧，“摹写”现实，从未指导过小说的具体创作实践，但在“小说界革命”的影响下，无论是小说理论还是小说创作的内容与形态都明显改观。传统序跋与评点的主导地位渐次让位于理论文章，救国救亡、开启民智等议论开始取代劝善惩恶的说教，文学特性的分析渐趋成为常见内容。小说内容逐渐开始从“辞尚淫巧，事涉狎秽，动曰妓寮，动曰婢妾”①，从述梦寐虚幻之事，叙不近情理之演案希奇，劝人为善，消闲解闷的故套中解脱出来，转为描写社会生活，反映时代朝气，介绍新鲜事物。小说创作者也因小说地位的变化而扩增，小说创作宗旨已与经世致用，改良社会，甚至和革命联系在一起了。

所以，尽管三十一年（1905）之后的小说作品从宣扬政治小说到指摘弊恶、从侦探小说到科幻奇谈、从红尘侠骨到革命演义，丛聚交织，鱼龙混杂，率尔操觚者比比皆是。但就整个创作界而言，小说家们对于社会的问题，渐渐觉得切紧了。昔日独领风骚的政治小说对时局的关注及其精彩的议论，给此后的小说创作者们留下了深刻的印象。在“小说界革命”的感召下，许多人投身小说创作，尽管其创作宗旨与梁启超多不相同，作品面目也迥异，但都在努力地于实录“客观”事实中贯注进作者“主观”的阐发和批评，晚清小说逐渐形成了一条主要的“精神线索”。

由于吸取了“政治小说”昙花一现的教训，小说创作者们不再那么直接地“发表区区政见，商榷国计”②，直接于文中载写法律、章程、演说、论文等内容，而是更重视小说的可读性和趣味性，现实主义精神不再直接介入。拙劣者，虽与“所谓群治之关系，杳乎

---

① 《时新小说出案》，《申报》，光绪二十二年（1895）二月。

② 饮冰室主人：《〈新中国未来记〉绪言》，《新小说》第一号，光绪二十九年（1902）十月十五日。

其不相涉也”，文末也要狗尾续貂地加上一段关乎民族国家的议论。优秀者，则捕捉现实问题，烛照历史帷幕于行文叙事中。

在汗万牛充万栋之新著新译小说中，那部分不满现实、富于济世情怀的小说家们，在小说创作和译述中，自觉不自觉地暴露与批判了他们所目睹的阴暗沉滞的社会现实，揭示了生活的缺陷和社会的危机，期待以此来拨动人们变革现状的激情。以晚清小说最优秀的创作者为例，李伯元着重写贪赃枉法的墨吏，刘鹗侧墨于自命清廉、杀人如麻的酷吏，吴趼人、曾朴则执纵横挥扫之笔，更加广阔地描绘了清朝政府危如累卵的破败残局。他们以嬉笑怒骂之笔挑破堂堂清王朝金碧辉煌的招牌，凭敌忾之心剖析纠弹清政府的腐朽昏聩、肮脏丑恶。尽管这些小说家辞气浮露、行文荒率、伎俩有工拙，但我们应当肯定的是，他们这些辛辣的“暴露”，确实引起了时人的注意，带来了对腐朽制度的毁灭性破坏。正如当代学者所言，“发掘沉邃的历史精神和火热的现实精神，使历史和现实统一。发掘历史材料的思想力量和感受现实生活的战斗精神的结合”①。中国近代小说中新的因素开始萌生与壮大，小说对社会的关切由直接介入变为潜在关怀。

晚清最后十年间的小说纷杂繁呈、珠贝泥沙，娱乐启蒙相互角力博弈，令人眼花缭乱，但其发展并非没有一个主要的线索，并非没有某种明确的目标与趋向。从介入到关怀，一切虽然尚处在探寻与摸索之中，但其严谨轨迹已然展现了小说创作思想与艺术的渐趋融合，展现了小说内在本质和自身发展规律的驱动和需求，晚清小说潜在的现实主义品格，在其发展的多元性、过渡性及其内在的冲突与张力中不断显现。

---

① 张中晓：《无梦楼随笔》，上海：上海远东出版社，1996 年版，第 20 页。

附　　录

附录1：以小说命名的25种期刊名目[①]（第三章第二节）

刊　名	出版地	创刊时间	发刊周期
新小说	日本横滨	光绪二十八年（1902）	月刊
绣像小说	上海	光绪二十九年（1903）	半月刊
新新小说	上海	光绪三十年（1904）	月刊
小说世界日报	上海	光绪三十一年（1905）	日刊
小说世界	上海	光绪三十一年（1905）	半月刊
月月小说	上海	光绪三十二年（1906）	半月刊
新世界小说社报	上海	光绪三十二年（1906）	月刊
小说七日报	上海	光绪三十二年（1906）	周刊
粤东小说林	广州	光绪三十二年（1906）	旬刊
小说林	上海	光绪三十三年（1907）	月刊
小说世界	香港	光绪三十三年（1907）	旬刊

① 本表数据来源于陈大康：《中国近代小说编年》，上海：华东师范大学出版社，2002年版。史和等编：《中国近代报刊名录》，福州：福建人民出版社，1991年版。魏绍昌总主编：《中国近代文学大系·史料索引集》，上海：上海书店出版社，1991年版。丁守和主编：《中国近代画〈辛亥革命时期期刊介绍〉》，北京：人民出版社，1982年版。上海图书馆编的《中国近代期刊篇目汇录》，上海：上海人民出版社，1979年版。

续 表

刊 名	出版地	创刊时间	发刊周期
中外小说林	广州	光绪三十三年（1907）	旬刊
广东戒严新小说	广州	光绪三十三年（1907）	周刊
竞立社小说月报	上海	光绪三十三年（1907）	月刊
新小说丛	香港	光绪三十四年（1908）	月刊
宁波小说七日报	宁波	光绪三十四年（1908）	周刊
白话小说	上海	光绪三十四年（1908）	月刊
扬子江小说报	汉口	宣统元年（1909）	月刊
扬子江小说日报	汉口	宣统元年（1909）	日刊
十日小说	上海	宣统元年（1909）	旬刊
小说时报	上海	宣统元年（1909）	月刊
小说月报	上海	宣统二年（1910）	月刊
小说画报	上海	宣统二年（1910）	
小说图画报	不详	不详	不详
小说日报	不详	不详	不详

附录2：光绪二十八年（1902）年之前小报刊载小说情况[①]（第三章第二节）

报名	创办地	创办时间	刊载小说
演义白话报	上海	光绪二十三年（1897）	长篇白话小说通商原委演义、笔记小说东侠记、王道士、侠贼记、义犬记
趣报	上海	光绪二十四年（1898）	断肠碑（随报附送）
便览报	上海	光绪二十五年（1899）	玉京秋水记
寓言报	上海	光绪二十七年（1901）	长篇小说柔香韵史，笔记小说澹园述异（记载社会奇趣异闻，短篇集）
春江花月报	上海	光绪二十七年（1901）	翻译小说十五小豪杰、梁敬叔笔记小说数则
通俗日报	成都	光绪二十七年（1901）	滑稽小说水晶宫（原名茫茫大海，留心观潮客著），短篇有数种。
苏州白话报	上海	光绪二十八年（1902）	后海上花列传

① 本表参考了《中国近代文学大系·史料索引集》、《中国近代报刊名录》。魏绍昌总主编：《中国近代文学大系·史料索引集》（两卷），上海：上海书店出版社，1996年版。史和等编：《中国近代报刊名录》，福州：福建人民出版社，1991年版。

《游戏报》小说目录①

<table>
<tr><th>年</th><th>月 日</th><th>志怪异事</th></tr>
<tr><td rowspan="9">光绪二十三年（1897）</td><td>七月十五日，八月十三号</td><td>兰陵生轶事</td></tr>
<tr><td>七月十五日</td><td>好洁奇闻；生魂改嫁</td></tr>
<tr><td>七月十八日</td><td>赠秦淮某录事序</td></tr>
<tr><td>七月廿一日</td><td>淞滨群芳录述</td></tr>
<tr><td>七月十六日</td><td>丑妇变妍</td></tr>
<tr><td>七月十七日</td><td>马二先生传；王三公子传；和缓鸣冤；白日鬼</td></tr>
<tr><td>八月十六日</td><td>江船女子檀香小传</td></tr>
<tr><td>十月廿三日</td><td>变龟带锁；笑鬼吃泥</td></tr>
<tr><td>十一月初九</td><td>安先生饮酒说三奇</td></tr>
<tr><td rowspan="10">光绪二十四年（1898）</td><td rowspan="2">五月十七日</td><td>英雄梦传奇（续昨稿）</td></tr>
<tr><td>酸酸酸（续昨稿）</td></tr>
<tr><td>七月十四日</td><td>绣像凤双飞全传</td></tr>
<tr><td>八月初一</td><td>巧伦；谲谏</td></tr>
<tr><td>八月初四</td><td>大老爷做梦因假成真</td></tr>
<tr><td>八月初五</td><td>雀缘；龟异</td></tr>
<tr><td></td><td>记某整容事；恶龟；怪鸟</td></tr>
<tr><td>八月十六日</td><td>黑美人别传</td></tr>
<tr><td>十二月二十二日</td><td>记小蓬莱仙馆主人与天涯过客事</td></tr>
<tr><td>十一月二十一日</td><td>要钱菩萨</td></tr>
</table>

① 1899年12月30日的《游戏报》上刊登的《海上文社日录序》称，“凡海内通人雅士之所著述，若骈散奇耦，若诗词歌赋、小说、院本，鸿篇钜制、零续短章皆登之”（参见张纯《〈游戏报〉——晚清小说研究资料的大发现》），则《海上文社日录》也应刊载了小说。

续 表

年	月　　日	志怪异事
光绪二十五年（1899）	正月初九	矮脚别脚；骗珠花
		苦冷游记（续昨稿）
	正月初十	驼背获宅
	正月二十四日	揑空；绸庄遇骗
	二月十七日	沪上宜设验妓局说
		五言才子；八股忠臣
	五月十二日	绿头巾；大块头；狎客说苦
	五月十七日	面皮厚；三老爷；大小姐
	六月初三	夏大少爷传 仿渊明五柳先生传
	六月二十二	海天虹雪记序
	六月二十四	覆水仍收（案件）；菜花娘子
	七月十九日	老蝙蝠；上肚皮捉奸
	七月二十六	公子卓诚；打弹子名妓争雄；记艳
光绪二十六年（1900）	五月初六	绣像凤双飞全传
	闰八月二十四日	黑怪狂奔；乳酪丧命
	九月初一	记虞山某闺秀事
	九月初五	述异记
	九月三十日	记庚子秋赛三
	十月十九日	山东拳匪始乱记
光绪二十七年（1901）	二月二十一日	竟成美眷；无妄之灾
	九月初一	唤真真曲
	九月初三	小叫天明晚登台；金月梅今宵客串（花旦，由太原来沪）；算计甚精
	十月初三	记森田节斋 日本维新儿女英雄奇遇记

续　表

年	月　日	志怪异事
光绪二十七年（1901）	十月初四	花花世界；尽得风流
	十月初八	记佐久间象山 日本维新儿女英雄奇遇记
	十月初九	记桐野利秋 日本维新儿女英雄奇遇记
		三生遇合；哭悔从前
	十月十三日	日本维新儿女英雄奇遇记原序
	十一月十六日	
	十一月十九日	宜南梦忆序；杨京卿入梦
	十二月初四	流水无情落花有意
光绪二十八年（1902）	正月二十一日	眉女离魂；竟购赝鼎
	正月二十三日	请教匪卫；收买骨董
	正月二十四日、二十五日	劫灰梦传奇 楔子一出 独啸（生巾帻倚剑囊书上）
	正月二十五日	劫灰梦传奇（续昨稿）
	四月十三日	前世因缘
	五月初一	鸟自由僧传
	六月初六	新罗马传奇　楔子一出
		小鬼放刁（妓院中事）
	六月初七	新罗马传奇　楔子一出（续昨稿）
	六月初八	东游日记（十续前稿）
	十一月廿三	报应不爽
	正月廿二日	宜服赛金花；难为甄宝玉；发堂择配
	二月廿四日	世界大哲学家释迦牟尼传序
	五月十五日	燕子楼传奇序
	七月廿四日	一生三易志传
		盂兰盛会

续 表

年	月 日	志怪异事
光绪二十八年（1902）	十一月初七	吃西米粥被嘲；一朵金花（赛金花事）
		侦探小说侠男儿
		南亭新著官场现形记
	十二月初二	犹闻鬼祟；假托申领；吃花酒妙谈
	十二月初三	官场现形记序
	十二月初四	官场现形记序（续昨稿）
	十二月初五	善卜奇殃；异述牛眠
	六月初二	记贞妇；述佞人；谈狐
		逸园女史续
光绪三十一年（1905）	五月廿二日	新小说 饿鬼道　第九回 董文案横遭不白怨
光绪三十四年（1908）	六月二十六日	短篇小说　吓死了哥

《采风报》小说目录

年	月　日	志怪异事
光绪二十四年（1898）	五月二十日	涼友传；大力子传；女贞子传；蛇佅子传；五味子传；红娘子传；青箱子传；莱菔子传；车前子传
	五月二十六日	西瓜大少爷传：
		义夫：京师西河沿王某
		孽子；蛋女；皮妻；金爷；水母；大嫂
	五月二十九日	清陈公传
	六月初五	海上繁华梦
	六月初六	双凤和传
	六月二十一日	迷杳洞记
	八月初一	温大拉先生传
	八月初二	二人传
	八月初五	记黄小林奇遇
	八月初六	海上繁华梦 第四回 四
光绪二十五年（1899）	正月初六	斗禅记
	九月二十三日	轮回戏说
	十月初八	摸小脚；爱秃头；兄妹开心；夫妻反目；碗盏化作飞蝴蝶

笑林报小说目录

年	月　日	篇　目	标　目
光绪二十七年（1901）	二月十四日	铁公鸡忍痛拔毛；母大虫含羞释手；记财神鱼余有兆	
光绪二十八年（1902）	十一月十六日	典吏作贼；尼姑化缘；真奇遇续记梦中缘	
光绪三十三年（1907）	四月二十日	宓妃枕	写情小说
	四月二十九日	王公子	短篇小说
	七月廿五日	牛渚犀 卷之二（续廿四日稿）	社会小说
	五月初九	禁烟	仿昭关曲本
	六月二十六日	笑矣乎	滑稽小说
	十月廿一日	老大病国（续）	短篇小说
宣统二年（1910）	四月二十一日	八大人（七续）	社会小说

世界繁华报小说目录

年	月　日	篇目
光绪三十一年（1905）	八月十六、十七、十九、二十日	新编时事新戏
	八月二十八日	新编花丛新戏（七续稿）
	八月二十九日	新编时事新戏
	九月初三、十月十日～？	官场现形记
	二月十五日～三十二年闰四月二十四日	糊涂世界
光绪三十二年（1906）	七月初一	元妙观之气球

附录 3：272 种登载小说的报刊（第三章第二节）

创刊年度	报 刊 名 称
光绪二十二年（1896）	苏报、时务报①
光绪十三年（1897）	求是报
光绪十四年（1898）	上海晚报、中外日报、岭海报、昌言报、清议报、东华日报、中国官音白话报
光绪十五年（1899）	觉民报
光绪二十六年（1900）	开智录、中国旬报、午台新报、商务日报、译林
光绪二十七年（1901）	励学译编、杭州白话报、教育世界、普通学报、京话报
光绪二十八年（1902）	大公报、大陆、飞影阁画报大观、外交报、启蒙画报、政学报、游学译编、新民丛报、翻译世界
光绪二十九年（1903）	广益丛报、中国白话报、汉声、宁波白话报、江西白话报、江苏、国民日日报、绍兴白话报、俄事警闻、觉民、浙江潮、商务报、智群白话报、童子世界、湖北学生界、新白话报、潮州白话报、科学世界、汉声、中国白话报、启蒙通俗报、闲情报、汉声（原湖北学生界）
光绪三十年（1904）	二十世纪大舞台、女子世界、东方杂志、东浙杂志、白话、扬子江、扬子江白话报、江苏白话报、安徽俗话报、时报、图南日报、京话日报、南浔通俗报、萃新报、鮀江公理报、福建白话报、警钟日报、新白话报、同文沪报、羊城日报
光绪三十一年（1905）	天津商报、文华学界、北直农话报、北京女报、白话开通报、民报、时事画报、直隶白话报、南方报、重庆商会公报、保工报、津报、第一晋话报、浙源汇报、鹃声、蒙学报、醒狮、有所谓报、志学报、北直农话报、民报

① 需要指出的是，少数报刊刊载小说的时间要晚于创刊时间。

续 表

创刊年度	报刊名称
光绪三十二年（1906）	上海书业商会图书月报、云南、艺林新报、公论新报、东吴月报、北清烟报、地方白话报、国民报、图书月报、南洋兵事杂志、复报、竞业旬报、通学报、理学杂志、著作林、雁来红丛报、游戏世界、潮声、豫报、汉口中西报、少年报
光绪三十三年（1907）	二十世纪国民军、人镜画报、大江七日报、上海、广东白话报、中国女报、中国新女界杂志、东三省日报、汉帜、民议报、华报、远东闻见录、医学新报、时事报、时谐画报、社会公报、法政学交通社杂志、法政学报、河南、星报、神州女报、神州日报、秦陇报、振华五日大事记、振群丛报、浦东、教育界、厦门日报、粤西、新中华报、震旦学报、牖报、晋乘
光绪三十四年（1908）	万有学报、万国商业月报、小学界旬报、支那革命丛报、中西星期报、中华新报、东莞旬报、北京新报、半星期报、光华日报、关陇、江西、江报、安徽白话报、武学、岭南白话杂志、国民白话日报、国华报、国学粹编、学海、绍兴公报、香山旬报、须弥日报、晋阳公报、夏声、旅客、梅州、黑龙江公报、蒙学画报、新朔望报、滇话、福建法政杂志、四川、现世史、初学白话报
宣统元年（1909）	女报、天铎、中江日报、劝业会报、孔圣会旬报、民兴报、民吁日报、民呼日报、扬子江白话丛报、华商联合报、全浙公报、卓报、图画日报、图画旬报、陕西、砭群丛报、贵州公报、海军、通俗日报、教育杂志、商业杂志、越报、新世界画册、舆论时事报、醒世画报、瞭报、杭州白话新报、震旦日报、庄谐杂志、新说林
宣统二年（1910）	女学术杂志、云南日报、天铎报、中国公报、中国实业杂志、中国商业月报、中国商业研究会月报、长春公报、平民日报、北方日报、北洋政学旬报、四明日报、民立报、民声报（又名《民声丛报》）、华商联合会报、江宁实业杂志、报海、沧浪杂志、

续 表

创刊年度	报 刊 名 称
宣统二年（1910）	环球社图画日报、国风报、京津时报、绍兴白话报、南报、南洋商报、顺德新报、浙江白话新报、梨园杂志、警铎日报、瀛州日报（又名《瀛州报》）、孔圣会星期报、神州报
宣统三年（1911）	人权报、广东警务杂志、女铎报、小上海、中华民国公报、中原报、平民画报、民心报、民声报、民国报、华兴报、江苏日报、妇女时报、克复学报、两广官报、医学新报、时事新报、吴门杂志、社会、改良婚嫁会月报、图画报、春申报、南风报、帝京新报、留日女学会杂志、朔望报、谐铎报、新汉报、文艺杂志

附录4：五大小说杂志《新小说》、《绣像小说》、《新新小说》、《小说林》、《月月小说》小说类型统计（第三章第三节）

	小说类型	分类数
新小说 光绪二十八年（1902）至光绪三十二年（1906） 小说总数120	历史小说	3
	政治小说	2
	科学小说	1
	哲理小说	1
	冒险小说	3
	传奇小说	5
	语怪小说	1
	侦探小说	4
	法律小说	1
	外交小说	1
	写情小说	1
	社会小说	3
	札记小说	12
	13种	共计38

	小说类型	分类数
绣像小说 光绪二十九年（1903） 至 光绪三十二年（1906） 小说总数 39	历史演义	1
	传奇小说	4
	政治小说	2
	迷信小说	1
	实业小说	1
	教育小说	1
	科学小说	1
	军事小说	1
	弹词	1
	9 种	共计 13

新新小说 光绪三十年（1904） 至 光绪三十三年（1907） 小说总数 25	小说类型	分类数
	政治小说	1
	社会小说	1
	历史小说	1
	怪异小说	1
	心理小说（谲诈谈）①	1
	写情小说	1
	社会小说	1
	战争小说	1
	秘密谈	1
	侠客谈②	9
	军事谈	1
	短篇小说	1
	侦探小说	3
	13 种	共计 23

① 第一年第一号之翻译小说《圣人欤盗贼欤》开始归入心理小说，后改为“谲诈谈”类。

② 《中国兴亡梦》、《刀余生传》和《菲猎滨外史》第一年第一号分别归入政治小说、社会小说和历史小说，之后全部归入“侠客谈”类。

<table>
<tr><td rowspan="14">小
说
林①
光绪三十三年（1907）
至
光绪三十四年（1908）
小说总数 36</td><td>小说类型</td><td>分类数</td></tr>
<tr><td>历史小说</td><td>3</td></tr>
<tr><td>社会小说</td><td>3</td></tr>
<tr><td>科学小说</td><td>1</td></tr>
<tr><td>侦探小说</td><td>3②</td></tr>
<tr><td>写情小说</td><td>1</td></tr>
<tr><td>言情小说</td><td>1</td></tr>
<tr><td>军事小说</td><td>1</td></tr>
<tr><td>家庭小说</td><td>2</td></tr>
<tr><td>奇情小说</td><td>1</td></tr>
<tr><td>外交小说</td><td>1</td></tr>
<tr><td>寓言小说</td><td>1</td></tr>
<tr><td>短篇</td><td>23</td></tr>
<tr><td>11 种</td><td>共计 41</td></tr>
</table>

① 《小说林》在实际刊登作品时，分为 11 类，虽然，它曾宣称厘定 12 种。1905 年，《小说林》杂志社感于当时小说出版“非定题问，则陈陈相因，将来小说必有黯淡无光之一日”，因此，“将已印未印各书，重加厘定，都为十二类”：历史小说，地理小说，科学小说，军事小说，侦探小说，言情小说，国民小说，家庭小说，社会小说，冒险小说，神怪小说，滑稽小说。这是一则附书附印的广告，反映了小说林社的编辑宗旨。见《谨告小说林社最近之趣意》，《车中美人》，小说林社，光绪三十一年（1905）。

② 侦探小说奇童案又划入短篇类。

	小说类型	分类数
月月小说① 光绪三十二年（1906）至宣统元年（1909） 小说总数 113	社会小说	9
	滑稽小说	5
	俳谐小说	1
	诙谐小说	1
	俳谐札记	1
	游戏小说	1
	侠情小说	3
	苦情小说	1
	言情小说	2
	历史小说	3
	寓言小说	3
	警世小说	3
	理想小说	1
	侦探小说	11
	立宪小说	1
	心理小说	1
	教育小说	3
	理想科学寓言讥讽诙谐小说	1
	新年小说	2
	虚无党小说	4
	科学小说	2
	家庭小说	2
	札记小说	2

① 光绪三十二年（1906）九月十五，《月月小说》创刊，其发刊词宣称中国古代白话小说仅有写情（艳情、哀情）、侠勇二类，而该刊的小说编辑实践则拟定了 11 种小说类型：历史小说，哲理小说，理想小说，社会小说，侦探小说侠情小说，国民小说，写情小说，滑稽小说，军事小说，传奇小说。

续 表

月月小说 光绪三十二年（1906）至宣统元年（1909） 小说总数 113	国民小说	1
	写情小说	1
	哲理小说	1
	奇情小说	1
	痴情小说	1
	侦探言情小说	1
	奇侠小说	1
	冒险小说	1
	军事小说	1
	杀人奇谈	1
	短篇小说	34①
	34 种	共计 107

① 其中创作的 19 篇，翻译的 15 篇。

附录5：光绪三十一年（1905）至宣统三年（1911）间言情小说目录[①]（第四章第二节）

报刊名称	作　品	首刊时间	作　者	标　目
新小说	神女再世奇缘	光绪三十一年（1905）十月	（英）解佳著，周树奎译	
新新小说	秣陵春传奇（一名双影记）	光绪三十一年（1905）第一年第一号，八月初一	明季吴梅村先生遗稿，广东姚氏藏本，白兰䓘轩加批	写情小说
时报	新蝶梦	光绪三十一年（1905）十月十四	冷	言情小说
	秋云娘	光绪三十二年（1906）正月初五	冷	言情小说
	双泪碑②	光绪三十三年（1907）四月二十二	南梦	哀情小说
	窟中人③	光绪三十四年（1908）正月二十四	冷	奇情小说 复仇小说
珠江镜	情侠	光绪三十二年（1906）五月初五	彰武	写情小说
南方报	金字塔	光绪三十二年（1906）七月二十三		第一种译本：历史、地理、冒险、言情小说

① 其中《时事报》于宣统二年（1910）八月二十二，《舆论时事报》于宣统元年（1909）六月二十九日刊登小说《迷龙劫》，都标示哀情小说，故仅计为一篇。数据统计主要以四大报纸期刊为主，按小说作品刊登时间为序；其中《绣像小说》未含有以“情”标示的小说作品，未录。

② 《时报》悬赏小说第二等。

③ 此篇现译为《基督山伯爵》。

续 表

报刊名称	作 品	首刊时间	作 者	标 目
月月小说	弱女救兄记	光绪三十二（1906）年九月望日	品三译述	侠情小说
	情中情	光绪三十二年（1906）九月望	侠心女史译述 我佛山人点定	写情小说
	左右敌	光绪三十二年（1906）十二月望日	知新室主人译， 周桂笙译述	奇情小说
	岳群（一名乱草中之孤魂）	光绪三十三年（1907）九月初一	天民	侠情小说
	劫余灰	光绪三十三年（1907）十月望日	我佛山人	苦情小说
	柳非烟	光绪三十三年（1907）十一月望日	天虚我生	侠情小说
	双圈媒	光绪三十四年（1908）六月	品三译述	痴情小说
	玉环外史	光绪三十四年（1908）八月	天僇生译	侦探言情小说
	爱苓小传	光绪三十四年（1908）九月	绮痕	言情小说
	古王宫	光绪三十四年（1908）十月	吴门天笑生译	言情小说
新世界小说社报	情天磨蝎录	光绪三十二年（1906）十月		言情小说
小说林	魔海	光绪三十三年（1907）正月	吴江任墨缘译意 东海觉我润辞	写情小说 言情小说
	地狱村	光绪三十四年（1908）戊申年正月	（日）雨乃舍主人 黄翠凝、陈信芳	奇情小说

续 表

报刊名称	作 品	首刊时间	作 者	标 目
新闻报	小桥情史	光绪三十三年（1907）正月初四		写情小说
	恶鬼语	光绪三十三年（1907）三月初一		侠情小说
	慧珠传	光绪三十三年（1907）三月二十六	佛	侠情小说
	恨海潮（原名卖嫁衣）	宣统元年（1909）闰二月二十七	大仲马原著，笺骚、无我合译	历史哀情小说
	斩藕丝	宣统元年（1909）十月十七	英国海福来原著，稚桂译	言情小说
	男女现世宝	宣统三年（1911）七月初七	顽石公	奇情小说
神州日报	红蕉洞	光绪三十三年（1907）四月十五	法国小仲马著，花县吴竟译述	言情小说
	南陬精卫记	光绪三十三年（1907）六月十六	僇译	哀情小说
	轩亭复活记	光绪三十三年（1907）七月三十	无生	奇情小说
	兰因①	光绪三十三年（1907）十一月初八		言情小说
	双鸳浴血传	光绪三十四年（1908）五月初十	天僇生	哀情小说
	床头剑	光绪三十四年（1908）十月十三	逸园	侠情小说

① 正文未见。

续 表

报刊名称	作 品	首刊时间	作 者	标 目
神州日报	姊妹花	宣统元年（1909）六月初二	铁生原稿，天僇润词	艳情小说
	情天心影记	宣统元年（1909）六月十九	僇	哀情小说
	庄梦无传	宣统元年（1909）十月十六	憨痴	情侠小说
	婉婳将军	宣统元年（1909）十月二十		哀情小说
	家庭恶魔记	宣统三年（1911）正月初五	餍妥	哀情小说
	女丈夫	宣统三年（1911）四月初三	寄尘	哀情小说
	闲花劫	宣统三年（1911）四月十五	餍妥	苦情小说
中外日报	花因	光绪三十三年（1907）二月三日	英国几拉德著；闽县林、纾仁和魏易同译	新译小说 言情小说
	江房记	光绪三十三年（1907）三月十一日	英国利为原著	哀情小说
	白丝巾	光绪三十三年（1907）五月初十	日本妖之助著，笺骚述意	爱情小说
	大风雪	光绪三十三年（1907）九月十八	俄国大诗家波喜京原著，英国爱灵生重译；法国小说名家仲马原译，中国朱陶、陈无畏同译	短篇小说 奇情小说
	夫妇殉国记	光绪三十四年（1908）	英国沙爹著，咸若著	哀情小说

续 表

报刊名称	作　品	首刊时间	作　者	标　目
中外日报	英雄儿女传略	宣统元年（1909）正月初六	日本长田偶得君著，山阴霞若氏译	艳情小说
竞立社小说月报	满丽女郎	光绪三十三年（1907）九月	英国葛露克原著，朱陶润辞、陈旡生译意	奇情小说
申报	幻邦奇遇录	光绪三十三年（1907）六月二十七	美国企格林原著	写情小说
	情海波澜记	光绪三十四年（1908）正月初五	英国培根原著，张春帆译	哀情小说
	缦卿小传（一名像片案）	宣统元年（1909）四月初四	雁叟	侠情小说
	铸错记	宣统元年（1909）五月十七	瞻庐	哀情小说
	美人虹	宣统元年（1909）五月二十八	英劳伦斯著，瘦涓译	奇情小说
	黎云梦	宣统元年（1909）十一月二日	菊	苦情小说
	孽镜缘	宣统二年（1910）三月十七		情史
	玫瑰泪	宣统二年（1910）六月初五	英国勃司根原著，潇湘花侍译	言情小说
	鹦鹉禅	宣统二年（1910）七月二十	英国白氏原著，稺云译意	奇情小说
	湘纍怨	宣统二年（1910）十二月初三		军情小说
	投海孤儿	宣统三年（1911）二月初一	英国喀而司笛克著，春帆译	言情小说

续 表

报刊名称	作 品	首刊时间	作 者	标 目
申报	新状元	宣统三年（1911）闰六月二十三	钝根	短篇痴情小说
	动物之爱	宣统三年（1911）七月初一	翼仍、钝根	丑情小说
	铁丐	宣统三年（1911）八月初六	钝根	侠情小说
	意中鬼	宣统三年（1911）八月二十		奇情小说
	奇女子	宣统三年（1911）九月二十三	琐尾	侠情小说
	周利亚	宣统三年（1911）十月初十	闽县超西子著述，青浦钝根人润辞	爱情小说
	卓文君第二艳史	宣统三年（1911）十月初三	嘉定二我	短篇言情
	剑寒光	宣统三年（1911）十一月初三	赓磐	侠情小说
振华五日大事记	海镜光	光绪三十三年（1907）第二册	轩辕之胄	侠情小说
杭州白话报	多情郎	光绪三十四年（1908）八月十三①	法国留花斯特原著	言情小说
民呼日报	消魂狱	宣统元年（1909）三月二十六日	蹈海子	哀情小说
	甘民泪	宣统元年（1909）五月初五	北人投稿	哀情短篇
	甘民泪（其二）	宣统元年（1909）五月十三日	北人投稿	哀情短篇

① 光绪三十四年八月十三为续作，未见第一回。

续 表

报刊名称	作　品	首刊时间	作　者	标　目
	玉钩斜	宣统元年（1909）六月二十七日	秋心（陆曾沂）	哀情小说
舆论时事报	迷龙劫	宣统元年（1909）六月二十九日		哀情小说
民吁报	劫花泪史	宣统元年（1909）九月初四	天僇生（王钟麒）	哀情小说
	古井波	宣统元年（1909）九月初八	厌	短篇言情
小说时报	邵飞飞	宣统元年（1909）十二月朔		哀情小说
南越报（附张）	邂逅缘	宣统二年（1910）正月初七		侠情小说
	宿姻缘（宣统二年二月十八改名惨鸳鸯）	宣统二年（1910）二月十五		艳情小说
	莺花梦	宣统二年（1910）二月二十九		侠情小说
	理香冢	宣统二年（1910）四月初一		哀情小说
	新情史	宣统二年（1910）五月三十	瀛客	艳情小说
	闺恨	宣统二年（1910）六月初八		哀情小说
	妒剧	宣统二年（1910）六月十七		“趣情小说”改为“趣怪社会小说”
	侠报	宣统二年（1910）七月十四		侠情小说

续 表

报刊名称	作 品	首刊时间	作 者	标 目
天铎报	箫盟记	宣统二年（1910）二月初一	稚悲	艳情小说
	双鸳塚	宣统二年（1910）二月十八日		苦情小说
	恨海鹃声谱	宣统二年（1910）五月十九	天僇	哀情小说
时事报	迷龙劫	宣统二年（1910）八月二十二		哀情小说
	情变	宣统二年（1910）八月二十四		奇情小说
	竟何如	宣统二年（1910）九月二十六		奇情小说
	榜人女	宣统三年（1911）九月二十九		侠情短篇
小说月报	剑绮缘	宣统二年（1910）九月	宣樊	侠情小说 长篇小说
	明珠宝剑	宣统二年（1910）十月		写情小说 短篇小说
	桃李鸳鸯记	宣统二年（1910）十一月	（美）华盛顿·欧文著，觉民译	奇情小说 短篇小说
	堕溷花	宣统二年（1910）十一月	指严	写情小说 短篇小说
	香囊记	宣统三年（1911）一月	指严	侠情小说 短篇小说
	薄幸郎	宣统三年（1911）一月	（英）锁司倭司女士著；闽县林纾、静海陈家麟同译	长篇小说 哀情小说
	多情之英雄	宣统三年（1911）一月	啸天生译意	改良新剧 波兰情剧
	佛无灵	宣统三年（1911）二月	抱真	短篇小说 哀情小说

续 表

报刊名称	作 品	首刊时间	作 者	标 目
小说月报	劫花小影	宣统三年（1911）二月	心石译意，况呆呆润词	长篇小说 奇情小说
	美人心	宣统三年（1911）二月	啸天生译意	改良新剧 俄国奇情新剧
	采苹别传	宣统三年（1911）四月	指严	短篇小说 侠情小说
	霜钟怨	宣统三年（1911）四月	南溟	短篇小说 冤情小说
	三人家	宣统三年（1911）六月	负剑生	短篇小说 哀情小说
	秦吉了	宣统三年（1911）闰六月（临时增刊）	怅庵	短篇小说 奇情小说
	孤星怨	宣统三年（1911）闰六月（临时增刊）	泣红	短篇小说 哀情小说
	莲娘小史	宣统三年（1911）七月	前度	短篇小说 苦情小说
	榜人女	宣统三年（1911）八月	指严	短篇小说 冤情小说
	情天红线记	宣统三年（1911）八月	凤雏	短篇小说 侠情小说
	爱之花	宣统三年（1911）九月	泣红	改良新戏 法兰西情剧
	十字碑（侯官汪剑虹）	宣统三年（1911）十月	况梅 第十一期作者署心月	长篇小说 哀情小说
	怨禽语	宣统三年（1911）十一月	恨人	短篇小说 冤情小说
	死后	宣统三年（1911）十一月	卓呆	长篇小说 言情小说
	陈生别传	宣统三年（1911）十二月	静铨	短篇小说 言情小说
东方杂志	碎琴楼	宣统三年正月二十五	兴业何诹著	言情小说

附录6：侦探小说单行本（光绪二十五年至宣统三年）（第四章第三节）

书局	书名	时间	作者	标目
素隐书屋出版	新译包探案，内收英国包探访喀迭医生奇案、英包探勘盗密约案、继父诳女破案、记伛者复仇事	光绪二十五年（1899）	署“时务报馆译，丁杨杜译”	
	呵尔唔斯缉案被戕	光绪二十五年（1899）		
余学斋出版	议探案	光绪二十八年（1902）	署“黄鼎、张在新合译”	
文明书局出版	续译华生包探案，内收亲父囚女案、修机断指案、贵胄失妻案、三K字五橘核案、跛海渺王照片案、鹅腹蓝宝石案、伪乞丐案。	光绪二十九年（1903）	署“（英）柯南道尔著，警察学生译”	
	血手印	光绪三十年（1904）	署“（日）茂原周辅译，陶懋立重译”。	
商务印书馆出版	补译华生包探案，内收哥利亚司考得船案、银光马案、孀妇匿女案、墨斯格力夫礼典案、书记被骗案、旅居病夫案	光绪二十九年（1903）	（英）柯南道尔著，上海商务印书馆译印	
	案中案	光绪三十年（1904）	署“（英）屠哀尔士著，商务印书馆编译所译”	

续 表

书 局	书 名	时 间	作 者	标 目
商务印书馆出版	黄金血	光绪三十年（1904）	署“（美）乐林司郎治著，商务印书馆编译所译”	标“侦探小说”
	案中案	光绪三十年（1904）	署“（英）科南达利著，商务印书馆译印”	
	降妖记	光绪三十一年（1905）年	署“（英）屠哀尔士著，陆康华、黄大钧译”	标“侦探小说”
	指环党	光绪三十一年（1905）	署“商务印书馆编译所译”	标“侦探小说”
	车中毒针	光绪三十一年（1905）	署“（英）勃来雪克著，吴梼译”	标“侦探小说”
	妖塔奇谈上卷（下卷本年4月出版）	光绪三十二年（1906）	署“无歆羡斋译”	标“侦探小说”
	寒桃记二卷	光绪三十二年（1906）	署“（日）黑岩泪香原著，吴梼译述”	标“侦探小说”
	桑伯勒包探案	光绪三十二年（1906）	署“商务印书馆编译所译”	标“侦探小说”
	白巾人二卷	光绪三十二年（1906）	署“（英）歇复克著，中国商务印书馆编译所译”	

续 表

书局	书名	时间	作者	标目
商务印书馆出版	阱中花二卷（此即彼德警长之另一译本）	光绪三十二年（1906）	署“（英）巴尔勒斯著，商务印书馆编译所译”	
	再版车中毒针、黄金血	光绪三十二年（1906）		
	香囊记	光绪三十二年（1906）	署“（英）斯旦来威门著，商务印书馆编译所译”	标“侦探小说”
	华生包探案，内收哥利亚司考得船案、银光马案、孀妇匿女案、墨斯格力夫礼典案、书记被骗案、旅居病夫案	光绪三十二年（1906）	署“商务印书馆译印”	标“侦探小说”
	帘外人	光绪三十二年（1906）	署“（英）格利吾著，商务印书馆编译所译”	标“侦探小说”
	铁锚手	光绪三十二年（1906）	署“（英）般福德论纳著，商务印书馆编译所译”	标“侦探小说”
	再版阱中花	光绪三十二年（1906）		
	中国侦探，内收血帕、白玉环、枯进石	光绪三十二年（1906）	作者署“吕侠”	
	三版车中毒针、寒桃记	光绪三十三年（1907）		

续 表

书 局	书 名	时 间	作 者	标 目
商务印书馆出版	狡兔窟（“聂格卡脱探案”之一）	光绪三十三年（1907）	署“（美）尼楷忒著，商务印书馆译”	
	神枢鬼藏录二卷	光绪三十三年（1907）	署“（英）阿瑟毛利森著，林纾、魏易译”	标“侦探小说”
	中国女侦探，内收白玉环、枯井石、血帕	光绪三十三年（1907）	吕侠著	
	毒药樽	光绪三十三年（1907）	署“（法）嘉波留著，商务印书馆编译”	标“侦探小说”
	金丝发	光绪三十三年（1907）	署“（英）格利痕著，商务印书馆编译所译”	标“侦探小说”
	圆室案	光绪三十三年（1907）	署“（英）葛雷著，商务印书馆编译所译”	“侦探小说”
	一万九千镑	光绪三十三年（1907）	署“（英）般福德伦纳著，商务印书馆编译所译”	标“侦探小说”
	三疑案	光绪三十三年（1907）	署“（英）奥姐著，商务印书馆译”	
	鸳盟离合记二卷	光绪三十三年（1907）	署“（日）黑岩泪香原译，汤尔和重译”	

续 表

书局	书名	时间	作者	标目
商务印书馆出版	指中秘录上下卷	光绪三十三年（1907）	署“（英）麦区兰著，商务印书馆编译所译”	标“侦探小说”
	多那文包探案	光绪三十三年（1907）	署“（英）狄克多那文著，商务印书馆编译所译”	标“侦探小说”
	剧场大疑狱	光绪三十三年（1907）	署“无歆羡斋主人译”	标“侦探小说”
	司底芬侦探案	光绪三十三年（1907）	署“颜茗琴、董漱珠合译”	
	侦探案汇刻	光绪三十三年（1907）	编者不详	
	三人影	光绪三十四年（1908）	题“（英）谭伟著，商务印书馆编译所译”	标“侦探小说”
	再版多那文包探案	光绪三十四年（1908）		
	海卫侦探案	光绪三十四年（1908）	署“（英）模利孙著，商务印书馆编译所译”	
	歇洛克奇案开场	光绪三十四年（1908）	署“（英）科南达利著，林纾、魏易同译”	标“侦探小说”
	髯刺客传及恨绮愁罗记上下卷	光绪三十四年（1908）	均署“（英）科南达利著，林纾、魏易同译”	均标“历史小说”

续 表

书局	书名	时间	作者	标目
商务印书馆出版	再版剧场大疑狱	光绪三十四年（1908）		
	剧场奇案	光绪三十四年（1908）	署“（英）格得奇斯休姆著，商务印书馆编译所译”	标“侦探小说”
	海外拾遗	光绪三十四年（1908）	署“（英）科南达尔著，商务印书馆译”	标“笔记小说”
	剖脑记	光绪三十四年（1908）	署“（英）查普林著，商务印书馆编译所译”	标“新译侦探小说”
	五版华生包探案	光绪三十四年（1908）		
	电影楼台	光绪三十四年（1908）	署“（英）科南达利著，林纾、魏易译”	标“社会小说”
	博徒别传二卷	光绪三十四年（1908）	署“（英）科南达利著，陈大镫、陈家麟译”	标“社会小说”
	蛇女士传	光绪三十四年（1908）	署“（英）科南达利著，林纾、魏易译”	标“社会小说”
	怪医案	光绪三十四年（1908）	署“（美）企格林著，商务印书馆译”	
	纳里雅侦探谭，内收七粒珠、三水手、鼓琴图、寄电匣四种	光绪三十四年（1908）	署“（法）哈伦斯著，商务印书馆译”	

续 表

书局	书名	时间	作者	标目
商务印书馆出版	青酸毒	光绪三十四年（1908）	署“（英）格理民著，商务印书馆译”	
	双环案	光绪三十四年（1908）	署“（美）尼古拉著，商务印书馆译”	
	拿破仑忠臣传二卷	宣统元年（1909）	署“（法）佛蔡斯著，曾宗巩、钟濂译”	标“侦探小说”
	黑太子南征录二卷	宣统元年（1909）	署“（英）科南达利著，林纾、魏易合译”	标“军事小说”
	藕孔避兵录	宣统元年（1909）	署“（英）蜚立伯倭本翰著，林纾、魏易同译”	标“侦探小说”
	秘密社会	宣统元年（1909）	署“（美）尼古喇著，商务印书馆编译所译述”	标“新译侦探小说”
	贝克侦探谈初编续编全二册	宣统元年（1909）	署“（英）马克丹诺保德庆著，林纾、陈家麟译”	
	遮那德自伐后八事二卷	宣统二年（1910）	署“（英）科南达利著，陈大镫、陈家麟译”	标“义侠小说”

续 表

书局	书名	时间	作者	标目
时中书局出版	侦探谭第一册内收（法）西余谷著游皮、（日）中村贞吉著大村善言	光绪二十九年（1903）	署“冷血（陈景韩）译，钮永建校”	
	侦探谭第二册，内收（日）渡道为藏著关口太三郎、（法）彭脱著格儿奇谈、（日）上野和夫著松野贯一、（英）皮登著梅脱与落勃脱	光绪二十九年（1903）	署“冷血译”	
文明书屋出版	唯一侦探谭四名案	光绪二十九年（1903）	署“柯南道尔著，嵇长康、吴梦鬯合译”	
	新译包探案	光绪二十九年（1903）		
通社出版	二金台（一名新包探案）十五回	光绪二十九年（1903）	署“叶启标译”	
小说林社出版	福尔摩斯再生案第一册，内收再生第一案	光绪三十年（1904）	署“（英）柯南道尔著，奚若译”	
	恩仇血	光绪三十年（1904）	署“陈彦译”	标“福尔摩斯侦探小说”
	大复仇	光绪三十年（1904）	署“（英）柯南道尔著，黄人润辞，奚若译意”	标“福尔摩斯侦探第一案侦探小说”
	福尔摩斯再生案第二册至第四册。第二册收亚特克之焚尸案、却令登自转车案；第三册收麦克来登之小学校奇案、宓尔逢登之被螫案；第四册收毁拿破仑像案、黑彼得被杀案、密码被杀案、陆圣书院窃题案、虚无党案	光绪三十年（1904）	署“（英）柯南道尔著，奚若译”	

续 表

书局	书名	时间	作者	标目
小说林社出版	奇狱第一册，内收假死伪葬、邮书之奇祸、金刚石之颈健、箴票、金网、万金之革带	光绪三十年（1904）	署“（美）麦枯淮尔特著，林盖天译”	
	银行之贼	光绪三十一年（1905）	署“谢慎冰译述”	标“侦探说”
	日本剑上册	光绪三十一年（1905）	署“（英）屈来珊鲁意著，沈伯甫译，黄摩西润”	标“侦探小说”
	玉虫缘	光绪三十一年（1905）	署“（美）安仑坡著，碧罗（周作人）译，初我（丁祖荫）润”	
	福尔摩斯再生案第二至五册	光绪三十一年（1905）	署“（英）华生笔记，周桂笙等译”	
	马丁休脱侦探案第一、二、三册。第一册收克落夫脱邸第失窃案、枪毙福拉脱命案、黑人被杀失尸案；第二册收查失鱼雷艇图案、以维考旦共之秘密案、烧手案；第三册收疯人奇案、银箱案、银行失窃案、遗嘱案	光绪三十一年（1905）	署“（英）玛利孙著，奚若译”	
	福尔摩斯再生案第六至八册	光绪三十一年（1905）	署“（英）华生笔记，周桂笙等译”	
	彼德警长上、中卷	光绪三十二年（1906）	署“（英）佚名著，吴步云译”	

续 表

书局	书名	时间	作者	标目
小说林社出版	彼德警长下卷	光绪三十二年（1906）	署“（英）佚名著，吴步云译”	
	福尔摩斯再生案第九至十册	光绪三十二年（1906）	署“（英）华生笔记，周桂笙等译”	
	福尔摩斯再生案一至五案第五版	光绪三十二年（1906）		
	再版日本剑上册	光绪三十二年（1906）		
	深浅印	光绪三十二年（1906）	署“（英）华生笔记，鸳水不因人译述”	
	巴黎秘密案上、下册	光绪三十二年（1906）	君毅译	
	黄金骨	光绪三十二年（1906）	署“（英）华生笔记，马汝贤译”	标“华尔金刚石·福尔摩斯侦探案”
	福尔摩斯再生案第十一至十三册	光绪三十二年（1906）	署“（英）华生笔记，周桂笙译”	
	福尔摩斯再生案第六至十册第六版	光绪三十二年（1906）		
	聂格卡脱侦探案第一册，内收银行主人被杀案、猎太拒捕案	光绪三十二年（1906）	署“（美）访克著，华子才译”	
	印雪簃译丛	光绪三十三年（1907）	署“（英）维多夫人著，陈鸿壁译”	标“探案录之一”

续 表

书局	书名	时间	作者	标目
小说林社出版	窃电案（一名英日同盟电被窃案）	光绪三十三年（1907）	署“曼陀译”	
	雾中案	光绪三十三年（1907）	署“（英）哈定达维著，笑我生译”	
	聂格卡脱侦探案第二册，内收双生记、觊产案	光绪三十三年（1907）	署“（美）讫克著，华子才译”	
	奇狱第二册，内收西门特被杀案、假死窃产案、银柄斧译、虚无党之秘密会	光绪三十三年（1907）	署“麦枯淮尔特著，华之才译”	
	聂格卡脱侦探案第三册，内收车尸案、蓄音案	光绪三十三年（1907）	署“（美）讫克著，华子才译”	
	聂格卡脱侦探案第四册，内收复仇案	光绪三十三年（1907）	署“（美）讫克著，华子才译”	
	聂格卡脱侦探案第五册，内收宝刀影案	光绪三十三年（1907）	署“（美）讫克著，海沧渔郎、延陵伯子合译”	
	聂格卡脱侦探案第六册，内收奇窟记	光绪三十三年（1907）	署“（美）讫克著，延陵伯子译”	
	聂格卡脱侦探案第七册，内收大里斯案	光绪三十三年（1907）	署“（美）讫克著，华子才译”	
	聂格卡脱侦探案第八册，内收戕姐案	光绪三十三年（1907）	署“（美）讫克著，华子才译”	

续 表

书 局	书 名	时 间	作 者	标 目
小说林社出版	少年侦探中册，上册出版时间不详，下册本年8月出版	光绪三十三年（1907）	署“（法）爱米加濮鲁著，寄生虫、无肠合译”	
	色谋图财记二册二十回	光绪三十三年（1907）	署“（日）泪香小史（黑岩泪香）著，黄山子译”	
	镜中人（一名女侦探）	光绪三十三年（1907）	署“（美）乌尔司路斯著，俞箴墀、嵇长康合译”	
	海门奇案	光绪三十三年（1907）	署“（英）福格斯兴著，穷汉译”	标“侦探小说”
	聂格卡脱侦探案第九册，内收假面女子案、续假面女子案	光绪三十三年（1907）	署“（美）讫克著，华子才译”	
	三版银行之贼	光绪三十三年（1907）		
	聂格卡脱侦探案第十册，内收疯子劫杀案、飞刀案；第十一册，内收戕父劫女案、假王案；第十二册，内收雷护所案、炸弹案	光绪三十三年（1907）	第十至十二册均署“（美）讫克著，华子才译”	
	聂格卡脱侦探案第十三册，内收姓名名姓案、姓名名姓案解决案	光绪三十三年（1907）	署“（美）讫克著，华子才译”	
	电感	光绪三十四年（1908）	署“（英）哈本著，临桂木子译”	标“侦探小说”

续 表

书局	书名	时间	作者	标目
小说林社出版	鸦片案	光绪三十四年（1908）	署“傲骨”	标“中国侦探案”
	聂格卡脱侦探案第十四册，内收红面党案	光绪三十四年（1908）	署“（美）讫克著，华子才译”	
	聂格卡脱侦探案第十五册，内收一钱酬劳案、五玉黍案	光绪三十四年（1908）	署“（美）讫克著，华子才译”	
	聂格卡脱侦探案第十六册，内收飞箭案、飞艇案	光绪三十四年（1908）	署“（美）讫克著，华子才译”	
	砒霜案	光绪三十四年（1908）	作者署“傲骨”	标“中国侦探案”
新民丛报社出版	歇洛克复生侦探案	光绪三十年（1904）	（英）陶高能著，知新子（周桂笙）译述	
	最新侦探案汇刊，内收毁拿破仑遗像案	光绪三十二年（1906）	（英）陶高能著，知新子（周桂笙）译	
	失女案	光绪三十二年（1906）	知新室主人（周桂笙）译	
	毒药案	光绪三十二年（1906）	无歆羡斋主译	
	双公使	光绪三十二年（1906）	知新室主人（周桂笙）译	
开明书店出版	侦探谭第三册，内收三缕发；	光绪三十年（1904）	署“泪香女史著，冷血（陈景韩）译”	

续 表

书 局	书 名	时 间	作 者	标 目
开明书店出版	血杀俱乐部	光绪三十年（1904）	署“（英）吐司爱沙著，冷血（陈景韩）译”	
	虚无党	光绪三十年（1904）	署“冷血（陈景韩）译”	
昌明公司出版	侦探新语，内收塔尖之自缢（夫概著）、邮票案（华士曼著）、诱拐公司（雷比著）、异形之腕（穆尔斯著）、复仇（原著佚名）、暗杀党（葛史克著）、石灰窟中之侦探（恺陀斯敦著）、试金石之秘密（皤兰德著）	光绪三十年（1904）	索公译	
清国留学生会馆出版	双金球二册	光绪三十一年（1905）	署“（日）黑岩泪香先生原译，中国祥文社译”	标“法国著名之侦探谭”
人镜学社出版	怪獒案	光绪三十一年（1905）	署“人镜学社编译处译”	标“侦探小说”
有正书局出版	火里罪人二卷	光绪三十二年（1906）	署“上海时报馆记者（陈景韩）译述”	标“侦探小说”
	秘密党	光绪三十三年（1907）	署“（英）顾能著，杨心一译述”	标“侦探小说”
	土里罪人	光绪三十四年（1908）	署“陈冷（陈景韩）译”	
	销金窟	光绪三十四年（1908）	包笑天译	
	雌蝶影十九章	光绪三十四年（1908）	署“包柚斧（李涵秋）”	

续　表

书　局	书　　名	时　间	作　者	标　目
上海广智书局出版	中国侦探案	光绪三十二年（1906）	署“南海吴趼人述”	
	地中秘	光绪三十二年（1906）	署“（日）江见忠功著，香叶阁主人凤仙女史译”	标“侦探小说”
	美人手中册	光绪三十二年（1906）		
	毒蛇圈	光绪三十二年（1906）		
	再版美人手中册	光绪三十四年（1908）		
	薛蕙霞	宣统元年（1909）	署“（法）嘉宝尔著，陈鸿璧译”	标“女子侦探”
	一百十三案	宣统元年（1909）	陈鸿璧译	
	美人手下册	宣统元年（1909）		
	裴迺杰奇案之一	宣统三年（1911）	署“（英）查克著，张默君、陈鸿璧合译”	
上海时报馆出版	莫爱双丽花	光绪三十二年（1906）	署“（日）泪香小史（黑岩泪香）著，上海时报馆记者（陈景韩）译”	标“侦探小说”

续　表

书　局	书　名	时　间	作　者	标　目
飞鸿阁出版	福尔摩斯最后之奇案	光绪三十三年（1907）	署“（英）柯南道尔著，白侣鸿译”	
一新书局出版	聂格卡脱侦探案初编、二编	光绪三十三年（1907）	（美）讫克著，初编顾明卿译，二编顾明卿、顾鹏举合译	
香港出版	男装侦探十四回	光绪三十三年（1907）	译者署“古田太郎”	
	双侦探	发生于光绪间但时间不详	署“李应雄译”	
香港小说编译社出版	英国最近五命离奇案	光绪三十三年（1907）	署“（英）霍士爹核士著，易次乾、何颖泉合译”	
改良小说社出版	柜中尸	光绪三十四年（1908）	署“（英）克保斯培著，东海钓客译”	
	失珠案	光绪三十四年（1908）	署“（美）老斯格斯著，改良小说社译”	
	伪票案	光绪三十四年（1908）	署“（美）老斯格斯著，改良小说社译”	
	傀儡侦探	宣统元年（1909）	题“天醉译”	
	滑稽侦探	宣统三年（1911）	署“煮梦生”	
	毒药案	宣统三年（1911）	署“（俄）谋康斯著，陆钟灵、马逢伯合译”	

续 表

书局	书名	时间	作者	标目
中国图书公司出版	美人唇	光绪三十四年（1908）	署“（美）讫克著，冶孙、不才（许指严）合译”	
	奇瓶案	光绪三十四年（1908）	署“吴紫崖”	
集成图书公司出版	三捕爱姆生	光绪三十四年（1908）	署“（英）柯南道尔著，西泠悟痴生译”	
群学社出版	复朗克侦探案	宣统元年（1909）	署“（英）麦伦笔记，觉一译”	标“侦探小说”
	海漠侦探案	宣统元年（1909）	署“（英）哈德华，杨心一译”	标“译本短篇小说”
	新庵九种，其中内收周桂笙所译红痣案、妒妇谋夫案、上海侦探案等	宣统二年（1910）		
	巴黎五大奇案，内收双尸祭、断袖、珠宫会、情姬、盗马	宣统二年（1910）	署“（美）白髭拜著，仙友译”	
小说进步社出版	红发案	宣统元年（1909）	署“（英）柯南道尔著，汤心存、戴鸿蕖合译”	
	女魔王（聂格卡脱探案之一）	宣统元年（1909）	署“（美）讫克著，小说进步社编译”	
中西报馆出版	明珠血十七章	宣统元年（1909）	署“石庵氏述”，即胡石庵著	标“侦探小说”
宁波镇培玉学堂出版	非侦探这侦探（一名支那侦探案）	宣统二年（1910）	署“毛思诚辑”	

附录7：报刊刊载的侦探小说（光绪二十二年至宣统三年）（第四章第三节）

报刊	作　品	首刊时间①	作　者	标　目
时务报	英国包探访喀迭医生案	第一册光绪二十二年（1896）	未署译者，后上海素隐书屋单行本署“丁杨杜译”	
	英包探勘盗密约案	第六册光绪二十二年（1896）	未署译者，后上海素隐书屋单行本署“丁杨杜译”	
	（英）记伛者复仇事	第十册光绪二十二年（1896）	（英）柯南道尔著。后素隐书屋、文明书局出版《新译包探案》，均署丁杨杜译。	
	继父诳女破案	第二十四册光绪二十三年（1897）	（英）柯南道尔著。后素隐书屋、文明书局版均署丁杨杜译。	
	呵尔唔斯缉案被戕	第二十七册光绪二十三年（1897）	（英）柯南道尔著，光绪二十五年素隐书屋单行本署“时务报馆译，丁杨杜译”。	
通俗日报	梦里侦探	光绪二十七年（1901）	剑铓	

① 因报刊散落，个别篇目并非首刊日期，为所见的最早日期。

续表

报刊	作品	首刊时间	作者	标目
通俗日报	泰西说部丛书之一出版内收毒蛇案、宝石案、拨斯夸姆案、希腊诗人、红发会、绅士、海姆	光绪二十七年（1901）	（英）柯南道尔著，黄鼎、张在新合译	
浙江潮	专制虎	光绪二十九年（1903）正月		侦探小说
	雌雄蜥	光绪二十九年（1903）九月二十日	喋血生	
智群白话报①	寡妇奇案	光绪二十九年（1903）二月二十五	译者不详	
游戏报	侠男儿②	光绪二十九年（1903）十一月初七		侦探小说
沪报	决斗门③	光绪二十九年（1903）		侦探小说
	三十五万④	光绪三十四年（1908）四月初三	干将	侦探小说
	俄德两君之密会	光绪三十四年（1908）四月二十五日	干将	侦探小说
	黑犬	光绪三十四年（1908）六月十一日	剑光	侦探小说

① 《智群白话报》光绪二十八年（1902）十二月创刊于上海，月刊。主编砭俗道人，经理唐孜权，上海文明编译局发行。

② 是书从英文译出，情节离奇，内容丰富而绘影儿女英雄跃然纸上，令人神往……置译者自序，发小小议论演浅浅俚言，输入合众文明，开通民智……繁华报馆。

③ 本馆告白：本馆现又觅得法国侦探小说一种，名曰《决斗门》，缘其中情节奇妙阅之足以爽心悦目，爰复译之，逐日附刊附张以供览者，特此布闻。本馆白。

④ 非首期。

续 表

报刊	作品	首刊时间	作者	标目
新小说	毒药案	光绪二十九年（1903）闰五月十五日	无欲羡斋主译述	侦探小说
	毒蛇圈	光绪二十九年（1903）八月十五日	（法）鲍福著，上海知新室主人译	侦探小说
	失女案①	光绪三十一年（1905）四月		侦探小说
	双公使	光绪三十一年（1905）七月	上海知新室主人译述	侦探小说
绣像小说	哥利亚司考得船案	光绪二十九年（1903）闰五月十五第四号、第五号		新译·华生包探案
	银光马案	光绪二十九年（1903）六月十五第六号		新译·华生包探案
	孀妇匿女案	光绪二十九年（1903）七月初一第七号		新译·华生包探案
	墨斯格力夫礼典案	光绪二十九年（1903）七月十五第八号		新译·华生包探案
	书生被骗案	光绪二十九年（1903）八月初一第九号		新译·华生包探案
	旅居病夫案	光绪二十九年（1903）八月十五第十号		新译·华生包探案
	俄国包探案	光绪三十年（1904）二月第二十二号		新译

① 天下人之品类良莠不齐，素位守常者固不乏人，而作奸犯科者亦复不少，以故种种罪案层现迭出，此起彼伏，如圆环之无已时，遂使社会中不可一日无侦探。其人盖惟除暴为能安良。倘使莠民长此跋扈飞扬，则良民永无安枕之日矣。

续 表

报刊	作品	首刊时间	作者	标目
绣像小说	三疑案①之伊兰案	光绪三十一年（1905）九月第六十号	（英）奥姐，译者不详	新译
	三疑案之雪驹案	光绪三十一年（1905）十月第六十一号	（英）奥姐著，译者不详	新译
	三疑案之跛翁案	光绪三十一年（1905）十一月第六十二号	（英）奥姐著，译者不详	新译
	斥候美谈	光绪三十二年（1906）三月第七十二号	科南岱尔撰，（日）高须梅溪译意，钱塘吴梼重演	军事小说
东方杂志	毒美人	光绪三十年（1904）正月二十五日	（美）乐林司朗治	侦探小说
	邮贼	光绪三十年（1904）八月二十五日		侦探小说
	双指印②	光绪三十一年（1905）正月二十五日	（英）培福台兰拿著	侦探小说
	陶人案	光绪三十三年（1907）五月二十五日	（美）加撒林克罗女史著，译者平湖甘作霖	笔记小说
	数缕发	光绪三十三年（1907）六月二十五	（美）加撒林克罗女史著，译者平湖甘作霖	笔记小说
	黑幻像	光绪三十三年（1907）七月二十五	（美）加撒林克罗女史著，译者平湖甘作霖	笔记小说
	车中语	光绪三十三年（1907）八月二十五	（美）加撒林克罗女史著，译者平湖甘作霖	笔记小说
	拯三厄	光绪三十三年（1907）十二月二十五	（美）加撒林克罗女史著，译者平湖甘作霖	笔记小说
	七医士案	光绪三十四年（1908）十月二十五	译纽约侦探报	

① 光绪三十三年（1907）商务印书馆出版单行本时署“（英）男爵夫人奥姐著，商务印书馆译”。

② 同年商务印书馆出版单行本署“商务印书馆编译”。

续 表

报刊	作　品	首刊时间	作　者	标　目
时报	多情之侦探伯爵与美人	光绪三十年（1904）四月二十九	冷	
	大彼得遗嘱（原名《白藕节》）	光绪三十年（1904）十月二十五	“法国大文豪握兴氏著，嘉定吴士毅译，笔受而属文者则无竟生也”	侦探小说
	火里罪人羽阅	光绪三十年（1904）十一月二十五	冷译	侦探奇谈
	假齿藏毒案	光绪三十二年（1906）六月初七	米德著，杨心一译	短篇侦探小说
	侦探之侦探（一名土里罪人）	光绪三十二年（1906）十一月二十九	冷	
	阴司侦探案	光绪三十三年（1907）九月十九	僇	滑稽小说
	某客栈	光绪三十三年（1907）十月初二	冷	短篇，侦探之侦探四
	军装	光绪三十三年（1907）十月十七	冷	短篇，侦探之侦探一
	名片	光绪三十三年（1907）十月十八	冷	短篇，侦探之侦探二
	三五少年	光绪三十三年（1907）十月十九	冷	短篇，侦探之侦探三
	某业	光绪三十三年（1907）十月二十一	冷	短篇，时事侦探谈
	三金针	光绪三十三年（1907）十一月初三	英国葛威廉著，心一译短篇侦探小说	
	地中怪贼	光绪三十四年（1908）五月二十六	冷	少年侦探

续　表

报刊	作　品	首刊时间	作　者	标　目
时报	决斗（一名金里罪人）	光绪三十四年（1908）九月二十九	冷	侦探小说
	鬼僧惊人案	宣统元年（1909）六月初三		侦探小说
	局诈明珠案	宣统元年（1909）六月十三		侦探小说
	教师中计案	宣统元年（1909）七月十七		
	波斯奇珍案	宣统元年（1909）七月二十六		
	恶妇驯狼案	宣统元年（1909）八月初十		
	科学侦探	宣统元年（1909）九月十九	冷	
	可怜虫	宣统三年（1911）五月二十六	球	侦探小说
京话日报	达威德尔侦探记	光绪三十年（1904）七月初六		
新新小说	忏悔录	光绪三十年（1904）十一月初一		侦探谈
	峰针蛰	光绪三十三年（1907）第三年四月初一	（英）麦希著，支那�中倦译	侦探小说
月月小说	三玻璃眼	光绪三十二（1906）年九月望日	罗季芳译	侦探小说
	双尸祭	光绪三十二（1906）年九月望日	仙友译	侦探小说
	盗侦探（又名金齿记）	光绪三十二年（1906）十月望日	迪斋译述	侦探小说

续 表

报刊	作 品	首刊时间	作 者	标 目
月月小说	剑术家被杀案（海谟侦探案之一）	光绪三十二年（1906）十一月望日	哈华德著，（杨）心一译	译本短篇小说
	断袖（巴黎五大奇案之一）	光绪三十二年（1906）十一月望日	（英）白髭拜著，仙友译	译本短篇小说
	美人局（威林笔记第三则）	光绪三十二年（1906）十二月望日	（英）威林乐干著，杨心一译	新译短篇小说
	珠宫会（巴黎五大奇案之一）	光绪三十二年（1906）十二月望日	（英）白髭拜著，仙友译	新译短篇小说
	妒妇谋夫案①	光绪三十三年（1907）二月望日	周桂笙译	侦探小说
	盗马（巴黎五大奇案之一）	光绪三十三（1907）三月望日	（英）白髭拜著，仙友译	
	守钱虏再生记（海谟侦探案之二）	光绪三十三（1907）三月望日	哈华德著，杨心一译	
	上海侦探案·金戒指案	光绪三十三年（1907）三月望日	吉	侦探小说
	海底沉珠	光绪三十三年（1907）十月望日	上海新庵主人译	侦探小说
	红痔案	光绪三十三年（1907）十一月望日	上海新庵主人 周桂笙译	侦探小说
	墓中尸案（海谟侦探案之三）	光绪三十三年（1907）四月望日	哈华德著，杨心一译	译本短篇小说

① 宣统二年上海群学社单行本署“（法）纪善著”。

续 表

报刊	作 品	首刊时间	作 者	标 目
月月小说	失珠	光绪三十四年（1908）三月	马江剑客述，天民记	中国侦探
	梅伦奎复仇案	光绪三十四年（1908）八月	觉一译意	侦探小说
	两罗勃以利	光绪三十四年（1908）七月	觉一译述	侦探小说
	猴刺客	光绪三十四年（1908）九月“周年纪念大增刊”	番禺女士黄翠凝	侦探小说
	少女失父案	光绪三十四年（1908）十二月	觉一译意	侦探小说
	玉环外史	光绪三十四年（1908）八月	天僇生译	侦探言情小说
	国事侦探	光绪三十二年（1906）十月望日	杨心一译	侦探小说
	女侦探	光绪三十四年（1908）正月初七	冷	虚无党杂谈之一
广益丛报	歇洛克来游上海第一案	光绪三十一年（1905）正月三十第六十五号	冷血（陈景韩）戏作	
江苏白话报	身外身	光绪三十一年（1905）本年第一期	挽澜	侦探小说
	美人脂	光绪三十一年（1905）本年第一期	挽澜	侦探小说
鹃声	俄探	光绪三十一年（1905）第一年第二期	（日）押川春浪著，（角黄）（角黄）子译	
津报	黑面塔	光绪三十一年（1905）十月十八	冷译	补侦探谈
南方报	多林吞第一案续	光绪三十二年（1906）六月二十六		反侦探

续　表

报刊	作　品	首刊时间	作　者	标　目
新世界小说社报	死椅	光绪三十二年（1906）第三期		侦探
小说林	第一百十三案①	光绪三十三年（1907）正月	（法）加宝耳奥，女士陈鸿璧译	长篇小说 侦探小说
	黑蛇奇谈	光绪三十三年（1907）正月	（美）威登，张瑛译	长篇小说 侦探小说
	奇童案	光绪三十四年（1908）正月	李涵秋译	短篇小说 侦探小说
盛京时报	侦探奇谈	光绪三十三年（1907）二月二十五	译作	
申报	杀妇奇冤	光绪三十三年（1907）二月二十八	（华生笔记）	侦探小说
	奈何天（一名身外身）	光绪三十三年（1907）二月二十六		侦探小说
	三捕爱姆生巨案（福尔摩斯再生后之探案续出）	光绪三十四年（1908）四月初二	西泠悟痴生译	侦探小说

① 在“觉我赘语”中，徐念慈还谈及众人喜欢侦探小说的原因，并对侦探小说与他种小说的优劣作了一些比较。“侦探小说，为我国向所未有。故书一出，小说界呈异彩，欢迎之者，甲于他种。虽然，近二三年来，屡见不一见矣。夺产、争风、党会、私贩、密探、其原动力也。杀人、失金、窃物、其现象也。侦探小说数十种，无有抉此范围者。然其擅长处，在布局之曲折，探事之离奇；而其缺点，譬之构屋者，若堂若室，若楼若阁，非不构思巧绝，布置井然，至于室内之陈设，堂中之藻绘，敷佐之帘幕屏榻金木书画杂器，则一物无有，遑论雕镂之精粗。设色之美恶耶，故观者每一览无余，弃之不顾。质言之，即侦探小说者，于章法上占长，非于句法上占长，于形式上见优，非于精神上见优者也。善读小说者当亦韪余是言”。在《小说林》刊载的这段描述中，他清楚地指出了侦探小说受欢迎的景象和产生这种现象的原因。

续　表

报刊	作　品	首刊时间	作　者	标　目
申报	意外之奇案	光绪三十四年（1908）九月二十五		侦探小说
	奇童案	光绪三十四年（1908）十一月初七		侦探小说
	密约案	宣统元年（1909）十二月十二	英勒克维廉著	短篇侦探小说
	绣衣盗	宣统二年（1910）四月二十		中国侦探小说
	白梅花	宣统三年（1911）六月初一	希夷	侦探奇案
	俄王侦探名①	宣统三年（1911）十二月二十		登自由谈栏目
新闻报	眼中留影	光绪三十二年（1906）四月初一		侦探小说
	连环计	光绪三十四年（1908）正月初四		侦探小说
	蜡太子	宣统元年（1909）十一月十五		侦探小说
中国新女界杂志	毒铁箱	光绪三十三年（1907）五月二十五日	云扶	侦探小说
法政学报	铁宝匣	光绪三十三年（1907）六月初一第五期		最新侦探小说

① 该部小说由于篇幅较长，所以刊登的时间从辛亥年（1912）延续到壬子年（1913）。

续 表

报刊	作 品	首刊时间	作 者	标 目
中外小说林	毒刀案	光绪三十三年（1907）六月二十一第五期	（英）斐加士雄著，亚猛译意，公裕润辞	侦探小说
	烟侦探	光绪三十三年（1907）八月初一第九期	欶	短篇小说
	狡女谋	光绪三十三年（1907）八月初一第九期	（英）连著贻著，勇夫译意，老奕润辞	侦探小说
	美人局	光绪三十四年（1908）正月三十第二年第三期	忏痴	狡骗小说
	凶仇报	光绪三十四年（1908）三月初十第二年第七期	耀公	侦探小说
中外日报	妬	光绪三十三年（1907）六月二十七	英国林玛威著	新译小说 侦探小说
	妖火人火	光绪三十四年（1908）正月二十八		杂说：新侦探谈
	碧玉剑（一名二十四时案）	光绪三十四年（1908）八月初二		侦探小说
竞立社小说月报	窃图案	光绪三十三年（1907）九月		侦探小说
神州日报	三国联盟	光绪三十三年（1907）九月十二	英国葛威廉著，（杨）心一译	侦探小说
	阴司侦探案	光绪三十三年（1907）九月十九	僇	滑稽小说未完
	三金针	光绪三十三年（1907）十一月初三	英国葛威廉著，心一译	短篇侦探小说
	凤凰鸟	光绪三十四年（1908）八月初六	美国聂克卡忒原著，本馆译	侦探小说

续 表

报刊	作 品	首刊时间	作 者	标 目
神州日报	珠还玉碎案	光绪三十四年（1908）十二月初四	英伦劳乃迩原著	侦探小说
	书生侦探	宣统元年（1909）正月十九	木	滑稽小说
	虚无党侦探谈一	宣统元年（1909）七月十一	僇	短篇翻译小说
	古钱案不题撰人	宣统元年（1909）八月初四		侦探小说附送的图画小说
	趣侦探	宣统元年（1909）十一月十六	哲	短篇小说
广东戒烟新小说	烟侦探	光绪三十三年（1907）十月二十六	哲	戒烟小说
	头变	光绪三十三年（1907）	唯一	侦探小说
	面包党	光绪三十三年（1907）	芳郎译	侦探小说
小说世界	秘密踪迹	光绪三十三年（1907）第四期	焦桐主人	短篇
	失女奇案	光绪三十三年（1907）第四期	启明	
	爱河潮（原名《侦探毒》）	光绪三十三年（1907）第四期	未署译者	
振华五日大事记	醋案	光绪三十三年（1907）	辕系	侦探小说
河南	芝布利鬼宅谈	光绪三十三年（1907）第一期	英国轧姆；蓼城、吴肃翻译	侦探小说

续　表

报刊	作　品	首刊时间	作　者	标　目
竞业旬报	女党人	光绪三十四年（1908）三月十一	佛奴	侦探小说
	新侦探谭	光绪三十四年（1908）十月十一第三十二期	"蝶儿"，或云此为胡适所作	
新小说丛	奇蓝珠	光绪三十四年（1908）第一期	（英）屈敦著，会城李子鸣、禺山郭若衡译	侦探艳情小说
	情天孽障	光绪三十四年（1908）第一期	（法）贾波老著，睛岚山人译	侦探小说
现世史	中国瓶	光绪三十四年（1908）第一期五月		稗史：侦探小说
学海（甲编）	盗密约案（外部秘密之一）	光绪三十四年（1908）五月第一年第五号	陶履恭	
时事报	黄金舌（续）①	光绪三十四年（1908）五月十九	蒋景诚译	政治侦探
岭东日报	千里马第三章	光绪三十四年（1908）五月	英国柏尔伦原著；逊声口译，生可笔述	侦探小说
	盗巢磕记第九章	光绪三十四年（1908）六月	美国白富庇笔记；不才译述，生可参辞	侦探小说
东莞旬报	腹中帛	光绪三十四年（1908）六月第一期	秘鲁大学校生亚万奴译，求得死青年润词	侦探小说
浙江日报	某富翁	光绪三十四年（1908）六月初五		杂俎：讽刺短篇，侦探之侦探
须弥日报	桃花协会	光绪三十四年（1908）七月三十		新译小说：外交侦探小说
中外实报	女侦探	宣统元年（1909）四月初九	美贺依著	杂录：短篇小说

① 未见首期，此期为续。

续　表

报刊	作　品	首刊时间	作　者	标　目
民呼日报	马嵬新恨①	宣统元年（1909）四月十二日	法国哈洛著，罗汉译	侦探小说
扬子江小说报	蜂蝶党	宣统元年（1909）四月二十九第二期	天石译	侦探小说
	新炸弹	宣统元年（1909）四月二十九第二期	楚冠	侦探小说
	金钏案	宣统元年（1909）四月二十九第二期	丹徒包柚斧（李涵秋）译	侦探小说
	红发会奇案（一名银行盗案）	宣统元年（1909）七月初一第四期	（英）考南道一著，长沙郑建人口述，安化陶报癖（陶兰荪）笔译	侦探小说
小说时报	俄国之侦探术	宣统元年（1909）九月朔日	冷	
	一粒砂	宣统二年（1910）三月朔日	笑	短篇名译侦探小说
	血印枪声记	宣统三年（1911）八月望日	毅汉、天笑同译	长篇
	福尔摩斯之劲敌	中华民国元年（1912）四月初五	心一译	短篇小说

---

① 篇前有译者“识语”云：“吾人今日读各说部，有时而惊，时而喜，时而愤激。不期然而然者，大率偏于爱怜弱质，诛锄强横，以代鸣其不平，往往有愿他生化为司花尉者。呜呼！紫囗不返，必痛訾沙囗之无情；昆仑虽盗，犹私幸红绡之未折。即至马嵬殉国，因色兴戎而论者，犹复低徊不置，多为玉环作解脱语者。因以知怜才之感心，固今生所同具矣。是篇为法国侦探家哈洛原著，记塞尔维王菲一中年妇人，为乱党所持，几至篡弑。而妇人既不忍违王意，又不能入宫且左右护持之，至于自裁，以保王位。其心诚足悯矣。与剑阁已事雅相称，因谥之曰‘马嵬新恨’。书中之余著，自谓也。记者志。”

续 表

报刊	作 品	首刊时间	作 者	标 目
广粹旬报	侦探之侦探第七章	宣统元年（1909）九月十五	太岁	
天铎报	九点牌	宣统元年（1909）十一月初一第一期	（英）花志安著，南海罗守一译	侦探小说
	女侦探	宣统二年（1910）三月十七		短篇小说
留报	皮箱案	宣统元年（1909）十一月初十		侦探小说
图画日报	罗师福	宣统元年（1909）	南风亭长著	侦探小说
舆论时事报	林飞	宣统二年（1910）二月初一	晨逸	中国侦探
广智丛报	金戒指案	宣统二年（1910）第二百三十号四月初十	不题撰人	短篇小说
南越报附张	肆奸众	宣统二年（1910）六月十五		说部：法律侦探小说
绍兴公报	侦窃	宣统二年（1910）六月二十	顽石（周作人）	
江南警务杂志	中国侦探案续编：吴桥县案、太原事、新郑事、青州事、淄川县案	宣统二年（1910）第一册		别录
小说月报	汽车盗	宣统三年（1911）一月	陆仁灼	短篇小说 侦探小说
	侦探女	临时增刊宣统三年（1911）闰六月	惨绿	短篇小说 侦探小说
	福尔摩斯侦探案	宣统三年（1911）十二月	甘作霖	长篇小说

附录8：晚清年间在日本创办的刊物（第五章第一节）

报 刊	出版时间	编辑发行者及撰稿人	创刊地
1. 清议报	光绪二十四年（1898）十一月十一日	署“英国人冯镜如”，主持人实为梁启超	横滨
2. 开智录	光绪二十六年（1900）九月初十	郑贯一、冯自由、冯斯栾创办	东京
3. 译书汇编①	光绪二十六年（1900）十月十五日	编辑及发行人：胡英敏，戢翼翚、杨廷栋、杨荫杭、雷奋等主持（励志会成员）	东京
4. 新民丛报	光绪二十八年（1902）正月初一	编辑兼发行者署冯紫珊，实际上梁启超为主编	横滨
5. 新小说	光绪二十八年（1902）十月十五日	编辑兼发行者署名赵毓林，实为梁启超主持	横滨②
6. 游学译编	光绪二十八年（1902）十月十五日	编辑兼发行者：熊野萃，编辑人：杨守仁、陈天华、梁焕彝、樊锥、黄轸（黄兴）、周家树、杨度等	东京
7. 湖北学生界③	光绪二十九年（1903）正月初一	编辑兼发行者：王璟芳、尹援一，第二期署湖北同乡会杂志部，第三期起署尹援一，第五期改署窦燕石。参加编辑工作的有：刘成禺、蓝天蔚、张继熙、卢慎之、周维桢、金华祝、但焘、李书城、李熙等	东京

① 光绪二十六年十月十五日（1900年12月6日）创刊。日本东京出版，月刊，每月十五日发行。光绪二十九年四月初一改名为《政法学报》（1903年4月27日），发行所设神户。

② 1902创刊于横滨，1905年迁往上海。

③ 自第六期改名为《汉声》。

续 表

报刊	出版时间	编辑发行者及撰稿人	创刊地
8. 浙江潮	光绪二十九年（1903）正月二十日	负责编辑和出版的是孙翼中、蒋智由、蒋方震、许寿裳、王家祎等。主要撰稿人除上述诸人外还有：陈榥、陈威、何燏时、沈沂、鲁迅等	东京
9. 江苏	光绪二十九年（1903）四月初一	总编辑秦毓鎏，参加编辑工作的有：张肇桐、汪容宝、黄宗仰、陈去病、丁文江等	东京
10. 政法学报①	光绪二十九年（1903）四月初一	编辑兼发行人前三期署译书汇编社，后五期署为胡英敏	东京
11. 新白话报②	光绪二十九年（1903）	主要撰稿人有：担当、公因、昌汉、捕夷、易清等	东京
12. 江西白话报③	光绪二十九年（1903）	军国民教育会会员张世膺（华飞）主编	日本
13. 白话	光绪三十年（1904）八月十五日	秋瑾主编	东京
14. 二十世纪之支那④	光绪三十一年（1905）五月初一	主编程家柽，参加编辑发行工作的有：田桐、白逾桓、陈天华、刘公、鲁鱼、何谌霖、雷克宇、张炳标、高剑公等。	东京

① 原名《译书汇编》，创刊于光绪二十六年（1900）十月，是留学生最早出版的刊物。癸卯年第一期，明治三十六年四月二十七日，1903 年 4 月 27 日改名《政法学报》。

② 现存该刊缺创刊号，第 2 期缺出版日期。第 3 期版权页载：甲辰年二月朔日（1904）发行，五月初一补发行。发行者新白话报社。据此推算，该刊应于光绪二十九年末（1903）创刊。

③ 光绪二十九年（1903）创刊，在日本出版。江西留日学生主办。该刊出版未久即停刊。另据光绪三十年（1904）《东方杂志》第 10 期第 241 页介绍，该刊在九江出版。

④ 为《民报》的前身。原件创刊号上标有：开国纪元 4603 年五月初一。

续 表

报 刊	出版时间	编辑发行者及撰稿人	创刊地
15. 第一晋话报	光绪三十一年（1905）六月	由山西同乡会编辑。同盟会会员景定成、王用宾、刘锦若、景太昭等担任编辑	东京
16. 鹃声	光绪三十一年（1905）八月	出版第一、二期被迫停刊后，雷铁崖（铁铮）等于光绪三十三年（1907）年由重新组织，出版再兴第一号，更名《后鹃声》	东京
17. 醒狮①	光绪三十一年（1905）九月初一	编辑者署名李𣇉，实为高旭（天梅）等所主持。撰稿人有马君武、李惜霜、陈去病、柳亚子等	东京
18. 《民报》	光绪三十一年（1905）十月三十日	主编胡汉民、章太炎②	东京
19. 复报	光绪三十二年（1906）四月十五日	柳亚子、高天梅、田桐等编辑	东京
20. 云南	光绪三十二年（1906）八月二十八日	发起创办人为李根源、赵伸等，主编为张耀曾、席聘臣、孙志曾等	东京
21. 豫报	光绪三十二年（1906）十一月	主持笔政者署名补天。撰稿人仗剑、创余、太憨、破浪子、燕斌等	东京
22. 中国新女界杂志	光绪三十二年（1907）十二月二十三日	燕斌、刘青霞创设、任撰述，朱炳麟任发行人	东京
23. 汉帜	光绪三十二年（1907）十二月十二日	编辑兼发行者署名黄一铸，实际为陈家鼎、景定成、仇式匡主编	东京

① 创刊原件上标黄帝纪元四千三百九十七年九月一日。

② 中国同盟会机关报，前身是留日学生创办的《二十世纪支那》。初为月刊，因经常脱期，改为不定期。主编先后有张继、章太炎、陶成章、汪精卫。经常撰稿人有朱执信、廖仲恺、陈天华、宋教仁、黄侃等。1910 年 1 月复刊，2 月停刊，共出 26 期。前五期主编是胡汉民，第六至二十四期是章太炎，后两期是汪精卫。

续 表

报 刊	出版时间	编辑发行者及撰稿人	创刊地
24. 学报	光绪三十三年（1907）正月初一	编辑兼发行者：何天柱、梁德猷	东京
25. 远东见闻录	光绪三十三年（1907）六月初十	编辑人：雷昭性、段瑞兰，总经理：李士锐。陆军部留学生	东京
26. 秦陇报①	光绪三十三年（1907）七月二十日	编辑兼发行者：秦陇报社，党积岭、郗朝俊、高又民等主编，经理人为杨铭源	东京
27. 粤西	光绪三十三年（1907）十月初十	卜世伟、刘崛、陆涉川等主编	东京
28. 河南	光绪三十三年（1907）十一月十六日	编辑者署名武人、朱宣，实为刘积学任主编，张钟瑞任发行人	东京
29.《法政学交通社杂志》	光绪三十三年（1907）十二月初一	孟昭常等编辑	东京
30.《四川》②	光绪三十三年（1908）十二月初二	吴玉章任编辑及发行人	东京
31.《关陇》	光绪三十四年（1908）正月初一	主持人有党松年、白毓庚、杜伯同、景梅九、茹卓亭等	东京
32. 夏声	光绪三十四年（1908）正月二十五日	主要撰稿人：侠魔、尊侠等。于右任、张季鸾也在该刊发表诗文	东京
33. 学海	光绪三十四年（1908）正月二十八日	京师大学堂留日学生编辑社编　综合性的学术刊物	东京
34. 滇话③	光绪三十四年（1908）三月	陈冷血主编兼主要撰稿人	东京

① 该刊仅出过一期即因内部意见不合，于光绪三十四年（1908）分为《关陇》与《夏生》出版。

② 光绪三十三年（1907）十二月初二同时出刊第一号和第二号，光绪三十四年（1908）一月二十八日出了第三号。只出版三号，第四号刚出版就被没收。

③ 未见第一号，只见第二号、第五号和宙字号。

续 表

报 刊	出版时间	编辑发行者及撰稿人	创刊地
35. 武学	光绪三十四年（1908）五月初一	由武学编译社编辑，编辑兼发行者第1-9期署陆光熙、方日中，第10期改署总编辑王衲昌、姜梅岭、总经理黄郛	东京
36. 支那革命丛报	光绪三十四年（1908）六月初十	仅存一期，联系人署李修文	东京
37. 江西	光绪三十四年（1908）六月十一日	江西留日学生创办	东京
38. 梅州	光绪三十四年（1908）十月二十日	问津编辑发行	东京
39. 海军	宣统元年（1909）四月十四日	留日海军同学会编辑发行	东京
40. 留日女学生会杂志	宣统三年（1911）四月	唐群英主编①	东京

① 《民立报》宣统三年（1911）五月二十四日登载该报执笔者为唐众英。

附录9：日本留学生创办刊物所载小说名目（第五章第一节）

篇　名	发表杂志	期号	首刊时间	标识	作者
1. 佳人奇遇卷一	清议报	第一册至第三册	光绪二十四年（1898）十一月十一日	政治小说	日本东海散士前农商部侍郎柴四郎撰
2. 摩西传（教家之伟人）	开智录	第一期至第三期	光绪二十六年（1900）十一月初一	伟人小说	贯庵编著
3. 贞德传（一名女子救国美谈）	开智录	第三期第六期	光绪二十六年（1900）十二月一日	伟人小说	自由编著
4. 劫灰梦传奇	新民丛报	第一号	光绪二十八年（1902）正月初一		如晦庵主人
5. 十五小豪杰	新民丛报	第二号~十九号	光绪二十八年（1902）正月十五日		披发生法国焦士威尔奴原著，少年中国至少年重译①；
6. 人肉楼	新民丛报	第五号	光绪二十八（1902）年三月一日		虞初今语
7. 新罗马传奇	新民丛报	第十号至第十三号	光绪二十八年（1902）五月十五日		饮冰室主人
8. 爱国女儿传奇	新民丛报	第十四号	光绪二十八年（1902）七月十五日		东学界之一军国民
9. 殖民伟绩	新民丛报	第二十号	光绪二十八年（1902）十月十五日		

① 第十四号至十九号作者标披发生编译

续 表

篇　名	发表杂志	期号	首刊时间	标识	作者
10. 血海花传奇	新民丛报	第二十五号	光绪二十九年（1903）		玉瑟斋主人
11. 外交家之狼狈	新民丛报	第二十七号～第二十九号	光绪二十九年（1903）		法国某著，中国某译
12. 窃皇案	新民丛报	第三十三号	光绪二十九年（1903）		法国某著，中国某译
13. 美人手	新民丛报	第三十六～第四十二三号合本，第四十六、七、八号合本	光绪二十九年（1903）十二月廿九日		香叶凤仙阁女史译
14. 学海潮传奇	新民丛报	第四十六、七、八号合本	光绪二十九年（1903）十二月廿九日		春梦生
15. 英雄国	游学译编	第七册	光绪二十九年（1903）七月十五日		
16. 黑龙江	游学译编	第十册	光绪二十九年（1903）	弹戏	
17. 黄人世界	游学译编	第十一、二册（未完）	光绪二十九年（1903）八月十五日		
18. 日中露	湖北学生界	第一期、第二期、第四期连载	光绪二十九年（1903）正月朔日	译稿	
19. 血泪痕	湖北学生界	第五期	黄帝纪元四千三百九十四年五月朔日（光绪二十九年）（1903）		

续 表

篇 名	发表杂志	期号	首刊时间	标识	作者
20. 天半忠魂	湖北学生界	第六期①	黄帝纪元四千三百九十四年五月朔日发行 自六月改名为《汉声》（光绪二十九年）（1903）		
21. 扬州梦	湖北学生界	第六期	黄帝纪元四千三百九十四年五月朔日（光绪二十九年）（1903）		
22. 燕子窝	湖北学生界	第七八期合刊	光绪二十九年（1903）七月	政治小说	
23. 陆沈痛传奇	湖北学生界	第七八期合刊	光绪二十九年（1903）七月		
24. 少年军	《浙江潮》	第一期	光绪二十九年（1903）七月一月二十日	军事小说	
25. 专制虎	浙江潮	第一期、第三期	光绪二十九年（1903）七月一月二十日	侦探小说	喋血生
26. 普鲁士亚皇后路易	浙江潮	第二期	光绪二十九年（1903）七月二月二十日	苦英雄逸史	
27A. 葛玛航行印度事	浙江潮	第二期	光绪二十九年（1903）七月二月二十日	海上逸史	太公
27B. 陆治斯南极探险事	浙江潮	第二期	光绪二十九年（1903）七月二月二十日	海上逸史	太公

① 《湖北学生界》自六月改名为《汉声》。

续　表

篇　名	发表杂志	期号	首刊时间	标识	作者
28. 摄魂花	浙江潮	第三期	光绪二十九年（1903）七月三月二十日		喋血生
29. 血痕花	浙江潮	第四期	光绪二十九年（1903）四月二十日		蕊卿
30. 斯巴达之魂	浙江潮	第五期，第九期	光绪二十九年（1903）五月二十日		哀尘
31. 爱之花	浙江潮	第六期～第八期	光绪二十九年（1903）六月二十日		侬更有情
32. 自由魂	浙江潮	第六期	光绪二十九年（1903）六月二十日		美国威尔晤著，匏尘译
33. 少年军（二）	浙江潮	第七期	光绪二十九年（1903）七月二十日		喋血生
34. 返魂香	浙江潮	第八期	光绪二十九年（1903）八月二十日		喋血生
35. 恋爱奇谈	浙江潮	第八期	光绪二十九年（1903）八月二十日		侬更有情
36. 少年军（三）	浙江潮	第九期（未完）	光绪二十九年（1903）九月二十日		喋血生
37. 雌雄蜥	浙江潮	第九期	光绪二十九年（1903）九月二十日		喋血生
38. 地底旅行	浙江潮	第十期	光绪二十九年（1903）七月		英国威南著，之江、索之译
39. 破裂不全的小说	江苏	第一期～第二期	光绪二十九年（1903）四月一日		
40. 空中旅行记	江苏	第一期～第二期	光绪二十九年（1903）四月一日		英国萧鲁士原著

续 表

篇 名	发表杂志	期号	首刊时间	标识	作者
41. 痛定痛	江苏	第三期 第六期	黄帝纪元四千三百九十四年闰五月一日发行（光绪二十九年）（1903）	纪事体（自第六期标识纪事体）	
42. 新中国传奇	江苏	第四期	光绪二十九年（1903）六月一日		横江健鹤
43. 明日之战争	江苏	第四期~第七期	光绪二十九年（1903）六月一日	章回体①	著者法兰西陆军太尉邓利 译者冷血
44. 革命军传奇	江苏	第六期	光绪二十九年（1903）八月一日	传奇体	浴血生
45. 明日之瓜分	江苏	第七期	光绪二十九年（1903）九月一日	纪事体	瓜子
46. 狮子吼第一回楔子	民报	第二号	光绪三十一年（1905）		过庭
47. 崖山哀	民报	第二号 第五号	光绪三十一年（1905）		亡国痛
48. 狮子吼	民报	第三号 第四号 第五号~第九号	明治三十九年（光绪三十二年）（1906）		星台先生遗稿
49. 海国英雄记	民报	第九号 第十三期	明治三十九年（光绪三十二年）（1906）		浴日生
50. 虎口余生记	民报	第十八号~二十号	明治四十年十二月廿五日（光绪三十三年）（1907）		俄国铎伊齐原著，七曲山民重译

① 自第五期标识章回体。

续 表

篇 名	发表杂志	期号	首刊时间	标识	作者
51. 亡国余痛书	汉帜	第一期	光绪三十二年（1906）正月初一		旧民
52. 清快丸（音谐完）	汉帜	第一期	光绪三十二年正月初一（1906）	短篇小说	苹湖客
53. 恭祝立宪	汉帜	第二期	光绪三十二年（1906）	短篇小说	星
54. 朱舜水传	汉帜	第二期	光绪三十二年（1906）		
55. 仇史	醒 狮	第一期 第二期	黄帝纪元四千三百九十七年九月一日（光绪三十一年）（1905）	历史小说	痛哭生第二手编
56. 母大虫	醒狮	第二期	黄帝元年四千三百九十七年十月一日（光绪三十一年）（1905）	短篇小说、游侠小说	侠少年撰
57. 劳动狱	醒狮	第三期	光绪三十一年（1905）十一月五日	社会小说	侠少年撰
58. 想	《中国新女界杂志》	第一期～第三期（未完）	光绪三十二年（1906）十二月二十三日	社会小说	安素
59. 补天石（卷一）	《中国新女界杂志》	第二期～第三期（未完）	光绪三十三年（1907）		娲魂
60. 哀音	《中国新女界杂志》	第四期、第五期	光绪三十三年（1907）三月廿四日～四月二十五日	短篇小说	远庸录述并批注
61. 空中军舰	中国新女界杂志	第四期	光绪三十三年（1907）三月廿四日	短篇小说、理想奇谈	

续 表

篇 名	发表杂志	期号	首刊时间	标识	作者
62. 幽兰怨传奇	中国新女界杂志	第六期	光绪三十三年（1907）五月二十五日		醉白词人
63. 毒铁箱	中国新女界杂志	第六期	光绪三十三年（1907）五月二十五日	侦探小说	云扶
64. 死中求活	云南	第二号；第四、五、七～十二号；第十四号	明治三十九年（光绪三十二年）（1906）	历史小说	对镜狂呼客著
65. 一钱之功用	云南	第七号	明治三十九年（光绪三十二年）（1906）	短篇小说	亦陶朱
66. 怪岛之一夜	云南	第十三号	明治三十九年（光绪三十二年）（1906）	短篇冒险小说	炎裔译
67. 俄海俄州之理想乡……一市街即一家庭	云南	第十五号	明治四十年（光绪三十三年）（1907）	短篇小说	侠少译
68. 新殖民地仲尼岛	云南	第二十号	明治四十年（光绪三十三年）（1907）		海外野人
69. 池上谈（一名缠足痛）	豫报	第一号	光绪三十二年（1906）十一月	短篇小说	筑客
70. 龙马图	豫报	第三号	光绪三十三年（1907）	社会小说	莞佛
71. 新三国	豫报	第四号、第五号（未完）	光绪三十三年（1907）九月二十六日		白眼

续　表

篇　名	发表杂志	期号	首刊时间	标识	作者
72. 德意志皇帝	学报	第一年第一号～第五号	光绪三十三年（1907）		立人译述
73. 黍离痛	四川	第二、三号	明治四十一年（光绪三十四年）（1908）		云为
74. 成都血	四川	第三号	明治四十一年（光绪三十四年）（1908）	政治小说	恶恶
75. 芝布利鬼宅谈	河南	第一期；第三、六、七期	光绪三十三年（1907）	侦探小说	（英）轧姆著，蓼城、吴肃翻译
76. 巾帼魂传奇	河南	第一期	光绪三十三年（1907）十一月十六日		
77. 海上健儿	河南	第二期；第四、五	光绪三十四年（1908）	冒险小说	（英）门丽德著，馥忱译
78. 指南公传奇	河南	第二期：	光绪三十四年（1908）		虞石
79. 庄中	河南	第八期	光绪三十四年（1908）十一月	短篇小说	（俄）安顿·契可夫；独应翻译
80. 寂漠	河南	第八期	光绪三十四年（1908）十一月		（美）安介·爱凌·坡著，独应翻译
81. 龙脑（中州俗语）	河南	第九期	光绪三十四年（1908）十一月廿七日	谐体小说	疏老炎
82. 魍魉世界	关陇	第三、四号	光绪三十四年（1908）		春晖

续 表

篇 名	发表杂志	期号	首刊时间	标识	作者
83. 一夕雨	夏声	第一号（仅见目录）	光绪三十四年（1908）正月二十五日		秋心
84. 客丐谈	夏声	第一号（仅见目录）	光绪三十四年（1908）正月二十五日		聊公
85. 萍雪缘	夏声	第二、四、六期	光绪三十四年（1908）	冒险小说	子羽译述
86. 宝窟	夏声	第五、六号	光绪三十四年（1908）	理想小说	衍初
87. 神州建国三十年大事记（亦名军人时代）	武学	第一期	日本明治四十二年七月二十（宣统元年（1909）七日参版①）	军事小说	未标作者
88. 降魔记	武学	（续前）（未见前后文）	宣统元年（1909）八月二十日参版		行者
89. 英雄社（续第四期）	武学	第六、九、十期	明治四十二年（宣统元年）（1909）	研究兵器小说	春晖
90. 航海奇谭（续第一期）	海军	第二期	宣统元年（1909）	冒险小说	范腾青
91. 黄海梦	海军	第二期	宣统元年（1909）		零蒙生撰

① 日本明治四十二年五月三十日发行，日本明治四十二年七月二十七日参版。

附录10：直接以“社会小说”为标示的小说作品①
（第五章第二节）

刊名	作　　品	首刊时间②	作者	标目
新小说	二十年目睹之怪现状	光绪二十九年（1903）八月十五日	我佛山人	社会小说
	九命奇冤	光绪三十年（1904）十月二十五日	岭南将史重编续完	社会小说
	黄绣球	光绪三十一年（1905）三月	颐琐述，二我评	社会小说
醒狮	劳动狱	光绪三十一年（1905）十一月	侠少年撰	社会小说
津报	二十年后之天津（一名过渡梦）	光绪三十二年（1906）八月初一		社会小说
月月小说	中国进化小史	光绪三十二年（1906）九月	燕市狗屠	社会小说
	上海之秘密	光绪三十二年（1906）九月	讷夫	社会小说
	上海游骖录	光绪三十三年（1907）二月	我佛山人	社会小说
	后官场现形记	光绪三十三年（1907）九月	白眼	社会小说
	发财秘诀（一名黄奴外史）	光绪三十三年（1907）十一月	趼人	社会小说
	学究教育谈	光绪三十三年（1907）十二月	天僇生	社会小说
	新舞台鸿雪记	光绪三十四年（1908）三月	报癖	社会小说
	放河灯	光绪三十四年（1908）七月	非非国手	社会小说

① 数据统计主要以四大报纸期刊为主，按小说作品刊登时间为序；其中《时务报》未以“社会小说”标示小说作品，未录。

② 因为晚清小说资料的不完整，加之作品嘎然而止情况的存在，在此仅标明首次刊登时间。

续 表

刊名	作　品	首刊时间	作者	标目
小说林	孽海花（自二十一回发起）卷十一	光绪三十三年（1907）正月	曾朴（东亚病夫）	历史小说 社会小说
	碧血幕	光绪三十三年（1907）十月	吴门天笑生编述	社会小说
	临镜妆	光绪三十四年（1908）正月	铁汉杜撰	社会小说 家庭小说
神州日报	魑魅镜	光绪三十三年（1907）七月二十三	讱	短篇社会小说
	桂花宴	光绪三十四年（1908）九月十五	逸园	社会小说
	财奴鬼瞰录	宣统元年（1909）四月十六	僇	社会小说
	伤心人语	宣统元年（1909）七月十五	僇	社会小说
新闻报	钻石串	光绪三十三年（1907）十月初十		社会小说
	缙绅镜	光绪三十四年（1908）四月初二		社会小说
	千里草	宣统元年（1909）七月二十二日	无术生稿	社会小说
	商场蠹	宣统二年（1910）正月初八	化民	社会小说
	家庭痛	宣统二年（1910）十一月初十	化民	社会小说
竞立社小说月报	过渡时代	光绪三十三年（1907）	铁汉初稿，勤补加评	社会小说
振华五日大事记	浪淘珠	光绪三十三年（1907）	轩胄	社会小说

续 表

刊名	作 品	首刊时间	作者	标目
中国新女界杂志	想	光绪三十三年（1907）		社会小说
豫报	龙马图	光绪三十三（1907）第三号		社会小说
笑林报	牛渚犀	光绪三十三年（1907）七月		社会小说
	八大人	宣统三年（1910）五月		社会小说
中外日报	凄风苦雨录	光绪三十三年日（1907）三月二十七日	废物	社会小说
	老人泣	光绪三十三年日（1907）四月二十八日		短篇小说、社会小说
	商界鬼域记	光绪三十三年（1907）九月十二日	废物	社会小说
	抛良心地	光绪三十四年（1908）正月十四日		社会小说
	近十年之怪现状自序	宣统元年（1909）三月初一	吴趼人	社会小说
申报	献土地	光绪三十三年（1907）十二月	晴雪	社会小说
	照胆犀·东瀛之留学生	光绪三十四年（1908）六月初六	旡生	社会小说
	滑稽生	光绪三十四年（1908）六月初七	贤	社会小说
	新谈判	宣统元年（1909）三月十九日	瞻庐	社会小说
	新衙门	宣统元年（1909）四月初六		社会小说
	舟中人语	宣统元年（1909）六月十九日		社会小说
	火刀先生传	宣统元年（1909）七月十九日	瞻庐	社会小说

续 表

刊名	作　　品	首刊时间	作者	标目
申报	风流案	宣统元年（1909）八月初四	朗	社会小说
	北寺香	宣统元年（1909）八月初十	瞻庐	社会小说
	恶作剧	宣统元年（1909）八月二十三日		社会小说
	绅学界之人物	宣统元年（1909）八月二十四日	惕	社会小说
	弃妇怨	宣统元年（1909）九月十四日	瞻庐	社会小说
	记某生事	宣统元年（1909）十月十一日		社会小说
	自由女	宣统元年（1909）十月初四		社会小说
	清夜钟	宣统二年（1910）二月二十八日		社会小说
	钻石戒	宣统三年（1911）八月二十三日	庚霖译述，钝根润辞	社会小说
	催赋委员	宣统三年（1911）十一月二十一日	追往	社会小说
	财奴	宣统三年（1911）十二月初十	钝根	社会小说
	路毙老人	宣统三年（1911）十二月十一日	醉墨	社会小说
	香阁围炉记	宣统三年（1911）十二月十四日	爱	社会小说
半星期报	双冤记	光绪三十四年（1908）三月		社会小说
	镇宅符	光绪三十四年（1908）三月	嚼梦	社会小说
	东游记	宣统二年（1910）正月		趣致白话，社会小说
	谈话会	宣统二年（1910）三月初九		社会小说

续　表

刊名	作　　品	首刊时间	作者	标目
半星期报	学虫现形记	宣统二年（1910）三月二十五日		社会小说
	自残同种	宣统二年（1910）八月二十五日		社会小说
	义骗	宣统二年（1910）九月初二		社会小说
沪报	毋宁死之自由	光绪三十四年（1908）三月		社会小说
浙江日报	人心镜	光绪三十四年（1908）四月二十六日		
留报	秘密社会	宣统元年（1909）		社会小说
·时事报	社会镜	宣统元年（1909）正月	逸民	社会小说
	灯下骷髅	宣统元年（1909）正月	蒋景诚译	社会小说
	中国货	宣统三年（1911）正月		社会短篇
	飞行艇	宣统三年（1911）二月初七		社会小说
小说月报	自治地方	宣统二年（1910）十二月	刍狗	社会小说
	一日三迁	宣统三年（1911）二月	长佛	短篇小说、社会小说
	小学生旅行记	宣统三年（1911）二月	亚东一郎	长篇小说、社会小说
	二十世纪之新审判	宣统三年（1911）五月	水心	短篇小说、社会小说
	醒游地狱记	宣统三年（1911）六月	不才	
	掠卖惨史	宣统三年（1911）十月	指严	短篇小说、社会小说
	欧蓼乳瓶	宣统三年（1911）十二月	铁樵	短篇小说、社会小说
顺德新报	酣眠春梦	宣统三年（1911）元月二十日		社会小说
促进报	甬水鉴	民国元年（1912）		社会小说

参考文献

一、报刊资料

1. 上海地区报刊

申报	益闻录	沪报	字林沪报
新闻报	游戏报	中外日报	采风报
笑林报	世界繁华报	外交报	新小说
大陆	国民日日报	女学报	绣像小说
宁波白话报	中国白话报	东方杂志	时报
新新小说	南方报	新世界小说社报	小说林
神州日报	上海	竞立社小说月报	时事报
国民白话日报	须弥日报	戊申全年画报	教育杂志
民呼日报	民立日报	民吁日报	安徽白话报
十日小说	留报	小说时报	舆论时事报
国风	天铎报	小说月报	月月小说

2. 东北地区报刊

盛京时报	远东报	吉林白话报	长春公报

3. 京津地区报刊

启蒙画报	京话日报	中外实报	津报
北直农话报	大同白话报	庸言	爱国报

4. 江浙地区报刊

励学译编	杭州白话报	安徽俗话报	南浔通俗报

蒙学报	著作林	促进报	东浙杂志
汉民日报	杭州白话报	杭州商业杂志	江南警务杂志
农友会报	善报	游戏世界	浙江白话新报
浙江日报			

5. 湖北地区报刊

汉报	汉口中西报	中华民国公报	强国公报
国民新报	军事白话报	荆江日报湖北学报	

6. 四川地区报刊

启蒙通俗报	广益丛报	通俗日报

7. 福建地区报刊

厦门日报

8. 广东、港澳地区报刊

广报	中西报	岭南日报	广州新闻故事
知新报	澳门小说	文言报	岭东日报汕头
游艺报	女界灯学报	赏奇画报	羊城日报
农工商报	社会公报	振华五日大事记	安雅报
半星期报	广粹旬报	广东劝业报	国民报
国事报	岭南白话杂志	民生日报	南越报附张
七十二行商报	顺德新报	现世史	珠江镜
二十世纪军国民报		广东白话报	

9. 日本地区报刊

清议报	开智录	译书汇编	新民丛报
游学译编	湖北学生界	浙江潮	江苏政法学报
民报	汉帜	醒狮	新女界
云南	豫报	学报	四川

河南	关陇	夏声	武学
江西	海军		

10. 基督教报刊

万国公报	中西教会报	成童画报	华美教保
进步	图画新报	通问报	

二、工具书

1. 《中国通俗小说总目提要》，江苏省社会科学院明清小说研究中心文学研究，北京，中国文联出版公司，1990 年版。

2. 刘世德主编：《中国古代小说百科全书》，北京，中国大百科全书出版社，1998 年版。

3. ［日］樽本照雄：《新编增补清末明初小说目录》，济南，齐鲁书社，2002 年版。

三、作品、资料类

1. 李伯元：《李伯元全集》，南京，江苏古籍出版社，1997 年版。

2. 吴趼人：《吴趼人全集》，哈尔滨，北方文艺出版社，1998 年版。

3. 王继权等编：《中国近代小说大系》，南昌，百花洲文艺出版社，1988—1993 年版。

4. 吴组缃等主编：《中国近代文学大系·小说集》1 ~7 卷，上海，上海书店出版社，1992—1995 年版。

5. 胡应麟：《少室山房笔丛》，上海，上海书店出版社，2009 年版。

6. 孙玉声：《退醒庐笔记》，上海，上海书店出版社，1997年版。

7. 周桂笙：《新庵笔记》，上海，古今图书局，1914年版。

8. 包天笑：《钏影楼回忆录》，台北，大华出版社，1971年版。

9. 徐铸成：《报海旧闻》，上海，上海人民出版社，1981年版。

10. 郑逸梅：《书报话旧》，上海，学林出版社，1983年版。

11. 郑逸梅：《清末民初文坛轶事》，上海，学林出版社，1987年版。

12. 陈伯熙：《上海轶事大观》，上海，上海书店出版社，2000年版。

13. 姚公鹤：《上海闲话》，上海，上海古籍出版社，1989年版。

14. 张静庐辑：《中国近代出版史料》，北京，中华书局，1957年版。

15. 魏绍昌编：《老残游记资料》，上海，中华书局1962年版。

16. 魏绍昌编：《李伯元研究资料》，上海，上海古籍出版社，1980年版。

17. 魏绍昌编：《吴趼人研究资料》，上海，上海古籍出版社，1980年版。

18. 魏绍昌编：《孽海花资料》，上海，上海古籍出版社，1982年版。

19. 魏绍昌编：《鸳鸯蝴蝶派研究资料》，上海，上海文艺出版社，1984年版。

20. 魏绍昌等主编：《中国近代文学大系·史料索引集》1～2卷，上海：上海书店出版社，1996年版。

21. 中国社会科学院文研所编：《中国近代文学论文集（1949—

1979)》（小说卷），北京，中国社会科学出版社，1983 年版。

22. 孔令境：《中国小说史料》，上海，上海古籍出版社，1982 年。

23. 陈平原、夏晓虹编：《二十世纪小说理论资料（第一卷）》，北京，北京大学出版社，1989 年版。

24. 严家炎编：《二十世纪中国小说史》第二卷，北京，北京大学出版社，1997 年版。

25. 史和等编：《中国近代报刊名录》，福州，福建人民出版社，1991 年版。

26. 《上海新闻志》，上海，上海社会科学院出版社，2000 年版。

27. 《上海租界志》，上海，上海社会科学院出版社，2001 年版。

28. 王清泉等编纂：《小说书坊录》，北京，北京图书出版社，2002 年版。

29. 陈大康：《中国近代小说编年》，上海，华东师范大学出版社，2002 年版。

30. 周振鹤：《晚清营业书目》，上海，上海书店出版社，2005 年版。

四、古代、近代文学论著

1. 蒋瑞藻：《小说考证》，上海，古典文学出版社，1957 年版。

2. 蒋瑞藻：《小说考证附续编拾遗》，上海，上海古籍出版社，1984 年版。

3. 阿英：《晚清文艺报刊述略》，北京，古典文学出版社，1958 年版。

4. 阿英：《晚清小说史》，北京，人民文学出版社，1980 年版。

5. 阿英：《小说闲谈四种》，上海，上海古籍出版社，1985 年版

6. 鲁迅：《鲁迅全集》，北京，人民文学出版社，1981 年版。

7. 胡适：《中国章回小说考证》，上海，上海书店，1980 年版。

8. 胡适：《胡适文集》，北京，人民文学出版社，1998 年版。

9. 郑方泽编：《中国近代文学史事编年》，长春，吉林人民出版社，1983 年版。

10. 任访秋：《中国近代文学作家论》，郑州，河南人民出版社，1984 年版。

11. 时萌：《中国近代文学论稿》，上海，上海古籍出版社，1986 年版。

12. 钱中文：《现实主义与现代主义》，北京，人民文学出版社，1987 年版。

13. 王俊年编：《中国近代文学论文集（1919—1949）》（小说卷），北京，中国社会科学出版社，1988 年版。

14. 龚书铎主编：《近代中国与近代文化》，长沙，湖南人民出版社，1988 年版。

15. 中国现代文学研究会编：《在东西古今的碰撞中》，北京，中国城市经济社会出版社，1989 年版。

16. 夏晓虹：《传世与觉世——梁启超的文学道路》，上海，上海人民出版社，1991 年版。

17. 郭延礼：《中国近代文学发展史》，济南，山东教育出版社，1990 年版。

18. 郭延礼：《中国近代翻译文学概论》，武汉，湖北教育出版社，1998 年版。

19. 郭延礼：《中西文化碰撞与近代文学》，济南，山东教育出版社，2000 年版。

20. 郭延礼：《近代西学与中国文学》，南昌，百花洲文艺出版社，2000 年版。

21. 郭延礼：《20 世纪中国近代文学研究学术史》，南昌，江西高校出版社，2004 年版。

22. 袁进：《中国近代小说的近代变革》，北京，中国社会科学院出版社，1992 年版。

23. 陈伯海、袁进：《上海近代文学史》，上海，上海人民出版社 1993 年版。

24. 陈伯海主编：《上海文化通史》，上海，上海人民出版社，1998 年版。

25. 袁进：《鸳鸯蝴蝶派》，上海，上海书店出版社，1994 年版。

26. 袁进：《中国文学观念的近代变革》，上海，上海社会科学出版社，1996 年版。

27. 黄霖：《近代文学批评史》，上海，上海古籍出版社，1993 年版。

28. 颜廷亮：《晚清小说理论》，北京，中华书局，1996 年版。

29. 欧阳健：《晚清小说史》，杭州，浙江古籍出版社，1997 年版。

30. 王旭川、马国辉：《中国近代小说思想》，上海，华东师范大学出版社，1997 年版。

31. 谢桃坊：《中国市民文学史》成都，四川人民出版社，1997 年版。

32. 昌切：《清末民初的思想主脉》，北京，东方出版社，1999 年版。

33. 陈子展：《中国近代文学之变迁》，上海，上海古籍出版社，2000 年版。

34. 徐志啸：《近代中外文学关系》，上海，华东师范大学出版社，2000 年版。

35. 武润婷：《中国近代小说演变史》，济南，山东人民出版社，2000 年版。

36. 陈平原、夏晓虹编：《图像晚清》，天津，百花文艺出版社，2001 年版。

37. 陈平原、王德威、商伟编：《晚明与晚清：历史传承与文化创新》，武汉，湖北教育出版社，2002 年版。

38. 陈平原、山口守编：《大众传媒与现代文学》，北京，新世界出版社，2003 年版。

39. 陈平原：《中国小说叙事模式的转变》，北京，北京大学出版社，2003 年版。

40. 陈平原：《小说史：理论与实践》，北京，北京大学出版社，2005 年版。

41. 陈平原：《触摸历史与进入五四》，北京，北京大学出版社，2005 年版。

42. 南京大学中国现代文学研究中心编：《中国现代文学传统》，北京，人民文学出版社，2002 年版。

43. 王燕：《晚清期刊小说史论》，长春，吉林人民出版社，2002 年版。

44. 杨联芬：《晚清至五四：中国文学现代性的发生》，北京，北京大学出版社，2003 年版。

45. 范伯群、孔庆东编：《通俗文学十五讲》，北京，北京大学出版社，2003 年版。

46. 宋莉华：《明清时期的小说传播》，北京，中国社会科学出版社，2004 年版。

47. 方正耀：《中国古典小说理论史》，上海，华东师范大学出版社，2005 年版。

48. 邱明正主编：《上海文学通史》，上海，复旦大学出版社，2005 年版。

49. 孟兆臣：《中国近代小报史》，北京，社会科学文献出版社，2005 年版。

50. 李楠：《晚清、民国时期上海小报研究》，北京，人民文学出版社，2005 年版。

51. 范伯群：《中国现代通俗文学史》（插图本），北京，北京大学出版社，2007 年版。

52. ［美］韦勒克·沃伦：《文学理论》，刘象愚等译，北京，三联书店，1984 年版。

53. ［捷克］米列娜编：《从传统到现代——19 到 20 世纪转折时期的中国小说》，伍小明译，北京，北京大学出版社，1991 年版。

54. ［美］伊恩·瓦特：《小说的兴起》，高原、董红均译，北京，三联书店，1992 年版。

55. ［美］蒲安迪讲演：《中国叙事学》，北京，北京大学出版社，1996 年版。

56. ［美］杰罗姆·B. 格里德尔：《知识分子与现代中国》，单正平译，天津，南开大学出版社，2002 年版。

57. ［美］夏志清：《中国古典小说史论》，胡益民、石晓林、单坤琴译，南昌，江西人民出版社，2003 年版。

58. ［美］韩南：《中国近代小说的兴起》，徐侠译，上海，上海教育出版社，2004 年版。

59. ［美］王德威：《被压抑的现代性——晚清小说新论》，宋伟杰译，北京，北京大学出版社，2005 年版。

五、近代出版

1. 申报馆编：《最近之五十年：申报馆五十周年纪念》，上海：申报馆，1923 年版。

2. 申报馆编：《申报馆六十周年纪念》，上海：申报馆，1939 年版。

3. 宋军：《〈申报〉的兴衰》，上海，上海社会科学出版社，1996 年版。

4. 徐载平、徐瑞芳：《清末四十年〈申报〉史料》，北京，新华出版社，1988 年版。

5. 方汉奇：《中国近代报刊史》太原，山西教育出版社，1981 年版。

6. 方汉奇主编：《中国新闻事业通史》（第一卷），北京，中国人民大学出版，1992 年版。

7. 杨光辉、熊尚厚、吕良海、李仲明编：《中国近代报刊发展概况》，北京，新华出版社，1986 年版。

8. 秦绍德：《上海近代报刊史论》，上海，复旦大学出版社，1993 年版。

9. 朱联保：《近代上海出版业印象记》上海，学林出版社，1993 年版。

10. 马光仁：《上海新闻史》，上海，复旦大学出版社，1996 年版。

11. 来新夏等：《中国近代图书事业史》，上海，上海人民出版社 2000 年版。

12. 陈昌凤：《蜂飞蝶舞——旧中国著名报纸副刊》，福州，福建人民出版社，1999 年版。

13. 陈彤旭：《出奇制胜——旧中国的民间报业经营》，福州，福建人民出版社，1999 年版。

14. 杨扬：《商务印书馆：民间出版业的兴衰》，上海，上海教育出版社，2000 年版。

15. 陈玉申：《晚清报业史》，济南，山东画报出版社，2002 年版。

16. 戈公振：《中国报学史》，上海，上海古籍出版社，2003 年版。

17. 陈玉申：《晚清报业史》，济南，山东画报出版社，2003 年版。

18. 李白坚：《中国新闻文学史》，上海，上海大学出版社，2004 年版。

19. 周振鹤：《晚清营业书目》，上海，上海书店出版社，2005 年版。

20. 李谷诚：《香港中文报业发展史》，上海，上海古籍出版社，2005 年版。

21. ［英］戴维·巴勒特：《媒介社会学》，赵伯英、孟春译，北京，社会科学文献出版社，1989 年版。

22. ［新］卓南生：《中国近代报业发展史（1815—1874）》，北京：中国社会科学出版社，2002 年版。

六、近代历史、文化

1. 张枬、王忍之编：《辛亥革命前十年间时论选集》（一卷、二卷、三卷），三联书店，1960、1963、1977 年版。

2. 李泽厚：《中国近代思想史论》，北京，人民出版社，1979 年版。

3. 顾长声：《传教士与近代中国》，上海，上海人民出版社，1981 年版。

4. 汤志钧主编：《近代上海大事记》，上海，上海辞书出版社，1989 年版。

5. 张仲礼主编：《近代上海城市研究》，上海，上海人民出版社 1990 年版。

6. 张仲礼主编：《东南沿海城市与中国近代化》，上海，上海人民出版社，1996 年版。

7. 桑兵：《晚清学堂学生与社会变迁》，台北，稻禾出版社，1991 年版。

8. 桑兵：《清末新知识界的社团与活动》，北京，三联书店，1995 年版。

9. 陈旭麓：《近代中国社会的新陈代谢》，上海，上海人民出版社，1992 年版。

10. 罗荣渠，牛大勇编：《中国现代化历程的探索》，北京，北京大学出版社，1996 年版。

11. 叶世昌：《近代中国经济思想史》，上海，上海人民出版社，1998 年版。

12. 蒋廷黻：《中国近代史》，上海，上海古籍出版社，1999 年版。

13. 吴汉民主编：《20 世纪上海文史资料文库》，上海，上海书店出版社，1999 年版。

14. 周育民：《晚清财政与社会变迁》，上海，上海人民出版社，2000 年版。

15. 陈明远：《文化人与钱》，天津，百花文艺出版社，2001 年版。

16. 陈明远：《文化人的经济生活》，上海，文汇出版社，2005 年版。

17. 马长林主编：《租界里的上海》，上海，上海社会科学院出版社，2003 年版。

18. 郑匡民：《梁启超启蒙思想的东学背景》，上海，上海书店出版社，2003 年版。

19. 周积明主编：《湖北文化史》，武汉，湖北教育出版社，2006 年版。

20. ［美］费正清编：《剑桥中国晚清史》北京，中国社会科学出版社，1985 年版。

21. ［美］张灏：《梁启超与中国思想的过渡（1890—1907）》，崔志海、葛夫平译，南京，江苏人民出版社，1995 年版。

22. ［日］狭间直树编：《梁启超·明治日本·西方》，北京，社会科学文献出版社，2001 年版。

23. ［英］李提摩太：《亲历晚清四十五年——李提摩太在华回忆录》，李宪堂、侯林莉译，天津，天津人民出版社，2005 年版。

七、研究论文类

1. 袁进：《试论中国近代小说的两条发展线索及其高潮的“错位”》，《上海社会科学院学术季刊》，1987 年第 2 期。

2. 方晓红：《晚清小说与报刊媒体发展之关系研究》，《江海学刊》，1990 年第 2 期。

3. 王学均：《小说界革命与古典通俗小说文学典范》，《明清小说研究》，1995 年第 4 期。

4. 李玉：《胡适并非“文学革命”的首倡者》，《安徽史学》，1996 年第 2 期。

5. 王中忱：《梁启超在日本的小说出版活动考略》，《清华大学学报》，1996 年第 4 期。

6. 欧阳健：《介绍两部与云南有关的晚清小说》，《云南教育学院学报》，1997 年第 1 期。

7. 欧阳健：《晚清新小说的生成和价值内涵》，《吉林大学社会科学学报》，1997 年第 3 期。

8. 袁进：《试论民初小说理论》，《社会科学》，1997 年第 3 期。

9. 袁荻涌：《近代中日政治小说比较》，《青海社会科学》，1997 年第 4 期。

10. 王学钧：《晚清“小说界革命”与小说市场》，《明清小说研究》，1997 年第 3 期。

11. 周学军：《试论近代上海文化之特征》，《史林》，1998 年第 1 期。

12. 程华平：《近代小说观念的转化与报业的作用》，《华东师范大学学报》，1998 年第 2 期。

13. 方晓红：《报刊小说的产生与特点》，《新闻记者》，1998 年第 5 期。

14. 张菊玲：《清末民初旗人的京话小说》，《中国文化研究》，1999 年第 1 期。

15. 陈伟军：《世纪初的“小说”神话——论“小说界革命”和言情小说》，《晋阳学刊》，1999 年第 1 期。

16. 武润婷：《中国近代小说创作的三次高潮》，《文史哲》，1999 年第 2 期。

17. 李继凯：《略论清末民初文学与外国文学》，《江苏社会科学》，1999 年第 2 期。

18. 程华平：《梁启超报业思想对其小说理论及小说创作的影响》，《文艺理论研究》，1999 年第 3 期。

19. 郭延礼：《传媒稿酬与近代作家的职业化》，《齐鲁学刊》，1999 年第 6 期。

20. 王燕：《近代科学小说论略》，《明清小说研究》，1999 年第 9 期。

21. 袁进：《试论晚清小说读者的变化》，《明清小说袁进》，2000 年第 1 期。

22. 旷新年：《现代文学观的发生与形成》，《文学评论》，2000 年第 4 期。

23. 武润婷：《清代问题小说是我国古代小说的高级形态》，《中州学刊》，2000 年第 4 期。

24. 高玉：《中国近代翻译文学的“古代性”》，《华中师范大学学报》，2000 年第 4 期。

25. 包礼祥：《近代传播与文学的动程》，《社会科学研究》，2000 年第 5 期。

26. 袁进：《试论中国近现代文化中心的北移与南下》，《社会科学》，2000 年第 8 期。

27. 袁进：《中国近代文学社会运行机制的转变及其作用》，《学术月刊》，2000 年第 8 期。

28. 颜琳、於可训：《报刊的出现与连载小说的兴起》，《山西师范大学学报》，2001 年第 1 期。

29. 张光芒：《中国近现代启蒙思潮研究的现状与反思》，《中国比较文学》，2001 年第 2 期。

30. 严家炎：《“五四”批“黑幕派”一解》，《中国现代文学研究刊》，2001 年第 2 期。

31. 袁进：《试论近代作家的崛起》，《学术季刊》，2001 年第 3 期。

32. 潘建国：《小说征文与晚清小说观念的演进》，《文学评论》

2001 年第 6 期。

33. 王学均：《文学报刊与中国文学的近代变革》，《文艺报》2001 年 10 月 23 日第 3 版。

34. 李舜华：《“小说”的释义——兼及中国古代白话长篇（章回）小说近代意义的思考》，《北京社会科学》，2002 年第 1 期。

35. 陈文新、王同舟：《李伯元〈文明小史〉解读》，《明清小说研究》，2002 年第 1 期。

36. 李世新：《中国近代侦探小说发生的意义及其现代性思考》，《湖北省社会主义学院学报》，2002 年第 2 期。

37. 王晓光：《世俗化的理想与理性化的实效：浅析梁启超前期报刊文章盛行的原因》，《青海师范大学学报》，2002 年第 2 期。

38. 叶辉：《从〈新上海〉窥探近代上海知识分子的边缘化心态》，《上海大学学报》，2002 年第 3 期。

39. 姚文放：《文学传统论的四大倾向及其现代转换》，《扬州大学学报》，2002 年第 3 期。

40. 鲍国华：《论鲁迅的清末民初小说观》，《鲁迅研究月刊》，2002 年第 3 期。

41. 范伯群：《通俗文学的现代化与现代文化市场的创建》，《南京师范大学文学院学报》，2002 年第 3 期。

42. 谷梁：《“小说界革命”与文化上海的崛起》，《文汇报》，2002 年 6 月 29 日。

43. 刘永文：《西方传教士与晚清小说》，《明清小说研究》，2003 年第 1 期。

44. 王群：《“五四”新文学运动前二十年文学理论批评文体的演进》，《复旦学报》，2003 年第 2 期。

45. 马艳：《中国新闻出版事业对中国近代文学的影响》，《上海大学学报》，2003 年第 3 期。

46. 刘勇强：《一种小说观与小说史观的形成与影响——20 世纪“以西例律我国小说”现象分析》，《文学遗产》，2003 年第 3 期。

47. 刘良明：《近代小说理论批评流派研究议》，《文艺研究》，2003 年第 3 期。

48. 杨早：《启蒙的新观念：晚清启蒙运动中的〈京话日报〉》，《文学研究》，2003 年第 3 期。

49. 王铁仙：《中国文学的现代转型及其意义》，《中国社会科学》，2003 年第 3 期。

50. 王晓光：《文人角色的变化与近代文学的转变》，《东方论坛》，2003 年第 3 期。

51. 刘勇强：《一种小说观与小说史观的形成与影响——20 世纪“以西例律我国小说”现象分析》，《文学遗产》，2003 年第 3 期。

52. 朱文华：《晚清各体文学的走向和中国文学的古今演变》，《复旦学报》，2003 年第 5 期。

53. 李九华：《晚清文艺期刊与作家群的会集》，《宁夏社会科学》，2003 年第 6 期。

54. 王兰：《反叛与复归：从“三界革命”看梁启超对启蒙与艺术的思考》，《广州大学学报》，2003 年第 12 期。

55. 陈大康：《关于“晚清”小说的标示》，《明清小说研究》，2004 年第 2 期。

56. 潘建国：《清末上海地区书局与晚清小说》，《文学遗产》，2004 年第 2 期。

57. 袁进：《梁启超为什么能推动近代小说的发展》，《上海大学学报》，2004 年第 3 期。

58. 袁进：《试论民初政治小说的退潮与作家的抗争》，《宁波大学学报》，2004 年第 3 期。

59. 潘桂林：《读者意识的转型与晚清小说反讽意识的弱化》，《求索》，2004 年第 8 期。

60. 管雪莲：《中国文学现代性萌端——清末民初小说理论中“写实”与“理想”的分立》，《厦门大学学报》，2005 年第 1 期。

61. 范继忠：《晚清〈申报〉市场在上海的初步形成（1872—1877）》，《清史研究》，2005 年第 1 期。

62. 宋莉华：《十九世纪传教士小说的文化解读》，《文学评论》，2005 年第 1 期。

63. 高建青：《近代社会小说的复古趋势与崇古守旧的文化心理》，《江淮论坛》，2005 年第 2 期。

64. 宋莉华：《第一部传教士中文小说的流传与影响：米怜〈张远两友相论〉论略》，《文学遗产》，2005 年第 2 期。

八、英　文

1. Records of the General Conference of the Protestant Missionaries of China, held at Shanghai, May 10-24, 1877.

2. Records of the Centeral Conference of Protestant Missionaries of China, held atShanghai, May 7-20, 1890. Shanghai: American Presbyterian Mission Press, 1890.

3. Records of the China Centenary Missionary Conference, held atShanghai, April 25 to May 8, 1907. Shanghai: Centenary Conference Committee, 1907.

图书在版编目（CIP）数据

晚清小说与政治之关系研究：1902—1911 / 李亚娟著．—北京：中国法制出版社，2013.7

（新世纪学术文库）

ISBN 978 - 7 - 5093 - 4648 - 8

Ⅰ．①晚… Ⅱ．①李… Ⅲ．①古典小说 - 关系 - 政治 - 研究 - 中国 - 1902～1911 Ⅳ．①I207.41 ②D691

中国版本图书馆 CIP 数据核字（2013）第 131136 号

策划编辑 马 颖　　责任编辑 邱小芳　　封面设计 蒋 怡

晚清小说与政治之关系研究（1902—1911）

WANQING XIAOSHUO YU ZHENGZHI ZHI GUANXI YANJIU（1902—1911）

著者/李亚娟

经销/新华书店

印刷/三河市紫恒印装有限公司

开本/880×1230 毫米 32　　印张/12　字数/278 千

版次/2013 年 8 月第 1 版　　2013 年 8 月第 1 次印刷

中国法制出版社出版

书号 ISBN 978 - 7 - 5093 - 4648 - 8　　定价：38.00 元

北京西单横二条 2 号　邮政编码 100031　　传真：010 - 66031119

网址：http：//www. zgfzs. com　　**编辑部电话：010 - 66078158**

市场营销部电话：010 - 66033296　　**邮购部电话：010 - 66033288**